尽善尽美　弗求弗迪

组织与人才发展精进系列

# 薪酬设计实战

## 激发人才活力的薪酬体系设计

孙科柳 李曼 贺鹏 著

电子工业出版社
Publishing House of Electronics Industry
北京·BEIJING

## 内 容 简 介

任正非说："管理的本质就是激发人的欲望。要激发出人的欲望，企业就要做好分钱工作。把钱分好了，管理的一大半问题就解决了。"如何在战略目标牵引下，构建"对内公平，对外有竞争力"的薪酬体系，激发员工的内驱力，为企业创造更大价值，是很多企业面对的重要课题。本书从薪酬战略、薪酬策略、人力经营、薪酬水平、薪酬结构、岗位定薪、动态调整、薪酬优化及薪酬管理等多个方面，详尽地阐述了薪酬体系设计的路径、方法和工具，是企业开展薪酬管理的实践性指导手册。

本书适合企业中高层管理人员、组织发展专家、人力资源部门负责人及薪酬管理专家阅读使用。

未经许可，不得以任何方式复制或抄袭本书之部分或全部内容。
版权所有，侵权必究。

**图书在版编目（CIP）数据**

薪酬设计实战：激发人才活力的薪酬体系设计 / 孙科柳，李曼，贺鹏著. 一北京：电子工业出版社，2022.4
ISBN 978-7-121-43210-1

Ⅰ. ①薪… Ⅱ. ①孙… ②李… ③贺… Ⅲ. ①企业管理—工资管理 Ⅳ. ① F272.923

中国版本图书馆 CIP 数据核字（2022）第 051460 号

责任编辑：杨　雯
印　　刷：三河市鑫金马印装有限公司
装　　订：三河市鑫金马印装有限公司
出版发行：电子工业出版社
　　　　　北京市海淀区万寿路 173 信箱　邮编：100036
开　　本：720×1000　1/16　印张：17　字数：277 千字
版　　次：2022 年 4 月第 1 版
印　　次：2022 年 4 月第 1 次印刷
定　　价：68.00 元

凡所购买电子工业出版社图书有缺损问题，请向购买书店调换。若书店售缺，请与本社发行部联系，联系及邮购电话：（010）88254888，88258888。
质量投诉请发邮件至 zlts@phei.com.cn，盗版侵权举报请发邮件至 dbqq@phei.com.cn。
本书咨询联系方式：（010）57565890，meidipub@phei.com.cn。

# 前言

《2021年应届生招聘与薪酬管理调研报告》显示，随着国内经济回暖，2021年77%的企业有校招计划，但是从企业2021届高校生的招聘进展来看，仅28%的企业完成了应届生招聘计划。导致这种情况出现的主要原因是，经过一年多的新冠肺炎疫情的洗礼，越来越多的年轻人更加注重身体健康，同时在就业时也把目光更多聚焦到应聘企业的薪酬体系上——能否帮助他们快速建立个人经济实力，"物质需求"成为当前年轻人最为关注的几大热门关键词之一。因此，企业要想吸引和留住核心人才，就需要搭建良好有效的薪酬体系。

很多企业也意识到了薪酬体系的重要性，但是它们在设计或优化薪酬体系时，容易陷入以下几个误区。第一，与企业战略目标脱节。没有基于战略目标来设计薪酬体系，而是就薪酬论薪酬，仅把薪酬体系当作分钱的依据，进而导致薪酬体系设计的基础不牢固。第二，付薪理念不明确。为了吸引、留住优秀人才，一味地给予优秀人才高薪酬，结果导致企业的人力成本居高不下，甚至不可控。第三，薪酬内部公平性不足。对岗位定薪时，没有科学地考虑岗位的职责、任职要求以及该岗位对企业的贡献度。第四，薪酬外部竞争力不足，尤其是在一些对战略目标实现起支撑作用的关键岗位上缺乏市场竞争力，不能帮助企业保留与吸引顶尖人才。第五，薪酬激励体系不健全，没有将薪酬与绩效结果挂钩，体现不出"多劳多得"的价值导向。结果导致企业出现了高薪不高效、高薪不留人的现象，阻碍了员工的成长以及企业的发展。

华为、字节跳动、阿里巴巴等企业为什么能成长为各自行业的标杆？关键在于它们坚守并践行了管理常识。主要表现在以企业战略目标为导向，基于人性建立了一套完善的薪酬体系，在支撑企业战略目标落地的同时，激发出员工的活力与创造力，进而"力出一孔，利出一孔"，将企业推上了竞争对手难以企及的高度。

我们的顾问团队和研究小组通过相关的咨询辅导项目，与一些企业经营管理者进行了深入沟通，并帮助众多企业搭建或优化了它们的薪酬体系，对于如何将薪酬体系在不同类型的企业内落地进行了积极而有效的探索。

为了帮助企业搭建出一个符合自身发展的薪酬体系，确保企业花的每一分钱起到最佳激励效果，我和我的团队策划、编写了本书。

本书参考了许多经典的薪酬体系设计书籍，同时融合了我们在薪酬体系管理咨询服务中的部分实战案例，对标了国内外优秀企业如华为、字节跳动、海底捞、阿里巴巴、美的、美团、谷歌以及沃尔玛等标杆企业的薪酬激励实践，系统、深入地梳理了不同类型企业设计薪酬体系的方法和工具，旨在为广大管理同行提供一本全面介绍薪酬激励体系设计的指导用书。

衷心希望本书及其所介绍的工具和方法能够对读者朋友们有所启发，并能够提供切实有效的帮助。因为笔者经验有限，书中难免存在不足或问题，希望读者朋友不吝赐教，提出更为独到的建议。

孙科柳

# 第 1 章

## 薪酬战略

### 1.1 薪酬与薪酬战略　2
1.1.1 薪酬的定义、内涵与发展　2
1.1.2 薪酬管理在人力资源管理中的位置　4
1.1.3 薪酬战略的典型实践　5

### 1.2 薪酬战略要与企业战略目标保持一致　8
1.2.1 薪酬体系为企业战略服务　8
1.2.2 薪酬体系要随着企业战略进行动态调整　10
1.2.3 不匹配的薪酬战略影响企业战略目标的实现　11

### 1.3 贯彻付薪理念，强化企业核心价值观　13
1.3.1 基于企业战略明确企业的付薪要素　13
1.3.2 付薪理念是制定薪酬体系的前提　15
1.3.3 贯彻企业的付薪理念，传递企业的核心价值观　16

1.4 构建有特色的薪酬体系，激发人才活力  17

1.4.1 良好的薪酬体系是吸引人才的有力保障  17
1.4.2 业绩与能力并重，激励员工提升能力  19
1.4.3 薪酬导向高回报率人才，激发人才活力  21

# 第 2 章 薪酬策略

2.1 薪酬策略是薪酬体系设计的基本导向  26

2.1.1 薪酬策略是薪酬体系设计的指导思想  26
2.1.2 薪酬策略需要体现企业的文化特征  27
2.1.3 薪酬策略要与企业的组织架构相匹配  28

2.2 构建有外部竞争力的薪酬体系，提升薪酬吸引力  32

2.2.1 薪酬水平要体现企业经营战略  32
2.2.2 市场对标，定位企业的薪酬水平  33
2.2.3 薪酬水平要向核心人才倾斜  35

2.3 规范薪酬结构，分类分级设计薪酬结构  36

2.3.1 配合全面的人才管理，分类分级规划薪酬结构  37
2.3.2 优化固浮比，合理确定浮动薪酬占比  39
2.3.3 融合岗位要求与个人能力，开展宽带薪酬设计  41

2.4 设计差异化的激励机制  43

2.4.1 贡献完全可量化的岗位，采取个人提成制  44
2.4.2 注重团队协作，运用项目分享制  46
2.4.3 业绩贡献难以量化，采用目标奖金制  49

## 2.5 典型的绩效薪酬策略　50

2.5.1 减人增效加薪，激励员工为企业创造更大价值　51

2.5.2 推行团队分享制，多劳多得　52

2.5.3 通过合伙人制，实现组织利益与风险共担　54

# 第 3 章
# 人力经营

## 3.1 依据企业经营目标，编制"三定"计划　58

3.1.1 "三定"计划是薪酬预算编制的依据　58

3.1.2 基于企业经营目标，完成岗位设置　59

3.1.3 根据岗位设置，科学合理定编　63

## 3.2 科学经营人力资源，提升企业竞争力　65

3.2.1 正确认识人力成本，避免陷入认知误区　65

3.2.2 科学分析人力成本，实现更好的成本控制　67

3.2.3 做好人力成本分析，发挥人力经营杠杆作用　70

## 3.3 做好薪酬预算管理，把钱花在刀刃上　71

3.3.1 薪酬是经营成本，需要进行预算与控制　71

3.3.2 薪酬预算的目标和方法　72

3.3.3 薪酬预算的管控与调整　75

## 3.4 优化薪酬总额决定机制，提升人才活力　77

3.4.1 建立薪酬总额与业绩联动机制，促进价值创造　77

3.4.2 做好薪酬递延支付，以丰补歉　80

3.4.3 薪酬增量导向核心岗位与骨干，体现价值导向　81

## 3.5 做好人效分析，为人效提升指明方向　82

3.5.1　人效是人力经营的导向　82

3.5.2　甄选关键人效指标，全面评价人力经营效能　85

3.5.3　开展人效分析，实现人效提升　87

# 第 4 章
# 薪酬水平

## 4.1 知己知彼，开展薪酬调查　92

4.1.1　调查薪酬，为设计薪酬水平提供指导　92

4.1.2　有目的地收集薪酬信息，全面了解市场薪酬水平　93

4.1.3　有针对性地处理与分析数据，最大限度地保障准确性　95

## 4.2 合理确定薪酬水平，强化外部竞争力　97

4.2.1　对标分析，确定现有薪酬的市场水平　97

4.2.2　对照企业战略，明确薪酬水平的市场定位　100

4.2.3　定期维护薪酬水平，确保薪酬外部竞争力　101

## 4.3 分类对标，吸引和保留优秀人才　102

4.3.1　为不同职位分类制定不同的薪酬水平　102

4.3.2　基于岗位特点差异化设计薪酬水平　104

4.3.3　员工创造的价值不同，薪酬水平不同　106

## 4.4 保持薪酬外部竞争力的同时，兼顾内部公平性　107

4.4.1　薪酬外部竞争力与内部公平性的关系　107

4.4.2　薪酬外部竞争力优先　108

4.4.3　薪酬外部竞争力与内部公平性兼顾　110

# 第 5 章

# 薪酬结构

## 5.1 差异化薪酬构成，引导员工聚焦到价值创造的关键点上 114

5.1.1 明确薪酬总体结构，导向企业经营目标 114

5.1.2 差异化设计不同职类的薪酬构成 116

5.1.3 针对不同类型的员工，设计不同的薪酬构成 118

## 5.2 针对薪酬构成要素，明确关键设计点 119

5.2.1 基于岗位特点设计基本工资，保障员工的基本生活 119

5.2.2 将绩效奖金与绩效结果挂钩，强化激励作用 120

5.2.3 从员工需求角度设计福利，增强员工的归属感 122

## 5.3 合理搭配固定和浮动薪酬，确保"劳有所得，绩有所得" 124

5.3.1 分级设定薪酬固浮比，保障薪酬的激励性 124

5.3.2 基于岗位特点，设定适用的薪酬固浮比 126

5.3.3 设计内部二次竞争机制，牵引价值创造 128

## 5.4 适时优化薪酬结构，激活组织 130

5.4.1 围绕经营管理导向，优化薪酬构成要素 130

5.4.2 加大浮动薪酬比例，拉大差距 132

5.4.3 改变薪酬等级，增加薪酬管理的灵活性 133

# 第 6 章
# 岗位定薪

## 6.1 岗位分析是设计公平合理的薪酬体系的前提　136

6.1.1　岗位分析是岗位价值评估的基础　136

6.1.2　选择岗位分析方法，收集并分析信息　138

6.1.3　进行岗位描述，完善岗位说明书　140

## 6.2 岗位价值评估为薪酬设计奠定合理的基础　143

6.2.1　用"尺子"来评估岗位的相对价值　143

6.2.2　结合企业实际需要，选择合适的"尺子"　150

6.2.3　科学处理评估数据，确保评估结果的有效性　151

## 6.3 依据岗位价值评估结果，导出职位等级体系　153

6.3.1　梳理岗位层级，形成清晰的岗位架构　153

6.3.2　形成岗位价值等级表，明确岗位相对价值　154

6.3.3　建立职位等级体系　156

## 6.4 实行宽带薪酬，提升薪酬的灵活性和激励性　160

6.4.1　基于岗位价值评估设定薪级数，适配成长通道　160

6.4.2　确定具有市场竞争力的中点值，保证薪酬对优秀人才的激励性　162

6.4.3　设计合理薪酬带宽，保障薪资增长合理性　165

## 6.5 导出薪级薪档表，强化薪酬应用灵活度　167

6.5.1　明确岗位的价值产出弹性，确保薪酬的内部公平性　167

6.5.2　保持薪酬等级适度重叠，激发员工的活力　169

6.5.3　科学设置薪档数量，为新老员工预留晋升空间　170

## 6.6　人岗匹配，以岗定薪，套改测算　174

6.6.1　以岗定薪，基于薪级薪档表确定员工薪级薪档　174

6.6.2　处理好套改特殊情况，提升员工与薪酬的匹配度　177

6.6.3　套改测算分析，确保薪酬体系平稳落地　179

# 第 7 章　动态调整

## 7.1　正确理解薪酬的动态调整　184

7.1.1　薪酬调整要小步走、年年有　184

7.1.2　薪酬调整依据要明确，确保公平公正　185

7.1.3　差异化薪酬调整，打破平均主义　187

## 7.2　适时调整薪酬，适应市场水平　189

7.2.1　保持薪酬总体增长，降低员工离职率　189

7.2.2　岗位变动晋升调薪，激励员工做出更大贡献　190

7.2.3　关键岗位调薪，保障岗位薪酬竞争力　192

## 7.3　绩效考核结果与调薪融合应用　193

7.3.1　基于绩效等级矩阵确定调薪幅度　193

7.3.2　导向绩效考核结果优秀的人才　196

7.3.3　绩效考核结果差的员工降薪降级　198

## 7.4　围绕人力经营目标，把握薪酬调整时机　199

7.4.1　把握薪酬调整时机，发挥良好的激励作用　199

7.4.2　在人力经营范围内，对薪酬调整幅度进行管控　201

# 第 8 章
## 薪酬优化

### 8.1 全面开展薪酬诊断，有针对性地优化薪酬体系　206
- 8.1.1 开展薪酬诊断，了解薪酬体系的合理性　206
- 8.1.2 切忌头痛医头、脚痛医脚　209
- 8.1.3 量化薪酬诊断分析，科学指引薪酬决策　211

### 8.2 分析薪酬构成，推动实现内部平衡　213
- 8.2.1 寻求薪酬的保障和激励功能的平衡点　213
- 8.2.2 深入剖析薪酬构成情况　215
- 8.2.3 多维度开展薪酬效益分析　219

### 8.3 对比薪酬竞争力，提升薪酬吸引力　221
- 8.3.1 薪酬竞争力是吸引和保留人才的关键　221
- 8.3.2 明确企业薪酬定位，选定市场标杆　223
- 8.3.3 全方位对比薪酬水平，指明薪酬吸引力提升方向　225

### 8.4 明确影响内部公平性的原因，提升员工的归属感　227
- 8.4.1 开展薪酬内部公平性分析，提升员工归属感　227
- 8.4.2 分类分级对比，为薪酬结构差异化设计提供依据　228
- 8.4.3 提炼影响薪酬内部公平性的原因，奠定公平分配的基础　231

# 第 9 章
# 薪酬管理

**9.1 薪酬管理需要良好的制度保障** 234
- 9.1.1 建立清晰明确的薪酬政策 234
- 9.1.2 从薪酬保密到薪酬公开 235
- 9.1.3 健全薪酬核算与支付机制 237

**9.2 明确薪酬管理权责，实现薪酬统一管理** 239
- 9.2.1 建立薪酬管理部门，统筹薪酬管理 239
- 9.2.2 直接主管和 HR 负责人的薪酬管理职责 240
- 9.2.3 规范薪酬激励审批流程和权限管理 242

**9.3 建立有效的薪酬沟通机制** 244
- 9.3.1 良好的薪酬沟通是薪酬体系落地的保障 244
- 9.3.2 及时开展薪酬沟通，确保薪酬管理有序推进 245
- 9.3.3 薪酬沟通需要各方协同配合 246

**9.4 关注薪酬变革风险，减轻变革阻力** 248
- 9.4.1 薪酬变革要循序渐进，谋定而后动 248
- 9.4.2 缓解抵制情绪，减轻变革阻力 250
- 9.4.3 把握变革中的关键要素，降低变革风险 251

**参考文献** 253

# 第1章
## 薪酬战略

不少企业在设计薪酬体系时，虽然考虑了公平与透明原则，但是忽略了战略导向原则，导致企业出现新老员工工资倒挂、核心人才流失等问题。为此，企业应制定与企业战略相匹配的薪酬战略，为薪酬体系设计提供依据，确保薪酬体系是为企业战略服务的。

## 1.1 薪酬与薪酬战略

作为价值创造的动力源，薪酬不仅能激发员工的工作积极性和创造性，增强企业的竞争优势，还能牵引员工朝着企业战略方向而努力。

### 1.1.1 薪酬的定义、内涵与发展

来自不同背景的人之所以会聚到一起完成组织的任务，主要是因为大家相信，完成任务后能获得自己想要的报酬，薪酬是其中最关键的部分。薪酬是员工因雇用关系，为所在企业从事劳动、履行工作职责并完成工作任务后，获得的经济上和非经济上的酬劳或回报的总和。

薪酬作为企业和员工之间重要的链接纽带，其内涵一直在变迁。"薪酬"一词最初起源于西方管理学，英文为"compensation"。在历史上的不同时期，不同国家的人并不总用薪酬来表达它所代表的含义。

在美国，薪酬等同于辛勤付出或工作所换来的工资与福利之和。在日本，薪酬为kyuyo，这个词是由两个汉字（给和料）构成的，意思是"给予某种东西"。可是在日本历史上，薪酬却被认为是上级的施舍。在德国，工资是薪酬的最初表达。中国古代的薪俸、俸禄、军饷等可以看作薪酬的最初表达形式。东汉以前，俸禄一般都发放实物（粮食、布帛）；唐朝以后一直到明清，俸禄主要以货币形式发给朝廷官员，帮助官员解决柴米油盐这些日常开支；而在魏晋六朝时，"薪水"一词除了指砍柴汲水，也逐渐发展为日常开支费用的意思，如《魏书·卢昶传》中记载："如薪水少急，即可量计。"今天，薪酬不仅指员工因为自身的工作付出而获得的经济收入，还包括福利、工作、发展与职业机会等。

薪酬主要包括经济性薪酬和非经济性薪酬。其中，经济性薪酬分为直接经

济性薪酬和间接经济性薪酬。直接经济性薪酬是组织按照一定的标准以货币形式向员工支付的薪酬，如固定工资、提成、奖金、补贴/津贴、股票及期权等；间接经济性薪酬是指不直接以货币形式发放给员工，但是能给员工带来生活上的便利、减少员工额外开支或免除员工的后顾之忧的回报，如企业支付的保险、住房补助及其他福利等。

非经济性薪酬是指无法用货币来衡量，但是能给员工带来心理愉悦效用的一些因素。它主要包括两个组成部分：一是工作特征，即工作本身具有的价值，主要包括培训机会、晋升机会、挑战性的工作机会、职业发展等；二是工作环境，即员工所处的工作氛围对员工的心态、情绪、工作热情等的激励作用，主要有领导力、认可、成就感、个人成长等。表1-1是国内标杆企业华为和阿里巴巴员工薪酬的部分组成。

表1-1 华为与阿里巴巴员工的薪酬（部分）

| 华为技术有限公司 | | 阿里巴巴集团控股有限公司 | |
|---|---|---|---|
| 经济性薪酬 | 非经济性薪酬 | 经济性薪酬 | 非经济性薪酬 |
| 基本工资 | 存在感/满足感 | 基本工资 | 存在感/满足感 |
| 奖金（年终奖等） | 价值观：以客户为中心，以奋斗者为本，长期艰苦奋斗 | 年终奖金 | 价值观：阿里巴巴的"六脉神剑" |
| 股票（虚拟受限股/TUP） | 工作环境 | 股票期权 | 办公环境 |
| 福利(法定福利、养老金、海外补助、人寿保险、带薪休假等) | 挑战性工作 | 福利（法定福利、无息置业贷款计划、带薪休假等） | 挑战性工作 |
| | 晋升机会/学习机会 | | 晋升机会/学习机会 |

注：阿里巴巴的"六脉神剑"是指客户第一，员工第二，股东第三；因为信任，所以简单；唯一不变的是变化；今天最好的表现是明天最低的要求；此时此刻，非我莫属；认真生活，快乐工作。

薪酬本质上是人才价值的一种体现形式，其多少、高低代表了人才在企业价值系统中地位的高低。企业要想留住、吸引优秀人才，就需要通过构建合理的薪酬体系，实现企业和员工的利益最大化。

## 1.1.2 薪酬管理在人力资源管理中的位置

薪酬管理是在组织战略目标的指导下，综合考虑内外部各种因素的影响，对员工薪酬支付原则、薪酬策略、薪酬水平、薪酬构成、薪酬结构进行确定和调整的动态管理过程。人力资源管理是指企业中与人力资源有关的一系列管理，不仅包括员工的招聘与选拔，还包括人力资源战略的制定、员工培训、绩效管理、薪酬管理等一系列内容。由此可见，薪酬管理是人力资源管理的一项重要职能。

薪酬管理和其他人力资源管理各模块有着密不可分的关系（如图1-1所示）。

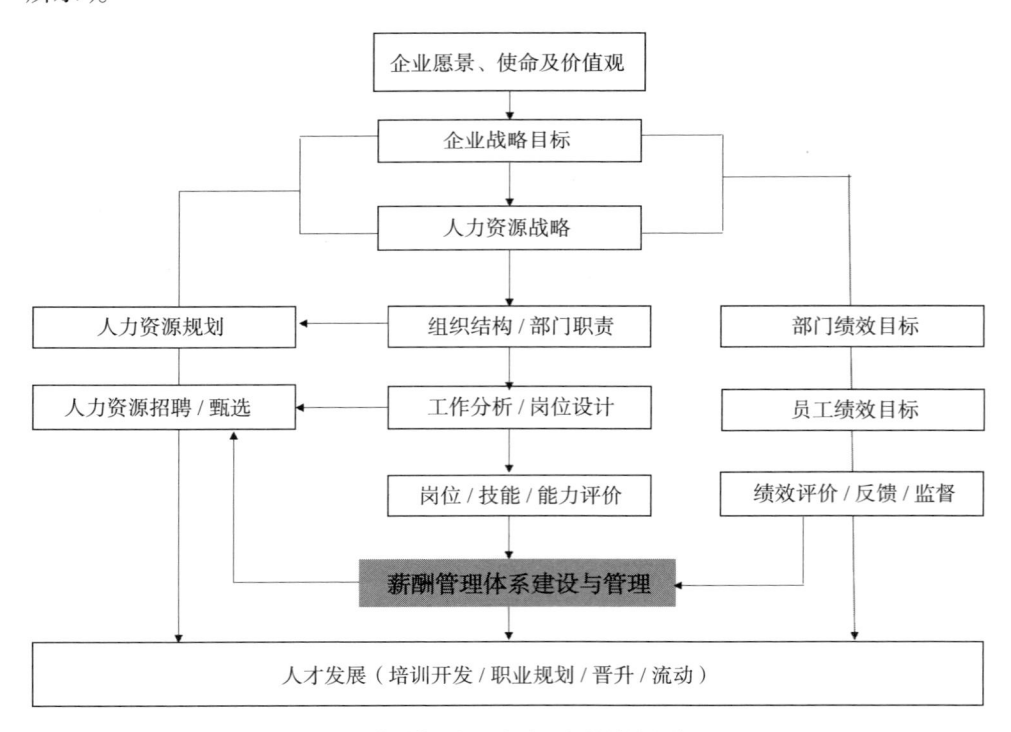

图1-1 薪酬管理与人力资源各模块的衔接关系

（1）薪酬管理与工作分析的关系。在企业经营管理中，工作分析不仅是薪酬设计的基础，更是建立内部公平薪酬体系的必备前提。基于工作分析所形成的岗位说明书是进行工作评价、确定薪酬等级的依据，因为工作评价信息几乎都来自岗位说明书。

（2）薪酬管理与人力资源规划的关系，主要体现在人力资源供需平衡上。当企业的薪酬政策发生变动时，内部人力资源的供给就会发生改变。比如，提高加班工资的额度，可以促使员工增加加班时间，从而增加人力资源供给量。

（3）薪酬管理与招聘录用的关系。薪酬管理与招聘录用工作有着相辅相成的关系，其主要体现在：从员工角度来看，薪酬高低是他们决定是否留下的关键因素之一，较高的薪酬水平更有利于吸引有实力的人才；从企业的角度来看，招聘录用人员的数量和结构对组织薪酬总额有着重大影响，在一定程度上决定着组织薪酬的增加。

（4）薪酬管理与绩效管理的关系。薪酬管理和绩效管理之间是一种互动的关系：一方面，激励薪酬的实施是建立在对员工的绩效做出科学合理的评价的基础上的；另一方面，针对员工的绩效表现及时地给予不同的激励薪酬，也有助于增强激励的效果，确保绩效管理的约束性。

不难看出，薪酬管理与人力资源管理职能共同构成了企业的使命、愿景以及战略目标实现的基石。另外，薪酬管理必须与人力资源管理其他职能密切结合才能发挥出最大效用。

### 1.1.3　薪酬战略的典型实践

薪酬战略是企业为了实现整体战略目标，有效利用薪酬管理体系、合理配置资源、激发员工积极性而制定的薪酬策略、薪酬计划以及具体行动的总和。作为制定薪酬战略的依据，战略目标不同，那么企业的定位也就不同。定位不同，就表示企业的薪酬战略应该是有所区别的。比如，企业的发展战略是在一定时期内成为业内领先的企业，那么就要给予员工更多的薪酬，甚至要给出业内一流的薪酬，以激励员工努力工作，达成企业目标；相反，如果企业的发展战略是维稳，那么在薪酬方面就可以相应地降低一些，以减少成本、保证收益。

有些企业的业务战略是低成本战略。一般而言，实施低成本战略的企业能够生产大量稳定的产品或提供稳定的服务，以规模效应来摊薄产品或服务的成本。相对应地，它们采取的是薪酬成本战略。薪酬成本战略是指企业通过控制内部成本，以最小的成本获取最大收益。具体落实到员工成本的调节上，一般表现为薪酬水平低于市场水平，薪酬结构方面采取高浮动薪酬，并鼓励节约成本。美国西南航空公司就是其中的代表。

美国西南航空公司创始之初，仅有三架飞机来往于田纳西州三个城市，到今天它已经成长为每天起飞约2 700架次、每年迎来送往超过7 000万名乘客的大型航空公司，是美国最大的航空公司之一。美国西南航空公司在成长过程中，一直采用的是与其低成本战略相匹配的低成本薪酬战略。

美国西南航空公司的低成本薪酬战略主要表现为：其一，员工的薪酬水平低于市场平均水平，而且基于飞行员等级（工作等级）的薪酬结构差异小于其他航空公司，给予最高等级飞行员的薪酬也比其他公司低；其二，内容丰富的福利，实行了包括利润分享和员工持股两项激励薪酬。通过实施与战略相匹配的薪酬战略，美国西南航空公司实现了以最小成本获得最大的收益，成为"9·11"恐怖袭击以后一段时期内美国唯一持续盈利的大型航空公司。

差异化竞争战略是指企业通过向客户提供个性化的产品或服务，来获得差异化的竞争优势，而不是利用产品或服务的价格优势，赢得市场竞争。如果企业选择了差异化竞争战略，那么它的薪酬战略必然是差异化薪酬战略，具体表现为：员工的薪酬水平一般与市场水平持平或略高，而且对产品和技术创新会给予足够的回报或奖励。

许多企业之所以难以留住最优秀和潜力最大的员工，是因为它们对公平有一种错误认识：只要给员工的薪酬高于市场水平即可。谷歌却认为，薪酬公平并不是说所有在同级别岗位上的人都要拿同样的薪水，或者多与少之差不超过20%。事实上，只有薪酬与贡献相匹配而非与岗位相匹配才能算得上公平，个人之间的薪酬应该有一定的差异。

在谷歌，两个做着同样工作的人产生的影响和所得的奖励可以有百倍之差。比如，曾经有一位谷歌员工获得了1万美元的股权分配，而另一位在同样领域工作的员工却获得了100万美元的股权分配。虽然这并不是常态，但是谷歌几乎每个级别的薪酬差异都达到 300% 及以上。很多情形下"低级别"岗位员工的收入比相对"高级别"岗位员工的平均收入还高很多。

除此之外，谷歌鼓励员工进行创新，即使项目失败也不会对员工的职业发展造成太大的影响。在给员工发放奖励时，工作量不是重点，更为关键的是项目对企业发展的推动作用。即使一名员工仅负责一个很小的项目，甚至在现阶段无法真正得到应用，但只要他能够证明这一项目对企业发展的意义，同样可以获得高额的奖金。这样就显著提升了员工开发新项目的积极性，从而为企业创造了更高的价值。

当企业实行的是专一化战略时，也就决定了薪酬战略必然是以技术为基础的薪酬管理制度。专一化战略是指企业集中全部资源专注于某一市场细分领域的开发与研究，成为该领域的"领头羊"。为了保证在市场上的领先地位，企业需要吸引足够的顶尖人才，在薪酬结构上，必然侧重股权或期权等能够进行长期性薪酬激励的方案，如格力集团。

格力空调不仅畅销全国，更是中国空调业唯一的"世界名牌"产品，行销已经遍及全球 100 多个国家和地区。如今，格力空调已占据世界空调 30% 的市场份额。

格力集团之所以能够取得今天的成就，并始终处于行业领先地位，关键在于其设计了利润分享计划——股东分红计划及核心员工持股计划，不仅让员工能以股东的身份参与企业决策、分享利润、承担风险，增强员工的归属感和认同感，从而勤勉尽责地为企业的长期发展服务，还有利于企业稳定和吸引优秀的技术人才和管理人才。

薪酬战略与企业总体战略始终保持相匹配，能促使薪酬体系在企业的人才引进、培养以及保留上起到至关重要的作用。

## 1.2 薪酬战略要与企业战略目标保持一致

作为企业战略的重要组成部分，薪酬战略应该与企业战略相匹配，以确保薪酬体系对企业战略的支撑作用，同时，牵引员工的行为聚焦价值创造，助力企业战略规划落地。

### 1.2.1 薪酬体系为企业战略服务

企业战略是指企业先定位好自己在市场中的位置，然后明确未来的目标是什么、实现目标的路径是什么，以及与行业竞争对手相比存在哪些差异。也就是说，战略解决的是方向、目标以及路径问题。而薪酬体系作为企业人力资源体系的重要组成部分，向员工传达了在企业中什么是有价值的，进而牵引员工的努力和行为聚焦到战略目标实现上。这表明，薪酬体系是企业方向、目标达成过程的支撑点。换句话说，薪酬体系是为企业整体战略实现而服务的。

观察图 1-2 就会发现，薪酬战略、人力资源管理战略与企业战略三者之间包含以下关系：企业战略涵盖了企业所有经营管理的内容，人力资源管理战略居中，薪酬战略仅针对薪酬管理制定战略方向；薪酬战略会对人力资源成本及管理效率产生影响。要想更好地管控人力资源成本，就需要解决薪酬战略如何与企业战略目标保持一致的问题，以确保薪酬体系是为企业战略实现服务的。

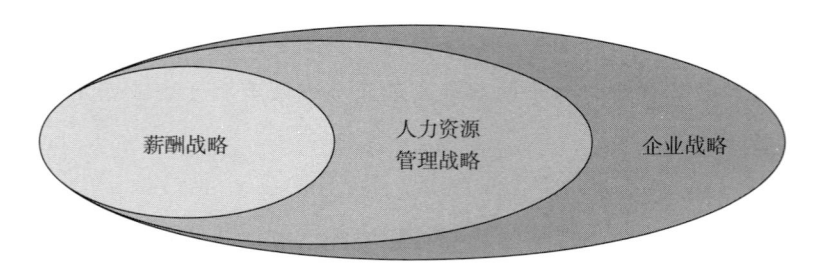

图 1-2 薪酬战略、人力资源管理战略与企业战略间的关系

当前，不少企业可能制定了明确的企业战略目标，但是不一定有清晰的人力资源管理战略，有薪酬战略的企业则更少了。虽然有些企业没有单独制定薪

酬战略，但是对于薪酬，它们往往都有明确的管理方向，其或者包含在企业文化中，或者潜藏于企业负责人的管理意识中。

一般来说，企业在设计或优化薪酬体系时，需要理解企业战略，包括企业战略目标达成的关键成功因素、发展需要的核心能力以及承载这些核心能力的人才群体、企业的付薪理念等（如图1-3所示）。可见，薪酬体系是以企业战略为导向的。

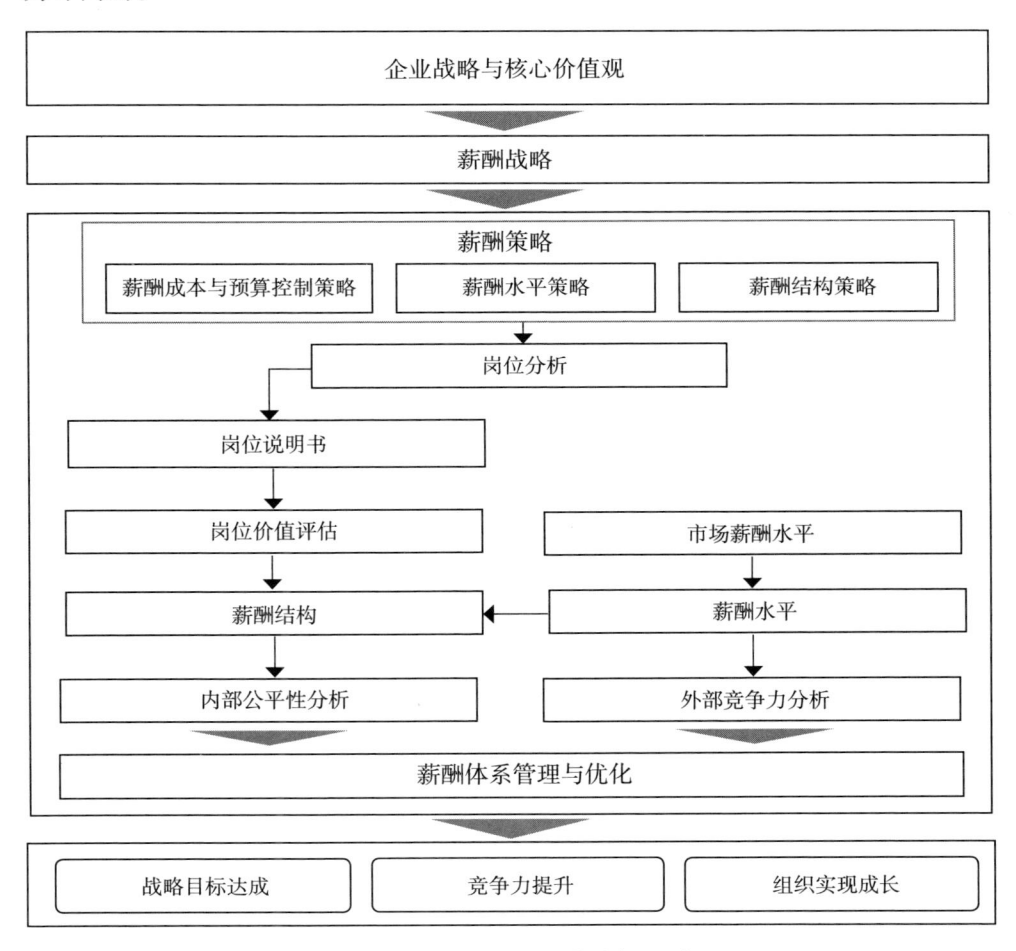

```
企业战略与核心价值观
        ↓
      薪酬战略
        ↓
┌─────────────────────────────────────────┐
│              薪酬策略                    │
│  薪酬成本与预算控制策略  薪酬水平策略  薪酬结构策略 │
└─────────────────────────────────────────┘
        ↓
      岗位分析
        ↓
      岗位说明书
        ↓
   岗位价值评估        市场薪酬水平
        ↓                 ↓
      薪酬结构  ←——   薪酬水平
        ↓                 ↓
   内部公平性分析      外部竞争力分析
        ↓
    薪酬体系管理与优化
        ↓
  战略目标达成  竞争力提升  组织实现成长
```

图 1-3　基于企业战略的薪酬体系设计

华为的愿景和使命是把数字世界带给每个人、每个家庭、每个组织，构建万物互联的智能世界。承接公司的愿景和使命，华为制定了可持续发展战略，并将可持续发展作为一项优先的准则，全面融入公司的整体发展战略中。

基于公司战略，华为将员工按照研发、生产、市场销售以及客户服务划分为四大类别，其中研发部门和市场销售部门的薪酬水平明显高于生产部门和客户服务部门。同时，华为按照贡献和能力为员工定级别，将员工的薪资级别分为10级，不同级别的员工薪酬是不同的，员工干满一定时间就可持有公司股份。

基于企业战略目标制定的薪酬体系，不仅能清晰地向员工传递企业的战略意图，激励全体员工齐心协力去实现企业战略，还有利于开发员工的核心专长与技能，进而提升企业的整体业绩。

### 1.2.2 薪酬体系要随着企业战略进行动态调整

管理无定式，薪酬管理更是如此。企业在不同的发展阶段，面临的处境是不同的。为了支撑企业整体战略的落地，薪酬体系要随着企业战略进行动态调整（如表1-2所示）。

表1-2 薪酬体系随企业战略保持动态调整

| 企业发展阶段 | 初创期 | 快速成长期 | 成熟稳定期 | 衰退期 |
| --- | --- | --- | --- | --- |
| 企业战略 | 探索商业模式，获得盈利 | ·快速增长<br>·扩大市场规模 | ·持续稳定增长<br>·提升盈利空间 | ·削减成本<br>·控制衰退 |
| 薪酬体系 | ·加大浮动薪酬比例<br>·对原创团队给予长期激励 | ·提供有竞争力的薪酬水平<br>·逐步完善薪酬管理体系 | ·统一薪酬体系<br>·更加注重内部公平<br>·加强人力资源机制建设 | ·节约/控制人力成本<br>·保留部分核心人员 |

20世纪80年代初，可口可乐公司进入中国内地市场。此时，中国刚开始改革开放，考虑到中国物质不丰富、员工收入水平低，可口可乐（中国）公司便采用了高薪政策以吸引和激励人才。可口可乐（中国）公司发放给员工的薪酬，主要是由基本工资、奖金、津贴及福利构成的。基本工资是国内饮料行业平均薪酬水平的2~3倍。虽然可口可乐（中国）公司在中国内地尚在初创期，

但是由于其母公司资本雄厚，不存在流动资金紧张的情况，因而给出的基本工资很高。奖金则是可口可乐（中国）公司根据员工绩效来发放的。

由于采取了行业内极具竞争力的薪酬政策，可口可乐（中国）公司在当时吸引了大批人才加盟，迅速打开了中国内地市场，并有力地支撑了公司战略目标的实现。

随着可口可乐（中国）公司迈入快速成长期，为了强化对人才资源的竞争优势，公司于1995年做出每年给员工多发3个半月基本工资的决定，以保持公司总体薪酬水平处于美商在华企业平均薪酬的75分位值以上。同时，在福利方面，除了法定福利，还增加了养老保险金，并向员工提供普通团体意外险和住房贷款计划等。另外，公司开始采用股票期权等长期激励手段。在采取了这样的改变后，可口可乐（中国）公司员工的薪酬对外更具有竞争力，对内更具有激励性。

然而，从1999年开始，可口可乐（中国）公司在中国的扩张速度开始放缓，进入成熟稳定期。当时与可口可乐公司竞争的不仅有百事可乐公司，还有国内的健力宝、娃哈哈等企业。产品的市场竞争及由此带来的人才竞争，加上内部不够完善的薪酬体系，使得可口可乐（中国）公司的员工辞职率上升、绩效下降。

为了扭转这种局面，可口可乐（中国）公司在2000年进行了组织结构改革。对所有的岗位进行岗位分析与岗位价值评价，并以此为基础对薪酬体系进行调整，把薪酬范畴扩展到包括基本工资、绩效奖金、福利、股权、培训计划、职业生涯开发等方面，同时还为本地员工创造了进行国际间人才交流的条件。

可见，薪酬体系的制定与实施需要随着企业战略变化而不断进行调整，以确保企业战略实现所需的人才保障，推动企业实现持续性发展。

### 1.2.3　不匹配的薪酬战略影响企业战略目标的实现

美国哈佛大学教授威廉·詹姆士研究发现，企业如果缺乏科学有效的激励机制，员工的潜能只能发挥出20%～30%，科学有效的激励机制能够让员工把另外 70%～80% 的潜能也发挥出来。所以企业需要建立完善的薪酬激励体系。

企业的人力资源可以划分为三类：奉献者（贡献大于回报）、打工者（贡献等于回报）和偷懒者（贡献小于回报）。在正常情况下，无论偷懒者、奉献者和打工者贡献多少，他们都应该得到与贡献相匹配的回报。而在一个不好的机制下，当奉献者老是吃亏时，他就会反思，对自己的行为做出怀疑，进而减少自己的贡献，使贡献与低层次回报相等，他就变成打工者。同样，打工者也会向偷懒者转变。结果是，奉献者变成打工者，打工者变成偷懒者，最后大家都偷懒了，没有付出和贡献。

可见，企业要建立"让奉献者不吃亏"的薪酬激励体系，而要让奉献者不吃亏，就必须确保薪酬战略与企业整体战略相匹配。

当薪酬战略与企业战略目标不匹配时，企业的发展就有可能和个人的利益不一致，甚至与员工的个人利益相冲突。如此一来，企业战略目标的实现就缺乏有力的保障。

在华为发生过这样一件事：1995 年，分别负责上海和新疆的两位办事处主任销售同样的产品，但两人的业绩天差地别。当时，恰逢国家大力发展农村通信，再加上华为早期"农村包围城市"的策略为新疆区域打下了良好的市场基础，新疆办事处主任在短期内就能创造出高业绩。而上海市场当时被国际电信巨头所占据，市场竞争激烈，华为的产品一时难以进入，这就导致上海办事处主任在短时间内业绩较低。根据当时华为的薪酬体系，两个办事处主任在当年的薪酬可能会相差 20 万元。这种反差造成的结果是，上海市场是公司最想突破的市场，但承担战略责任的办事处主任却拿不到钱。这就反映出当时华为的薪酬体系、人力资源管理系统与公司战略之间存在着深层矛盾，是不匹配的。

1997 年，在咨询公司 HAY（合益）的帮助下，华为导入 4P 人力资源管理系统（Position Evaluation System，职位评价系统；Pay Administration System，薪酬管理系统；Professional Training System，职业训练系统；Performance Appraisal System，绩效评价系统），建立起以职能工资制为核心的薪酬体系，并逐步形成了"以岗定级，以级定薪，人岗匹配，易岗易薪"的薪酬管理 16 字方针。随着公司的不断发展，华为更是在人力资源管理实践中持续改进完善薪酬体系，以不断增强薪酬的市场竞争力、吸引优秀人才的加入，支撑企业战略目标的实现。

可见，薪酬战略作为薪酬体系设计的行动指南，是需要与企业战略目标对齐的。

管理的目的是创造效益，推动企业战略目标的达成，而薪酬体系作为企业管理中的关键模块之一，其目的也是通过影响员工的态度与行为，推动企业战略目标的实现。不过，每家企业都有自己的经营战略，企业应该制定与自身战略相匹配的薪酬战略，以构建合理且有效的薪酬体系。

## 1.3 贯彻付薪理念，强化企业核心价值观

付薪理念是企业薪酬体系的根基，而薪酬体系会向员工传递企业的核心价值观。在设计薪酬体系前，企业要明确并贯彻付薪理念，强化企业的核心价值观，在内部营造积极向上的工作氛围。

### 1.3.1 基于企业战略明确企业的付薪要素

付薪要素是指企业的激励导向，表示的是企业为"什么"支付薪酬。如今，越来越多的企业认为，企业应该为绩效付薪，一分钱一分货。无论怎么样美化员工与企业间的关系，员工都是在以个人的时间、技能，有时还包括情感，为企业提供产出与服务的。

然而，实际上，企业不单单为绩效付薪。常见的付薪要素有四种，除了为绩效付薪，还有为岗位付薪、为能力付薪、为市场付薪。

（1）为岗位付薪。它是指以岗位价值的大小作为整个薪酬体系的核心要素，岗位价值的大小直接决定了该岗位薪酬的高低。例如，几乎每家企业的营销经理岗位为企业创造的价值都应该高于客服经理岗位，因此营销经理的薪酬比客服经理高；同样，财务经理岗位为企业创造的价值高于行政经理岗位，因

此财务经理的薪酬比行政经理高。简单来说，为岗位付薪就是基于岗位为企业创造的价值付薪。

（2）为能力付薪。能力既包括学历、职业资质、经验以及工龄等，也包括专业技能、沟通能力和忠诚度等，直接决定了每个员工在实际工作中的工作质量与绩效表现。企业一般会在招聘员工、员工晋升等节点上，着重考察员工的能力。

与为岗位付薪不同的是，为能力付薪更强调员工个人能力的大小，是企业为员工所具备的能力为企业创造价值的可能性付薪。一般来说，企业为同样岗位的员工付薪越高，表明该员工通过自己的能力为企业创造更大价值的可能性越大。比如，企业通过设立年功工资来体现员工在企业工作时间和经验的价值，设立学历职称工资来体现个人的知识、能力水平等。

总之，通过为员工能力付薪，能充分确保员工能力提升的意愿，以及达成目标后产生正向激励。

（3）为绩效付薪。它表示企业为员工为企业创造的业绩所支付的薪酬。薪酬的多少由员工的绩效结果决定。"拉开卓越绩效和一般绩效的差距，让优秀的人拿到更多的薪酬"，体现的就是为绩效付薪的理念。

（4）为市场付薪。它是指企业根据市场薪酬水平来确定岗位的薪酬水平，以确保薪酬的市场竞争力。

以上几个付薪要素单独界定的时候容易，但结合起来界定就需要一定的智慧。薪酬管理不仅是一门科学，也是一种哲学。如果单纯地依据某一要素向员工支付薪酬，会带来不公平。比如，同岗位的员工可能有能力差别，同能力的员工可能有业绩差别，同业绩的员工可能有岗位差别。

为了更好地衡量员工对企业的贡献度，企业应从业务战略要求出发，明确薪酬体系的价值所在，进而确定企业为"什么"而付薪。比如，为了合理定位员工薪酬，字节跳动结合自身实际情况，确定了为员工的绩效、能力和岗位价值付薪。

总体而言，明确付薪要素，能驱动员工持续为企业贡献聪明才智，并让他们得到合理的回报。

## 1.3.2 付薪理念是制定薪酬体系的前提

付薪理念是制定薪酬体系的前提，任何薪酬体系设计都要由付酬理念来做支撑。比如，在我国计划经济时期，企业依据行政级别支付薪酬，只要行政级别是一样的，薪酬的结构与水平就都是一样的。随着时代的变迁，这种传统的付薪理念已经被淘汰，新的付薪理念——为岗位付薪、为能力付薪、为绩效付薪和为市场付薪，开始深入人心。企业基于付薪理念，构建了基于岗位的薪酬体系、基于能力的薪酬体系、基于绩效的薪酬体系以及基于市场的薪酬体系。

基于岗位的薪酬体系的主要优点是：①体现岗位的真正价值。每个岗位都明码标价，谁能胜任这个岗位，就给谁这个工资；②真正实现了同工同酬，内部公平性比较强，能在一定程度上避免员工间攀比现象的发生。

基于能力的薪酬体系的主要优点是：①薪酬是与能力挂钩的，能激发员工不断提升自身的潜能，以获取更高的薪酬；②有利于岗位轮换与员工职业生涯发展，因为轮岗后只要能力出色，一样可以拿到更高的薪酬。

基于绩效的薪酬体系的主要优点是：①员工薪酬直接与企业、组织以及个人的绩效挂钩，能让员工感觉到"干多干少干好干坏不一样"，激励效果最明显；②以绩效为主的付酬理念使企业的薪酬成本最为节省。员工如果绩效表现比较差，只能拿到较少的工资，从而为企业节省了人工成本。

基于市场的薪酬体系的主要优点如下。①薪酬水平跟市场对标，便于企业采取或调整相应的薪酬战略。比如，企业要给一个财务经理定薪，可以先收集、分析市场上财务经理在 25 分位、50 分位、75 分位、90 分位的薪酬水平分别是多少、企业应该定位多少分位，然后结合自身的实际情况，采取与企业战略目标相一致的薪酬战略。②以为市场付薪为主的薪酬体系有利于企业招聘员工。因为为市场付薪的理念就是要根据市场的薪酬而设计薪酬，因此在招聘员工时，就能根据市场薪酬变化给出有竞争力的薪酬水平。

基于不同付薪理念设计的薪酬体系也有它们的不足之处，如表 1-3 所示。

表 1-3 不同薪酬体系的对比

| 不同薪酬体系 | 不　足 |
|---|---|
| 基于岗位的薪酬体系 | ·员工的能力差异在薪酬中得不到体现<br>·在选聘比较稀缺的人才时，很可能由于薪酬体系的内向性而满足不了稀缺人才的薪酬要求 |
| 基于能力的薪酬体系 | ·对企业的管理水平提出了更高的要求，因为界定和评价技能不是一件容易的事情，进而增加了企业的管理成本<br>·员工着眼于提高自身技能，可能忽视组织的整体需要和当前工作目标的完成 |
| 基于绩效的薪酬体系 | ·造成部门或者团队内部成员的不良竞争。为取得好的个人绩效，员工可能减少合作<br>·绩效评估往往很难做到客观准确，会影响薪酬的激励作用 |
| 基于市场的薪酬体系 | ·要求企业有良好的盈利水平，否则难以支付和市场接轨的薪酬<br>·对薪酬市场数据的客观性提出了很高的要求<br>·按市场付酬，企业内部薪酬差距会很大，可能影响组织内部的公平性 |

基于不同付薪理念设计的薪酬体系，各有各的优势，也各有各的不足。如果能将它们有效地结合起来，并融入同一个薪酬体系中，将会极大地满足员工对薪酬的要求，企业也将会发展得更好。

### 1.3.3　贯彻企业的付薪理念，传递企业的核心价值观

从本质上看，付薪理念是企业核心价值观在人力资源领域的重要体现。它明确了企业在薪酬管理上所倡导的价值导向，即企业会为什么样的行为、能力以及业绩付薪。通过搭建基于付薪理念的薪酬体系，企业可以进一步强化其核心价值观。华为的付薪理念就处处在向员工传递"以奋斗者为本"的核心价值观。

华为的核心价值观——以客户为中心，以奋斗者为本，长期艰苦奋斗，是公司所有的人力资源管理政策和制度的出发点和根本，包括薪酬管理。

为了便于区分谁是奋斗者，华为毫不避讳地将员工分为三类。①普通劳动者。华为将12级及以下员工和未申请成为奋斗者或放弃奋斗者资格的人划为普通劳动者，也称为"打工人"。②一般奋斗者。绩效等级为B、C、D的员工，很大可能是一般奋斗者，他们所做的贡献大于支付给他们的成本。③有成效的

奋斗者。绩效等级为 A 和 B+ 的员工是有成效的奋斗者，被华为认为是事业的中坚力量。

除了将员工分类，华为在价值分配上强调要向奋斗者、贡献者倾斜，"给火车头加满油"。敢于打破过去的陈规陋习，敢于向优秀的奋斗者、有成功实践者、有贡献者倾斜，在高绩效者中去寻找有使命感的人，如果他确实有能力，就让他小步快跑。差距是动力，没有温差就没有风，没有水位差就没有流水。激励优秀员工，就是"给火车头加满油，让火车头拼命拉车"，让他们始终保持奋斗热情。具体体现在工资、奖金、股票等薪酬激励向奋斗者、优秀员工倾斜。

在工资上，普通劳动者工资只是平均水平或稍高，基本没有晋升机会。如果一个生产员工在深圳的平均月薪是 8 000 元，那么华为给他的月薪可能就是八九千元，不会给予更高的薪酬。在奖金方面，一般奋斗者的薪酬也只是平均水平；但如果是有成效的奋斗者，那么他的奖金会是平均水平的两倍、三倍甚至更高。在股票方面，一般奋斗者能够获得的股票，只能对应其岗位平均的饱和度；但如果是有成效的奋斗者，不仅有更高的股票饱和度，而且他的配股速度会更快。

可见，企业在搭建薪酬体系时，应充分贯彻自己的付薪理念，不断向员工传递企业的价值导向，强化高绩效文化。

## 1.4 构建有特色的薪酬体系，激发人才活力

"全球第一 CEO"杰克·韦尔奇说："我的工作就是将最好的人才放在最大的机会中，同时将金钱分配在最适当的位子上。"为了分好钱，激发人才活力，让人才得到激励、获得回报、感受公平、享受满足，企业需要根据自身实际情况搭建薪酬体系。

### 1.4.1 良好的薪酬体系是吸引人才的有力保障

良好的薪酬体系，是企业在激烈的市场竞争中吸引人才、激励人才和留住

人才的有力保障。然而，当薪酬体系不合理时，容易造成以下问题。

1. 内部缺乏公平性，导致企业出现新老员工工资倒挂等问题

部分企业在招聘员工时，会给新员工开出超过老员工的工资。无论是企业为了吸引人才而采取的手段，还是为了迎合市场环境而采取的措施，无疑都会伤了老员工的心。慢慢地，新老员工之间就会产生薪酬矛盾，从而加速人才的出走。

笔者所在团队为A企业做绩效薪酬体系优化咨询服务时，通过薪酬诊断分析，发现如下现象。

（1）A企业员工的薪酬结构是"低底薪＋高提成"，薪酬固浮比为3.5∶6.5。但是由于A企业的项目周期一般比较长，回款间隔久，每个员工的月收入很不稳定，没有回款时基本生活都难以维持。

（2）A企业存在新老员工工资倒挂现象。2017年6月，李主管负责的业务市场突然火爆，需要紧急补充人员。由于薪酬缺乏吸引力，李主管一直没有招到人。李主管的上级王经理经过特别申请，用比李主管还高的薪酬挖来一名员工小王。然而，看似经验丰富的小王，在项目实施时却需要李主管手把手带。半个月后，李主管离职了。新老员工工资倒挂的情况已经在A企业出现多次，其关键原因是A企业的薪酬体系不合理，由此陷入了"新老员工不断交替"的循环。

2. 薪酬外部竞争力不够，导致企业出现招聘困难、人员离职率高等问题

典型表现为关键岗位的人才薪酬低于行业平均水平，一旦他们有更好的选择，就会选择跳槽。

职场的重心永远围绕着"钱"。做好员工激励，利益分配永远是绕不开的话题。企业做好薪酬分配，员工就会充满干劲；做不好，组织内部就会矛盾重重。企业在搭建薪酬体系时，需要遵循如表1-4所示的原则。

表 1-4 搭建薪酬体系需要遵循的原则

| 序号 | 原 则 | 详细说明 |
| --- | --- | --- |
| 1 | 战略导向性 | ・企业的薪酬体系必须体现企业战略，并为实现企业战略服务<br>・设计薪酬体系时须从企业战略出发，关注战略需求，通过薪酬体系的设计反映企业提倡什么、鼓励什么、肯定什么、支持什么、反对什么，同时体现员工的期望与要求 |
| 2 | 内部公平性 | 按照承担的责任大小、需要的知识与能力水平的高低，以及工作性质要求的不同，在薪酬上合理体现不同层级、不同岗位在企业中的价值差异 |
| 3 | 外部竞争性 | 保持企业在行业中薪酬的竞争力，能够吸引优秀的人才 |
| 4 | 与绩效相关性 | 薪酬必须与企业、团队和个人的绩效完成状况密切相关，不同的绩效考评结果应当在薪酬中准确地体现出来，从而最终保证企业整体绩效目标的实现 |
| 5 | 激励性 | ・薪酬以增强工资的激励性为导向，通过动态工资和奖金等激励性工资单元的设计激发员工工作积极性<br>・应设计不同薪酬通道，使不同岗位的员工有同等的晋级机会 |
| 6 | 可承受性 | ・薪酬水平的确定必须考虑企业实际的支付能力，与企业的经济效益和承受能力保持一致<br>・人力成本的增长幅度应低于总利润的增长幅度，同时应低于劳动生产率的增长速度 |
| 7 | 合法性 | 薪酬体系的设计应当在国家和地区相关劳动法律法规允许的范围内进行 |
| 8 | 灵活性 | 企业在不同的发展阶段和外界环境发生变化的情况下，应及时对薪酬体系进行调整，以适应环境的变化、满足企业发展的要求 |
| 9 | 适应性 | 薪酬体系应当能够体现企业自身的业务特点以及企业所处区域、行业的特点，并能够满足这些因素的要求 |

"没有梧桐树，哪来金凤凰？"当企业搭建了良好的薪酬体系时，员工就能获得与投入相匹配的回报，进而被激发出潜能，为企业创造更大的价值，最终实现企业与员工双赢。

## 1.4.2 业绩与能力并重，激励员工提升能力

随着企业的发展，各级员工的能力是需要随之逐步提高的。为了激励员工提升能力，企业应该搭建业绩与能力并重的薪酬体系，让同一岗位能力较高的

员工获得更多的薪酬，个人业绩优秀者将优先获得晋级。

美团作为餐饮行业的独角兽，当许多企业都在优化调整时，它不仅没有缩减业务规模，反而增加招聘需求，开启新的业务线（如图1-4所示），在2020年相继拓展了美团优选、美团闪购以及美团买菜等新业务。2020年，美团实现营收1 147.9亿元，同比增长17.7%。

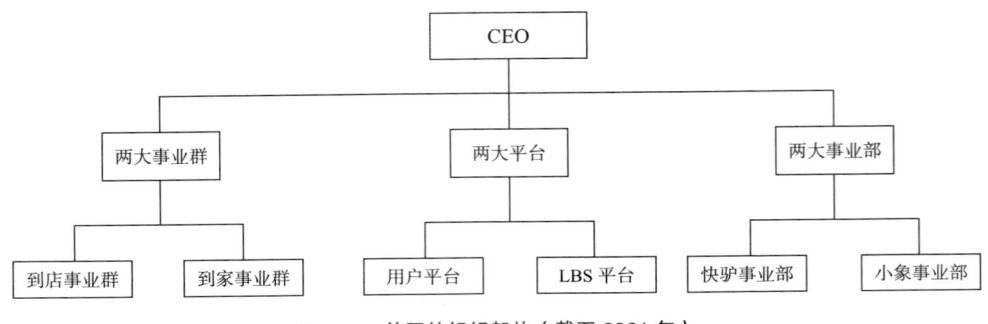

```
                    CEO
         ┌───────────┼───────────┐
      两大事业群    两大平台    两大事业部
      ┌───┴───┐   ┌───┴───┐   ┌───┴───┐
   到店事业群 到家事业群 用户平台 LBS平台 快驴事业部 小象事业部
```

图1-4 美团的组织架构（截至2021年）

美团之所以越战越勇，它的薪酬体系起到了非常大的作用。在充分确保员工薪酬竞争力及激励力度不变的前提下，美团构建了以"扁平职级，宽带薪酬"为原则的薪酬体系。在该体系下，美团员工职级线由以前的双职级线变为单职级线，原来"M+P"的双职级线变为以"L"命名的单职级线。总职级数量减少，职级更扁平，每个职级的人员能力范围更广。

同时实行宽带薪酬，拓宽职级内的激励空间。每个职级对应的薪酬区间变宽了，员工在本职级内能得到充分的薪酬激励。

另外，美团一年有四个激励窗口从不同维度对员工进行激励，分别如下。

（1）一次年度现金调整及股票授予。基于对员工的综合判断（业绩贡献、潜力、文化价值观等）给予差异化的年度现金增长和年度股票授予，在确保薪酬竞争力的同时，体现差异化及长期激励。

（2）一次晋升及晋升调薪。对获得晋升的员工进行薪酬调整，体现跨职级的能力提升和职责扩大。

（3）一次秋季特殊调薪。由管理者对特别优秀（例如，做出特别重要贡献、成长特别迅速等）的员工给予小范围现金调薪，强调薪酬激励的差异化和灵活性。

（4）一次年终奖激励。基于企业整体、组织以及个人的绩效表现，管理者进行差异化的年终奖分配，激励员工做出的年度业绩。

美团的薪酬体系体现的是业绩与能力并重，更加强调业绩导向，从而牵引员工立足于业务发展需求持续提升能力，最终实现个人与企业业务共同成长。这表明，构建业绩与能力并重的薪酬体系，不仅能吸引和保留优秀的员工，实现对员工的激励，还能改善企业整体的绩效。

## 1.4.3　薪酬导向高回报率人才，激发人才活力

很多企业把薪酬当作成本，将降低成本当作头等大事。而字节跳动的创始人张一鸣认为，薪酬不是成本而是投资，你把钱投到优质的标的上，期望的是优质的回报。只要有高的 ROI（投资回报率），薪酬越高，回报就越多。华为、腾讯等国内知名企业也持有相同的观点。

2020 年，字节跳动全年实现营收约 370 亿美元，公司估值 4 000 亿美元，这使得它成为仅次于阿里巴巴、腾讯的中国第三大互联网公司，图 1-5 是字节跳动当前的组织架构。

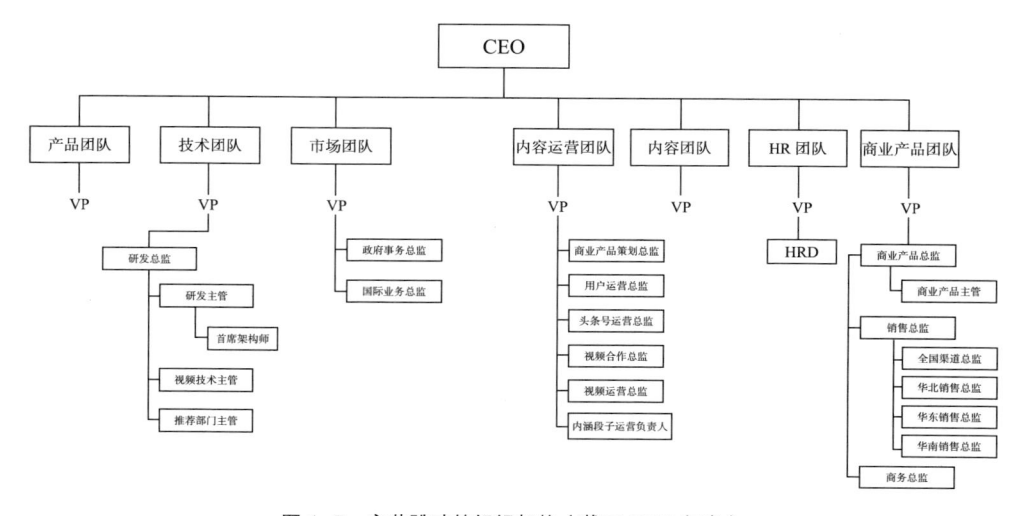

图 1-5　字节跳动的组织架构（截至 2021 年底）

字节跳动能持续保持成长，关键在于公司优秀人才的密度超过业务复杂度。对于如何吸引优秀人才加盟，字节跳动有四个要素：短期回报、长期回报、个人成长、精神生活。张一鸣多次公开表示："字节跳动的人才机制主要包括三个要点，第一是回报，包含短期回报和长期回报；第二是成长，他在这个公司能得到成长；第三是他在公司的精神生活很愉快，干起事来觉得有趣。"

（1）短期回报。要提供最好的ROI。很多企业都把人才当成企业的一项耗损成本。在经济下行或遭遇危机（如此次新冠肺炎疫情）时，很多企业的第一反应都是裁员降薪。其实，这个观点从根本上来说是错误的。人才不是成本，而是资本，企业真正应该考量的是人才ROI。对此，张一鸣指出："对人才，关键不是看成本，而是看回报和产出。公司的核心就是要通过构建好的配置，配置好的生产要素，让公司有最高的ROI，并且给每个人提供好的ROI。所以公司的核心竞争是ROI的竞争。

只要ROI高，薪酬越高，回报就越多。所以我们一直跟HR部门说，我们希望pay top of the market（支付高于市场的薪酬）。我们主动要求HR部门至少每年要对市场薪酬做一次定位，保持薪酬在业内领先。

当然如果人力成本很高，反过来要求公司必须把这些人配置好、发挥好，这正是一种进取的姿态。"

简单来说，企业要为优秀的人才提供具有市场竞争力的薪资。

（2）长期回报。把更多的激励与个人贡献相挂钩。很多创业公司在初创期给不了高于市场的薪酬，就会靠期权吸引人才。但等到规模越来越大时，公司往往无法给新员工提供更多的期权，还有什么办法可以激励员工呢？

张一鸣认为："期权激励的重点是要把激励放到提高年终奖的比例上。我们在公司内部说，希望非常突出的人能够有机会拿到100个月的年终奖。这个时候我们要让他知道，任何时候加入今日头条，回报都能非常高，并且平台资源非常好，这要比去其他创业公司有竞争力。"

期权作为激励，最终能拿到多少，可能与运气和投资眼光相关，与员工是否努力工作没有直接关联。而年终奖的衡量标准在于员工的个人贡献，理论上来说，越努力，贡献越大，拿到的奖金也就越多。

（3）个人成长。充分 Context，少量 Control。字节跳动给员工提供了极其开放的管理模式，字节跳动将其称为"充分 Context，少量 Control"，即"每个人有他需要扮演的角色，掌握所有的上下文信息（Context），做出业务决策（Control）。在必要的时候，做出少量的干预"。

这套模式的核心在于：分布式运算＋充分授权。从某种意义上来说，每个员工都是决策者，而不只是执行者。他需要充分掌握上下文信息，做出自己权责范围内的选择，而不仅仅依照指令行事。不过，需要注意的是，这并不表示每个人都是决策者，最终决策权还是由团队负责人掌握的。

在这样的企业文化中，每个员工获得了成长的空间，不再是执行领导指令的"工具人"，而是有自主思考能力、不断自我成长的斗士。

（4）精神生活。预设开放，预设信任。Zappos 的创始人谢家华曾表示："对个体而言，性格即命运；对组织而言，文化即命运。"组织文化就像空气一样，身处其中可能难以察觉，却是员工精神生活不可或缺的。

在企业内部管理上，字节跳动始终强调开放透明，正如张一鸣提出的"预设开放，预设信任"，企业的管理模式构建在对员工预设的开放与信任基础之上。

薪酬激励坚持导向高回报率人才。无论任何时候有人才想加入企业，都能获得比较高的回报。这样一来，就能激发人才的活力，牵引他们持续为企业创造价值，从而强化企业的核心竞争力。

# 第 2 章
# 薪酬策略

薪酬策略决定着薪酬体系设计的目标与方向，贯穿于薪酬体系设计的整个过程之中。为此，企业在设计薪酬体系时，绝对不能盲目进行，一定要在薪酬策略的指导下进行。

## 2.1 薪酬策略是薪酬体系设计的基本导向

为了将有限的薪酬资源，差异化地分配给被激励对象，最大限度地提升人力资源的效率，提高企业人力资源的投入产出比，企业需要结合企业文化、组织架构以及企业所处的发展阶段等来制定薪酬策略，为薪酬体系设计提供方向指引。

### 2.1.1 薪酬策略是薪酬体系设计的指导思想

薪酬策略是企业基于自身战略、文化以及外部环境所确定的对薪酬管理的基本理念与指导原则。作为薪酬体系设计中的关键环节，薪酬策略体现为企业对薪酬管理运行的目标、任务以及手段的选择，包括薪酬成本与预算控制策略、薪酬水平策略和薪酬结构策略等。

（1）薪酬成本与预算控制策略，是指决策者在薪酬管理过程中进行的一系列成本开支方面的取舍，是薪酬控制的重要环节。准确的薪酬预算能保证企业在未来一段时间内的薪酬支付受到一定程度的协调与控制。简言之，薪酬成本与预算控制策略是薪酬体系顺利运行的保障。

（2）薪酬水平策略，即薪酬定位，是指企业根据自身实际情况确定其在同行业中薪酬水平的相对位置，直接决定了其在人才市场中的竞争力。企业的薪酬水平策略合理，不仅可以节省企业的人力成本，还可以帮助企业招到合适的人才。但是，企业的薪酬水平策略不合理，就很有可能导致企业人力成本的浪费，甚至一时难以招到合适的人才。

（3）薪酬结构策略，是指企业基于对员工本性及其需求、员工总体价值贡献的认识，确定不同层级人员的薪酬构成与各构成要素所占的比重是怎样的，以及薪酬划分为多少薪级、薪级之间的关系如何。薪酬结构反映了组织对内部的不同岗位或者能力重要性的看法，体现的是薪酬体系的内部公平性。企业要想使薪酬体系更具有内部公平性，就需要合理设置薪酬结构。

可见，薪酬策略强调的是相对于自身与同规模的竞争性企业来说，企业薪酬支付的标准与差异性。为制定合理的薪酬策略，企业需要遵循内部公平性、外部竞争性以及支付效率三个方面的原则。

《华为基本法》明确规定："华为公司保证在经济景气时期和事业发展良好的阶段，员工的人均收入高于区域行业相应的最高水平。"正是基于这样一种刚性策略，华为员工的薪酬水平一直以来在全国哪怕是全球所有同行业的企业中都是排在前列的。

除了外部竞争性，华为还关注员工薪酬的内部公平和自我公平。内部公平是指不同职务的员工获得的薪酬应正比于其对企业做出的贡献；自我公平是指同性质员工，根据绩效考核与任职资格认证确定合理差别。这就是华为能够始终具有强大核心竞争力的关键所在，也是华为能实现持续成长的重要原因。

企业在拥有了清晰的薪酬策略后，就能为薪酬体系设计提供明确的方向指引，使薪酬体系设计有章可循。

## 2.1.2 薪酬策略需要体现企业的文化特征

不同行业、不同类型的企业所反映的文化是不同的，而它们的文化属性对薪酬策略的制定会有潜移默化的影响。一方面是因为企业的行业属性及竞争需要匹配合适的文化基因，以有效促进企业发展对人才的激励；另一方面是因为薪酬策略及体系搭建需要适应企业文化，而且薪酬体系更是"文化制度化"的彰显。由此表明，企业的薪酬策略，包括薪酬水平、薪酬结构以及薪酬构成等都应体现出企业的文化特征。

当企业文化为平均主义时，员工的薪酬构成中固定部分应该占较大的比例，而薪酬中绩效工资和奖金等浮动部分应该占较小的比例，在薪酬公平性上应更关注内部公平，尽量减少薪酬差距。对于业绩导向的企业文化，薪酬构成中固定部分应该占较小的比例，绩效工资和奖金等浮动部分应该占较大比例；同时，在薪酬公平性上更应关注外部竞争性，尽量拉开差距，体现多劳多得的原则。

中国人民大学教授彭剑锋说:"华为文化本质上是'蓝血绩效文化',即一切用业绩说话。"该"蓝血绩效文化"主要体现为各层级员工薪酬固浮比的设置,如表 2-1 所示。

表 2-1 华为各层级员工薪酬固浮比

| 层　　级 | 薪酬固浮比 |
| --- | --- |
| 高层管理人员 | 固定收入占年总收入的 40%,浮动奖金占 60% |
| 中层管理人员 | 固定收入占年总收入的 50%,浮动奖金占 50% |
| 专业技术人员 | 固定收入占年总收入的 60%,浮动奖金占 40% |

从表 2-1 中可以看出,员工薪酬中浮动奖金所占比例都在 40% 或以上,而且随着层级的提升,浮动奖金所占比例是不断增加的。在华为内部流传一句俗语:"三年一小坎,五年一大坎。"意思是在入职华为后,员工在前三年内基本靠工资(固定薪酬),三年后员工的绩效奖金会越来越可观,五年后分红会变得更可观。所以对华为员工来说,高额的奖金与分红才是他们奋斗的动力。另外,奖金和分红也是基于员工的贡献来分配的,只要你肯奋斗,能多为公司创造价值,就能获得对应的奖金与分红。

企业在制定薪酬策略前要充分理解企业文化,以确保搭建与企业文化相契合的薪酬体系,进一步贯彻企业的文化理念和价值导向,在企业内部形成良好的工作氛围。

### 2.1.3　薪酬策略要与企业的组织架构相匹配

企业的经济生态决定了组织架构(包括组织的人员规模、层级数量及工作关系)。组织架构不同,薪酬策略也应该是有区别的。为此,在开展薪酬体系设计之前,需要确定企业的组织架构,制定与之相匹配的薪酬策略。

如今,企业主要的组织结构形式包括功能型组织、流程型组织、项目型组织以及网络型组织。对于不同的组织结构,企业如何制定与之相匹配的薪酬策略呢？

功能型组织基本上拥有单一的功能型结构（如图 2-1 所示），强调部门功能、管理层级。功能型组织的典型特点是：①强调严密的自上而下的行政管理体系；②有清晰的责任体系，部门和岗位职责清楚明确；③强调专业化分工。

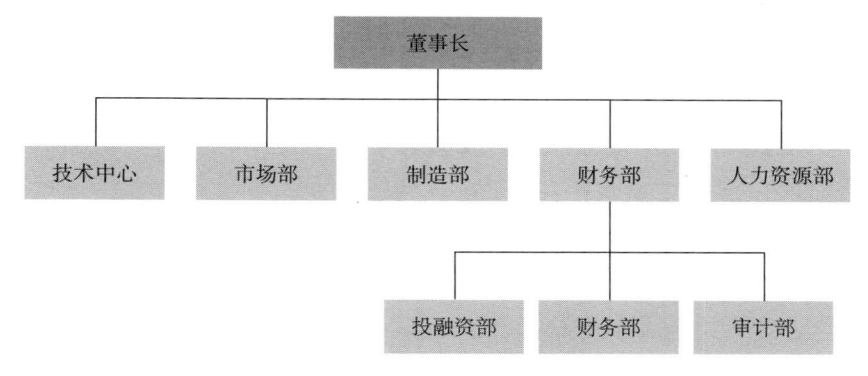

图 2-1 功能型组织（示例）

对于该类组织，员工在组织中所能发挥的价值取决于岗位本身的价值。因此，制定的薪酬策略要体现不同职位差异，设计的薪酬体系多以职务工资制为主。

流程型组织（如图 2-2 所示）的主要特点分别是：

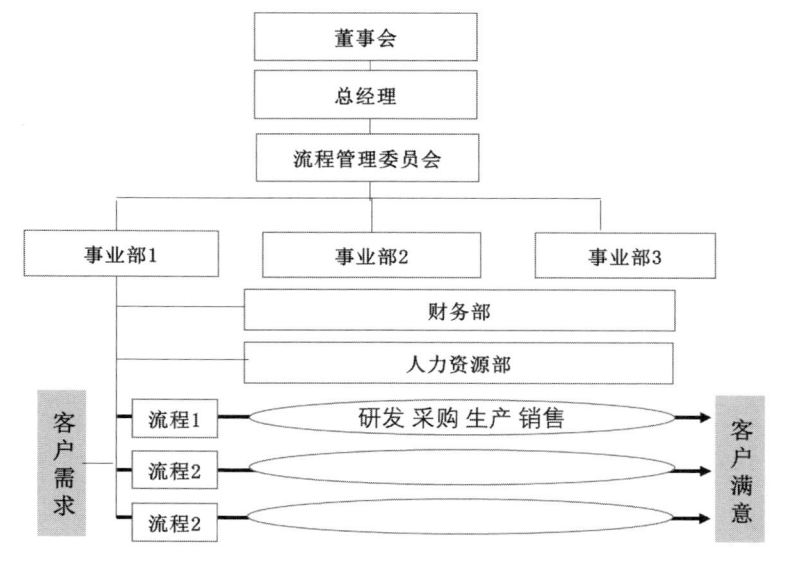

图 2-2 流程型组织

（1）将以部门为主的管理模式，转变为以业务流程为核心的管理模式，打破了以部门为中心的工作壁垒。

（2）由对人负责转变为对事负责，改变了权力中心的运作模式，淡化了功能型组织的权威性。

（3）流程体系是固定的，这样即使员工或管理者离职或轮岗等，企业运作也不会受到影响。

（4）实现了扁平化管理，压缩了组织的层级，降低了管理成本，提升了组织的灵活性。

在该类组织中，员工的价值取决于其对全流程的贡献，因此在制定薪酬策略时，需要淡化职位约束，认可员工的能力发展。设计薪酬体系时一般以职能工资为主。

项目型组织强调以机会为导向的项目合作（如图 2-3 所示）。该类组织能够在抓住机会窗后，集中组织所有资源，以最快速度将产品与服务推向市场。其主要特点为：①强调高增长和积极进入新市场，能根据项目需要随时调动项目所需的内部资源或者外部资源；②完全以项目为中心安排工作，决策的速度快，能够对客户的要求做出及时响应；③权利取决于对资源的控制；④多为跨部门团队，包括高水准的专家。

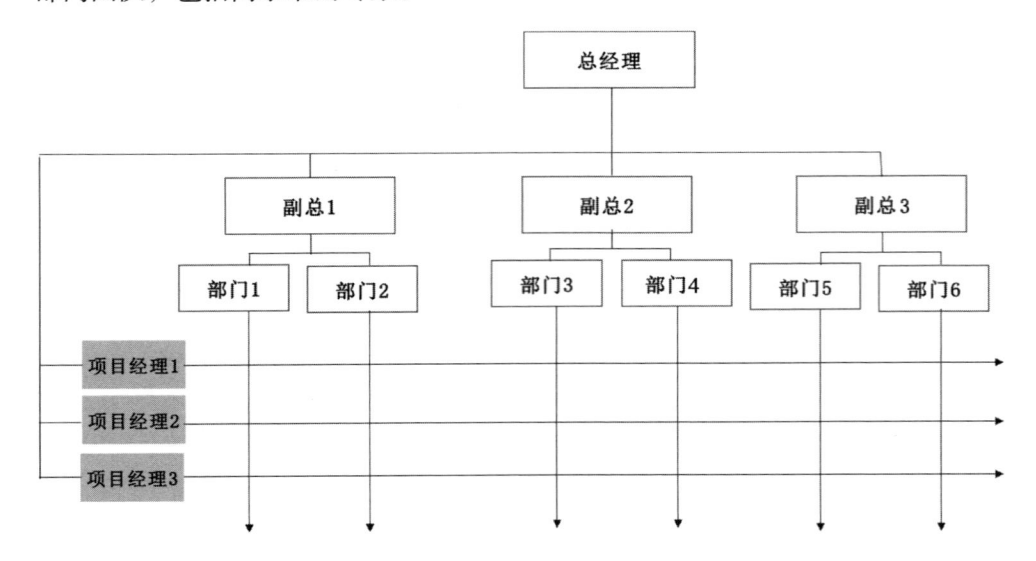

图 2-3 项目型组织

该类组织具有成果导向。在制定薪酬策略时，需要着重于业绩。设计薪酬体系时一般以绩效工资制为主。

网络型组织是一种可以形成组织的整体力量的汇聚和放大效应的全新的组织结构形式。作为在信息化时代才开始流行的组织结构，网络型组织还没有形成一个标准的结构形式，如图2-4所示为网络型组织的大概形式。网络型组织最显著的特点是没有严密的层级关系，只是通过松散的契约纽带，通过一种互惠互利、相互协作以及信任、支持的机制来进行密切合作。除此之外，网络型组织的特点还有：承认个人的特殊贡献，强调战略合作伙伴关系；以合伙人的方式分配权利，强调对企业总体战略目标的贡献。

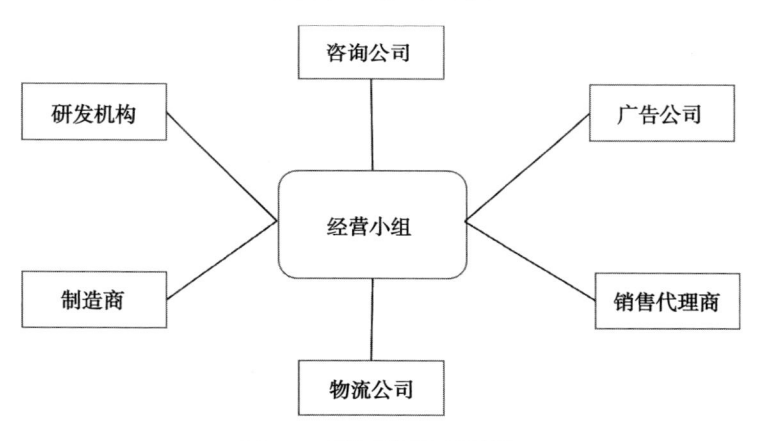

图2-4 网络型组织（示例）

对于该类组织，薪酬策略是通过内部和外部合伙人磋商决定的，薪酬体系可能采取协议薪酬的方式。

美国华盛顿大学教授赫伯特·G.赫尼曼说："最有效的薪酬制度必须与组织的商业战略、组织结构和组织文化相一致。企业需要创建自己独特的薪酬制度，以驱动企业的业绩高于同行平均水平。"为此企业应该在理解自身文化的基础上，结合企业战略与组织架构来制定薪酬策略，以构建合理且有效的薪酬体系。

## 2.2 构建有外部竞争力的薪酬体系，提升薪酬吸引力

字节跳动之所以能够在短短九年的时间里，成长为全球最有价值的独角兽企业之一，关键原因之一是相比行业的薪酬水平，字节跳动提供给员工的薪酬高出32个百分点。因此，企业应该构建具有外部竞争力的薪酬体系，以提升对优秀人才的吸引力。

### 2.2.1 薪酬水平要体现企业经营战略

薪酬水平是指企业支付给内部不同岗位的平均薪酬，通常侧重于分析相对于市场及它的竞争对手，企业整体的薪酬支付实力。薪酬水平高低无疑会直接影响企业在劳动力市场上获取劳动力能力的强弱。

企业需要根据总体战略目标以及劳动力市场行情来确定自身的薪酬水平策略。常见的薪酬水平策略主要有四种，它们分别如下。

（1）领先型薪酬水平策略。企业薪酬水平与同行业、同地区企业的薪酬水平对比，处于领先地位，向75分位甚至90分位看齐。采用此策略能让企业在吸引、留住优秀人才上具有优势。当企业的市场规模比较大、人才投资回报率高、薪酬成本在企业经营总成本中占比低，以及企业处于新兴行业、人才保有量少且人才培养困难时，可以采用该种策略。华为、谷歌、思科等企业采用的是领先型薪酬水平策略。

（2）跟随型薪酬水平策略。企业薪酬水平与同行业、同地区企业的薪酬水平相差不大，处于市场50分位。通常来说，采取该策略的企业不具有比较强的市场竞争力，在吸引优秀人才方面不具备明显的优势，但是经营风险小、用工成本低。

（3）滞后型薪酬水平策略。企业在制定薪酬水平时不考虑市场与竞争对手的薪酬水平，只考虑尽可能节约经营成本，其薪酬水平一般是低于市场平均水平的，比如向25分位看齐。采用该策略的企业，通常外部人力充足，较短时间就可以补充空缺岗位；岗位对人才技能要求不高，在较短时间内就能将新人培

养为达到使用要求的员工。不过，该策略不宜长期使用，长期使用会导致对员工的激励不足，员工的主动性和积极性被消耗掉。

（4）混合型薪酬水平策略。企业根据职位类型或员工的类型，分别制定薪酬水平策略，而不是对所有的职位或员工均采用相同的薪酬水平。比如，有些企业会针对关键骨干采用领先型薪酬水平策略，而对基层员工实行跟随型薪酬水平策略。

B企业的主营业务为新型材料的研发、生产和销售。该企业规模不大，员工约为300人。因为该企业拥有几项核心专利和一支高水平的研发队伍，所以其产品在市场上占据较大的市场份额。该企业在未来五年的发展战略是提升技术水平，通过技术优势继续扩大市场份额。为此，B企业决定采取混合型薪酬水平策略。

B企业对研发人员采用领先型薪酬水平策略，薪酬定位在75分位，个别岗位为90分位，其目的是吸引和保留企业核心岗位的人才，保证企业发展战略的实施。企业对行政后勤岗位采用跟随型薪酬水平策略，薪酬定位在50分位甚至更低。因为行政后勤岗位是企业的非核心岗位，只要维持正常的流失率，能够正常运行，提供服务支持即可。B企业采用混合型薪酬水平策略，既充分地考虑了企业战略需要，又较好地控制了薪酬成本。

类似地，字节跳动于2020年决定布局博学互联的教育板块时，为了能在最短的时间内保障该业务开展，采取的是领先型薪酬水平策略，以快速吸引成熟且专业的教育人士加入，助力教育板块的发展。

一言蔽之，企业选择哪种薪酬水平策略，应该结合自身的经营战略来决策。

## 2.2.2 市场对标，定位企业的薪酬水平

薪酬水平的市场定位是指企业确定薪酬水平在劳动力市场中相对位置的决策过程。也就是企业准备给员工什么样的薪酬水平。当企业的薪酬水平定位过高时，企业的人工成本就会支出过高，企业不堪重负；当企业的薪酬水平定位

过低时，企业就会出现员工满意度下降、离职率偏高等现象。因此，合理的薪酬水平定位，对企业的健康发展、保持外部竞争力是非常重要的。企业在定位薪酬水平时，应该综合考量劳动力市场的供给、企业的支付能力以及竞争对手的薪酬水平等因素。

在创业企业中，员工人数少，企业利润低，员工不会有什么过高的要求，唯一的愿望是希望企业能够生存下去。因此，创业企业的薪酬水平定位通常低于同行业标杆企业的薪酬水平，以尽量降低人工成本，将有限的资金用于扩大市场规模。比如，1999年在马云的鼓动下，18人入股成立阿里巴巴公司。在很长的一段时间内，他们每个人只有500元的月工资。不过，企业此时一般都会采用长远的激励做配合，比如给予员工远期的梦想，让员工能够忍受较低的薪酬，甘愿与企业共同拼搏。当拼搏目标实现后，员工会获得该有的回报。马云当时给18人的梦想是"让天下没有难做的生意"。如今，阿里巴巴的18个人还在为这一梦想拼搏，但是他们已经获得了该有的回报。

相比较而言，处于传统型行业的企业在定位薪酬水平时，通常会力求平稳，尽可能向同区域、同行业的主流薪酬水平看齐，因而它们的薪酬水平一般不会太高，也不会太低。比如，笔者为S省一家国有企业做咨询服务时，先是与S省同行业的竞争对手的薪酬水平进行了对标，再考量了该企业自身的经营发展情况，最后将该企业的薪酬水平定位在市场50分位。

对于互联网以及高科技企业来说，创新不仅是它的生命线，更是它的核心竞争力。为了保持自身强大且拥有持续的创新能力，该类企业需要有大量的顶尖人才。为了吸引和保留关键人才，该类企业的薪酬水平定位肯定要高于标杆企业的薪酬水平。比如，华为秉承着一贯的重金聘用原则，员工薪酬水平一直位于劳动力市场上领先水平，近五年的平均年薪水平超过75万元，已经是世界级水准，甚至可以与苹果、谷歌、Facebook等相媲美。在国内，因为员工薪酬高——一个应届毕业生比一些公司的经理工资还要高，华为一直被视为"别人家的公司"。

从以上可见，对于不同类型的企业来说，它们的薪酬水平定位肯定是不同的。

企业做好薪酬水平的定位，能确保自身的薪酬水平富有竞争力。这样一来，不仅能让员工有充分的发展空间，充满成就感地工作，还能让优秀的人才慕名前来，提升企业的核心竞争力。

### 2.2.3 薪酬水平要向核心人才倾斜

阿里巴巴创始人马云曾说："员工离职无非两个原因，第一，钱给少了；第二，心不爽了。"笔者在为一家高科技企业 A 企业做咨询服务时，就发现过类似问题。因为 A 企业的薪酬水平未能充分体现研发人员的独特价值，导致研发人员对 A 企业薪酬体系的满意度不断降低，不少研发人员主动提出离职。图 2-5 是笔者将 A 企业不同研发岗位与市场对应的研发岗位薪酬水平进行对比的结果。

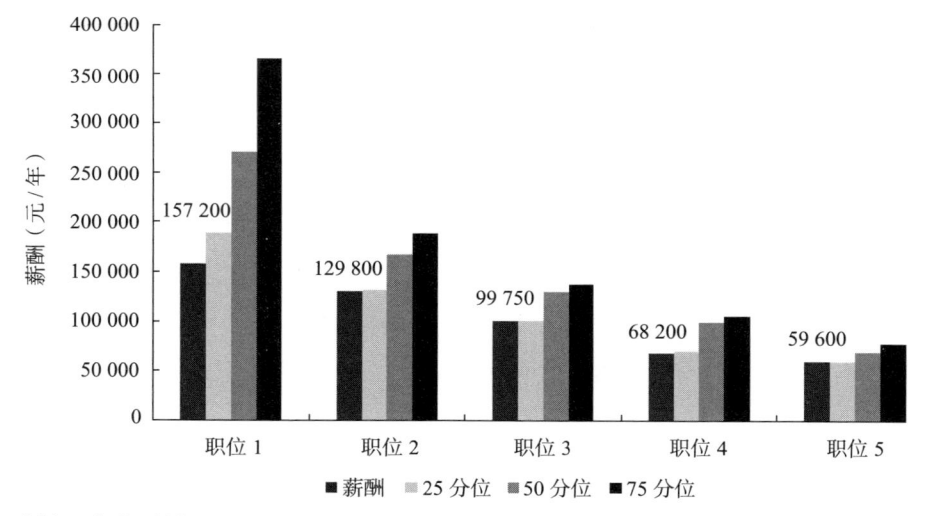

注：图中"薪酬"是指 A 企业研发岗位的薪酬水平。

图 2-5　A 企业不同研发岗位的薪酬水平现状

观察图 2-5 会发现：与同区域、同行业其他企业的薪酬水平相比，A 企业研发人员的薪酬水平低于市场 25 分位水平，严重影响他们价值的体现。由此可见，A 企业的薪酬体系对研发人才的激励是不够的。

根据调查结果，笔者建议 A 企业提供给研发人员富有竞争力的薪酬，充分激发他们工作的主动性和积极性，让他们持续贡献自己的智慧，为企业创造出更大的价值。根据笔者的建议，A 企业以 H 省同行业排名前三的企业作为标杆，参照它们的研发岗位薪酬水平，将研发人员的薪酬定位于市场 50～75 分位。

华为、阿里巴巴、百度以及腾讯等，很早就认识到核心人才对企业的战略意义，所以在人力资本上进行了长期巨大的投入。尤其是华为，它是最早提出薪酬水平要向欧美企业看齐的中国企业，而且任正非认为，要想在商场上立于不败之地，就必须有自己的核心竞争力。对于一家企业而言，核心竞争力就是技术创新，而技术创新的重中之重就是人才。

2019 年，华为推出"天才少年计划"，旨在用顶级薪酬去吸引顶尖人才。"天才少年计划"薪酬分为三档，最高档年薪为 182 万～201 万元，中档年薪为 140.5 万～156.5 万元，低档年薪为 89.6 万～100.8 万元，远远超出一般应届毕业生的薪酬水平，以及同行业企业的薪酬水平。

2019 年，华为首次招募了八名天才少年。这八名顶尖的人才都是 2019 年的博士毕业生，其中有四名博士的年薪处于低档，两名博士的年薪处于中档，剩下的两名处于最高档。这些天才少年的年薪与许多世界 500 强公司的 CEO 不相上下。2020 年，全球又有四人拿到"天才少年"最高档年薪 201 万元。

同样地，阿里巴巴为了吸引顶尖人才加盟，开启了"阿里星计划"，由 CTO 直接面试，每年招 10 人，年薪平均为 60 万元左右，上不封顶。

21 世纪什么最贵？人才。企业间的竞争归根结底就是人才的竞争。如果不给人才有竞争力的薪酬，就吸引不来真正有竞争力的人才。为了让有限的薪酬资源产生最大的效用，企业应该将激励导向符合企业战略发展要求的核心人才。

## 2.3 规范薪酬结构，分类分级设计薪酬结构

当前不少企业的薪酬构成复杂，而且有些构成要素缺少设定依据，导致企

业要么过于保守,要么保障不足,要么激励失效。为此,企业需要对薪酬结构进行调整优化,明确并统一薪酬整体结构,同时基于岗位要求,分类分级设计薪酬结构,以有效激发员工的工作积极性,更好地发挥薪酬的激励作用。

### 2.3.1 配合全面的人才管理,分类分级规划薪酬结构

薪酬结构即薪酬组成,是指企业中各岗位的薪酬构成及其比例。不同岗位的薪酬结构通常是有差异的。这种结构的差异不仅体现出相同岗位的薪酬数额差别,还体现出不同层级岗位的薪酬构成差异,直接反映了企业内不同岗位、不同技能以及不同业绩的重要性。

合理的薪酬结构应该包含以下特点:①与企业战略、组织结构、业务流程以及员工从事的工作是相一致的;②能引导员工为组织目标服务,培育员工间的分配公平感,从而助力组织目标的达成;③能够平衡外部竞争力和内部公平性;④薪酬结构必须支持组织的人力资源战略。

T公司是一家生产制造型企业,目前正处在快速发展阶段。笔者为T公司做薪酬体系优化服务时,对T公司的薪酬结构进行了分析,结果如表2-2所示。

表2-2 T公司薪酬结构

| 层级 | 固定 ||||| 浮动 |||| 年度 |||
|---|---|---|---|---|---|---|---|---|---|---|---|---|
| | 基本工资 | 岗位工资 | 绩效工资 | 加班费 | 福利补贴 | 职务工资 | 计件工资 | 月度技术工资 | 业务提成 | 效益奖金 | 年度技术工资 | 专项奖励 |
| 高管层 | ▲ | ▲ | ▲ | ▲ | ▲ | | | | | ▲ | | |
| 中层管理 | ▲ | ▲ | ▲ | ▲ | ▲ | ▲ | | | | ▲ | | ▲ |
| 技术人员 | ▲ | ▲ | ▲ | ▲ | ▲ | ▲ | | ▲ | | ▲ | ▲ | ▲ |
| 基层人员 | ▲ | ▲ | ▲ | ▲ | ▲ | ▲ | | | | ▲ | | ▲ |
| 销售人员 | ▲ | ▲ | ▲ | | ▲ | | | | ▲ | ▲ | | ▲ |

对表2-2进行分析,发现:

(1)薪酬构成复杂,项目繁多,且有些构成部分的定义不明确,比如年度

技术工资和月度技术工资的定义存在重叠，计件工资没有明确的工资标准。

（2）薪酬构成中既有绩效工资，又有效益奖金，而且绩效工资还被定义为固定薪酬，与员工的绩效考核结果不相关，没有真正实现绩效考核对员工价值创造的牵引作用。

（3）技术工资被定义为浮动薪酬，但在薪酬设计上没有针对不同技能水平设置不同的薪酬，并没有真正实现激励技术人员发挥其核心价值（专利、标准编制、后备人才培养等），以及牵引技术人员提升个人能力的作用。

根据分析结果，笔者对 T 公司的薪酬结构进行了优化调整。在优化薪酬结构前，笔者根据职位对 T 公司的主营业务发展的影响程度，将职位划分为管理序列、技术序列及销售序列。对薪酬采取的优化措施包括：

（1）将管理序列、销售序列的原基本工资、职务工资、岗位工资合并为基本工资，而技术序列的基本工资由原基本工资、岗位工资、职务工资和月度技术工资合并而成。

（2）将管理序列的原绩效工资和月度绩效奖金合并为管理人员的绩效奖金；技术序列的原年度技术工资、计件工资合并为技术人员的绩效奖金；销售序列的原绩效工资和业务提成合并为销售人员的绩效奖金。

优化后的薪酬结构如表 2-3 所示。

表 2-3　优化后 T 公司的薪酬结构

| 类别 | 层级 | 基本工资 | 绩效奖金 | 年度效益奖金 | 专项奖金 | 福利补贴 |
| --- | --- | --- | --- | --- | --- | --- |
| 管理序列 | 高管层 | ▲ | ▲ | ▲ | ▲ | ▲ |
| | 中层管理者 | ▲ | ▲ | ▲ | ▲ | ▲ |
| 技术序列 | 技术人员 | ▲ | ▲ | ▲ | ▲ | ▲ |
| | 基层人员 | ▲ | ▲ | ▲ | ▲ | ▲ |
| 销售序列 | 销售人员 | ▲ | ▲ | ▲ | ▲ | ▲ |

在确定企业的薪酬结构时，应该结合企业自身的历史薪酬数据，通过与同行业竞争对手进行对标，来确定不同层级员工、不同职位类别的薪酬结构。要注意的是，在确定薪酬结构时，要明确定义薪酬构成要素，并且各薪酬构成要素之间尽可能不要有重叠。

## 2.3.2　优化固浮比，合理确定浮动薪酬占比

在员工的薪酬构成中，基本工资和津贴等是相对固定部分，被称为固定薪酬；相对于固定薪酬，绩效工资和奖金等的获得通常是非固定的和不可预知的，与劳动者的具体工作表现正相关，被称为浮动薪酬。根据固定薪酬与浮动薪酬比例（简称为固浮比）的不同，薪酬构成策略可以划分为三种不同的类型。

（1）高弹性模式。在该模式下，浮动薪酬是薪酬结构的主要组成部分，固定薪酬处于次要的地位，即薪酬中固定部分比例比较低（通常低于40%），而浮动部分比例比较高（通常高于60%）。这种模式是一种强激励薪酬构成模式，即员工能获得多少薪酬完全依赖其工作绩效的好坏。虽然在该模式下，薪酬激励效果好，但是由于薪酬中很大一部分是由员工的业绩决定的，员工的压力会比较大，同时员工也会缺乏安全感。

（2）稳定模式。它是指固定薪酬比例较高（通常高于60%）、浮动薪酬比例较低（通常低于40%）的薪酬构成模式。在该模式下，员工的收入稳定，几乎不用努力就能获得全额的薪酬，虽然员工有较强的安全感，对企业的忠诚度高，但是薪酬激励效果差，员工容易失去工作主动性和积极性。

（3）调和模式。它是指固定薪酬比例和浮动薪酬比例持平，通常各占50%或者差别不大，是一种既有激励性又有稳定性的薪酬构成模式。这种模式通常适用于经营状况较稳定的企业，以及业绩的关联度和岗位人员的能力素质要求并重的岗位。

企业薪酬结构中是固定薪酬占主体还是浮动薪酬占主体，是薪酬体系设计的关键问题之一。固定薪酬用来保障员工的日常生活，如果占比过高，有可能使员工产生惰性，削弱薪酬的激励功能；如果浮动薪酬的弹性过大，又会使员工缺乏安全感，不利于吸引和留住员工。因此，固定薪酬与浮动薪酬需要保持合理的比例关系。

M企业是S市一家从事稀有金属高端产品研发的科技型企业，目前正处于快速成长阶段。为了逐步建立规范的管理体系，M企业于2018年邀请笔者所在团队为其做薪酬激励体系优化咨询服务。在为M企业量身定制薪酬体系优化

方案之前，笔者带领团队对 M 企业的薪酬现状进行了调研诊断。其中，薪酬结构现状的调研结果如表 2-4 所示。

表 2-4　M 企业不同层级员工薪酬中固浮比分析结果

| 层　级 | 职　级 | 职位范围 | 标杆企业 | M 企业现状 |
| --- | --- | --- | --- | --- |
| 高管层 | 11/12 | 总监、副总监 | 30∶70 | 20∶80 |
| 中层管理者 | 10 | 部门负责人 | 40∶60 | 48∶52 |
| | 8/9 | 部门副职、部长助理 | | 42∶58 |
| 基层管理者 | 5/6/7 | 基层管理 | 72∶28 | 83∶17 |
| 技术人员 | 4/5/6/7 | 工艺、质量、设备 | 51∶49 | 42∶58 |
| 基层人员 | 1/2/3 | 基层员工 | 72∶28 | 46∶54 |
| 销售人员 | — | 营销经理 | 月发绩效 | 32∶68 |
| | | 业务人员 | | 33∶67 |

对表 2-4 中结果进行对比分析，可以发现：

（1）M 企业的高管层薪酬的固浮比为 20∶80，浮动薪酬占比是所有层级中最大的。与标杆企业相比，相差也不大，可以维持现状。

（2）中层管理者的薪酬固浮比的平均值为 45∶55，近一半的薪酬由业绩决定，但是与标杆企业相比，浮动薪酬占比偏低。为此需要调低中层管理者的固定薪酬部分。

（3）基层人员的固浮比为 46∶54，固定薪酬与浮动薪酬相差不大，这有可能无法保障员工的基本生活。因此，M 企业应该逐步加大基层人员的固定薪酬占比。

（4）技术人员薪酬的固浮比为 42∶58，固定薪酬占比偏低，没有体现技术类岗位的核心价值，难以保留并吸引优秀技术人才。因此，为稳定技术人员，M 企业应该增加固定薪酬占比。

（5）对于销售人员，固定薪酬部分和浮动薪酬部分占比为 33∶67。鉴于 M 企业目前正处于快速成长期，强激励与现状是匹配的，因此他们的薪酬固浮比可以不用做大的调整。

基于以上的分析结果，笔者得出结论：M 企业的薪酬固浮比没有真正体现出激励性，需要进行优化调整。于是，笔者将不同层级的薪酬固浮比做了如下调整：将中层管理者的固浮比调整为 40∶60；销售人员的固浮比调整为 30∶70；技术人员的固浮比调整为 70∶30；基层人员的固浮比调整为 80∶20。

薪酬固浮比作为薪酬结构设计中一个没有外显的比例关系，需要得到重视，因为它不仅会对企业薪酬资源的规划产生一定影响，还决定着员工对薪酬的感受。企业应该合理确定薪酬固浮比，使薪酬兼具保健和激励作用。

### 2.3.3　融合岗位要求与个人能力，开展宽带薪酬设计

随着企业对员工技能增长和能力提升的重视，以及组织扁平化趋势的发展，许多企业开始思考如何实现"当员工的能力和业绩有所提升时，即使无法予以晋级，也能获得相应的加薪"。为了解决这个问题，国内有不少企业开始采用宽带薪酬。因为在宽带薪酬模式下，同一个岗位所对应的薪酬浮动范围能达到 100% 以上。比如，研发岗位的工资是 15 000～33 000 元/月，那么薪酬浮动范围就能达到 120%〔(33 000-150 00)/15 000×100%〕，这样就能牵引员工持续提升个人能力。

宽带薪酬是指将多个薪酬等级以及薪酬变动范围进行重新组合，形成薪酬等级相对较少、对应的薪酬浮动范围较宽的薪酬体系（如图 2-6 所示）。

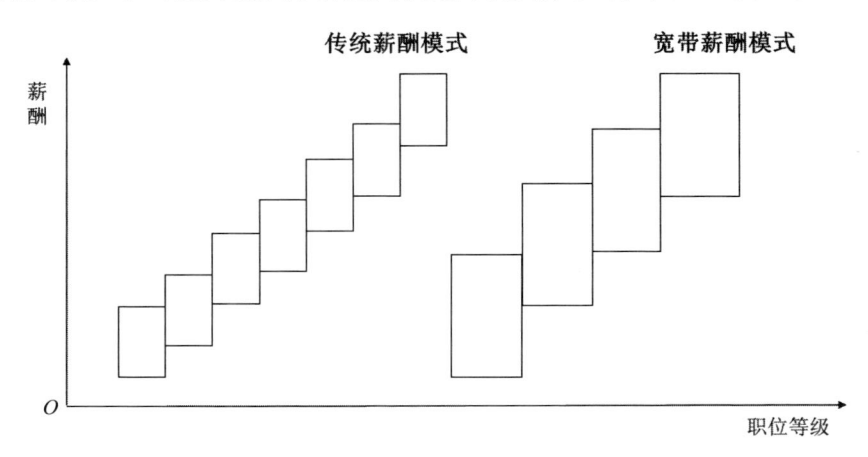

图 2-6　传统薪酬模式与宽带薪酬模式对比

从图 2-6 中可以看出，宽带薪酬模式的主要特点是将原来十几个甚至二十几个薪酬等级压缩成几个级别，并将每个级别对应的薪酬范围拉大，从而形成一个新的薪酬管理系统，以便适应新的竞争环境和业务发展需要。

除此之外，与传统薪酬模式相比，宽带薪酬模式还具有以下优势。

（1）有利于员工个人技能的增长和能力的提高。在传统薪酬模式下，员工想要实现薪酬增长，必须提升自身在企业中的身份（地位），而非能力提升。即使员工的能力达到了较高的水平，如果企业中没有出现高一级职位空缺，那么员工是难以获得较高的薪酬的。而在宽带薪酬模式下，同一个薪酬宽带内，企业为员工所提供的薪酬变动范围比传统薪酬模式更大。这样一来，员工只要注意发展企业所需要的那些技术和能力，就能实现薪酬的增长。

（2）有利于职位轮换。在传统薪酬模式下，员工的薪酬是和他所担任的职位严格挂钩的，同一职位级别的变动通常是不能带来薪酬的较大变化的。而在宽带薪酬模式下，由于薪酬高低是由能力决定的，而不是由职位决定的，员工可以通过相关职务轮换来不断提升自己的能力。

（3）注重与薪酬市场对接。宽带薪酬模式是以市场为导向的，能使员工从注重内部公平性转向注重个人发展以及外部公平性。在宽带薪酬体系中，薪酬水平是以市场调查的数据以及企业的薪酬定位为基础确定的，因此，对薪酬水平的定期审查与调整使企业更能把握其在市场上的竞争力，同时有利于企业相应地做好薪酬成本的控制工作。

（4）有利于推动工作绩效提升。宽带薪酬体系是强调绩效的，将薪酬与员工的能力和绩效表现更紧密地结合起来，从而在激励员工方面更为灵活。对有突出业绩表现的下属，上级可以拥有较大的加薪影响力。同时，宽带薪酬结构还通过弱化头衔、等级以及员工之间的晋升竞争而更多地强调员工间的合作和知识共享，以此来助力企业培育积极的团队绩效文化，从而推动企业整体业绩的提升。

当前，国内外不少知名企业都采用了宽带薪酬体系。数据显示，截至 2020 年，《财富》500 强企业中超过 70% 的企业在使用宽带薪酬体系，如 IBM、华为、腾讯等。

如表 2-5 所示是华为基于宽带薪酬体系，确定的不同职级员工的薪酬变动范围。

表 2-5 华为的宽带薪酬体系（部分）

（单位：元/月）

| 职 级 | 最 低 | 中 间 | 最 高 |
| --- | --- | --- | --- |
| 16 | 15 000 | 17 000 | 19 000 |
| 15 | 12 500 | 14 000 | 15 500 |
| 14 | 10 000 | 12 000 | 13 000 |
| 13 | 8 500 | 9 500 | 10 500 |

首先，每个岗位都有它的职级，每个职级都有对应的薪酬区间，同一职级的岗位无论属于哪个部门，薪酬大致一致；每个部门的管理者，可以根据自己员工的绩效表现，在对应的带宽里面进行薪酬调整。

其次，不同级别之间的薪酬区间存在重叠，员工即使不升级，只要持续贡献，绩效足够好，薪酬也有提升空间，甚至超过上一级别的工资下限，这样有利于引导员工在一个岗位上做实、做深、做久，有助于维持岗位稳定性。

宽带薪酬不仅能保持薪酬管理的灵活性，还能为员工找到新的"波段"，适当调整员工薪酬浮动"振幅"，更能激发员工的工作积极性。但是宽带薪酬体系并不是适用于所有企业的，当前只是在研发创新型或创业企业中有良好的应用，中小企业要结合自身实际情况来考量是否采用。

## 2.4 设计差异化的激励机制

HR 们在制定激励机制时，企业经营者要求每一分钱花在刀刃上，管理者要求能激发每位员工的奋斗精神，员工要求激励机制清晰公平。为了满足各方的要求，HR 们在设计激励机制时不能再"一刀切"，而要差异化设计激励机制，以充分激发员工潜能，让他们为企业创造更大的价值。

## 2.4.1 贡献完全可量化的岗位，采取个人提成制

个人提成制是指基于个人取得的业绩，按照一定比例来核算奖金。该方法一般适用于产出结果完全可量化，也可直接转化为营收或利润的岗位。该方法计算过程清晰且易于理解。对于采用个人提成制的员工，他的薪酬通常是由固定底薪与提成奖金决定的。

企业经营者和 HR 们认为，员工的固定底薪不需要太高，提成奖金要高，那样能激励他们去做业绩，因为员工是要靠业绩说话的。而实际上，固定底薪是员工每个月的最低保障，也是员工在企业最能感觉到安全感的方面。如果企业给员工的固定底薪过低，导致员工连基本生活都难以维持，那么员工会选择跳槽。

表 2-6 给出了不同固定底薪与提成奖金组合的优劣势对比结果。

表 2-6　不同固定底薪与提成奖金组合的优劣势对比

| 组合策略 | 高底薪 + 高提成 | 高底薪 + 低提成 | 低底薪 + 高提成 | 低底薪 + 低提成 |
| --- | --- | --- | --- | --- |
| 优势 | 激励力度大 | ·员工相对稳定<br>·业绩压力较低 | ·没有业绩产出时，企业成本低<br>·业绩导向，激励力度大 | 没有业绩产出时，企业成本低 |
| 劣势 | ·成本高<br>·政策调整，对人才保留的影响大 | 激励效果较差 | ·员工与企业趋于交易关系，可能产生短期行为<br>·离职成本低，不利于人才保留 | 激励效果差，吸引与保留人才的作用小 |
| 具体的适用情况 | 高盈利能力的企业 | ·强调人才保留的企业<br>·强调团队团结和稳定性的企业 | 销售结果导向的企业 | ·销售管理机制完善的企业<br>·业绩产生不依赖销售人员的企业 |

从表 2-6 中可以看出，不同固定底薪与提成奖金组合适用的情况是各不相同的，企业需要结合自身情况来选择。

要想制定好个人提成制度，就需要设计好固定底薪。固定底薪的设计方法主要有以下三种。

（1）同底薪，即销售人员的底薪标准统一，相互间无差异。比如，快消品企业的销售人员，底薪都是 2 800 元 / 月，其余收入根据业绩提成确定。有不少企业采用了同底薪方式来设计固定底薪，虽然确保了内部公平，减少了矛盾，但是这种"一刀切"的方式也存在不足，例如，过度追求公平，无法体现员工能力的不同，对员工成长激励不够等。

（2）差异化底薪，即基于销售人员的能力、经验、级别设置不同的底薪。例如，房产企业的初级销售人员底薪为 3 000 元 / 月，高级销售人员底薪为 4 000 元 / 月。差异化底薪能够牵引员工在提升业绩的同时，注重个人综合能力的提升。不过，要想实现差异化底薪，就需要设计公平公正的定级规则。定级不合理，就会导致企业内部产生冲突与矛盾，破坏企业内部良好的氛围。

（3）动态调整底薪，即员工的底薪根据上个周期业绩完成情况动态调整。例如，M 企业员工甲在 2019 年 6 月销售出去的产品数量是 200 个，那么他的底薪为 5 000 元 / 月；如果在 7 月，他销售出去的产品达到 400 个，那么他的底薪就上涨为 6 000 元 / 月；到了 8 月，他销售产品的数量降为 100 个，他的底薪就下调为 3 500 元 / 月。动态调整底薪不仅从业绩角度，还从底薪的层面来引导员工关注业绩的完成。目前有不少互联网企业在开拓市场、抢夺客户时会采用这种方式，但是这种方式比较复杂，会给 HR 的统计与计算带来一些麻烦。

企业应该结合自身发展情况来选择合适的固定底薪设计方式。不过对于刚入职的新员工，因为他们暂时缺乏经验、没有资源，短时间内是很难达成业绩目标的，此时建议企业为他们设置一个保护期，保障处于新手期的员工的基本薪酬水平。

明确了提成对象和固定底薪，接下来就要明确提成奖金从哪里来。企业可以根据自身的发展情况，选取最能代表其业绩的提成指标，比如销售收入、回款、利润（营业利润、毛利）等多种指标中的一种或几种进行组合。

企业选用的提成指标主要有销售收入、利润以及销量，对应提成方式分别如下。

（1）销售收入提成，即根据产品的销售收入来提成。不同渠道销售金额提成不同、不同产品销售金额提成不同。例如，处于快消行业的企业，它的直营渠道的提成与分销渠道的提成是不相同的；不同产品由于单价不同，所以销售收入的提成也是不同的。销售收入提成通常适用于企业发展初期，因为此时企业希望能快速抢占市场，扩大市场规模，获得规模效应。

（2）利润提成，包括按实际利润对应的提成比例来提成、按实际利润率对应的提成比例来提成。不管是按照利润的提成还是按照利润率的提成，都基于实际利润与对应的提成比例，所以利润提成一要看实际利润，二要看对应的提成比例。不建议以"净利润"为基数提成奖金。因为净利润是企业扣除所有成本、费用、税费等后的利润，而企业的管理成本、费用、税费等是企业在管理活动中产生的，并非员工能控制或影响的，以这样一个口径计提员工的提成奖金，员工很可能会觉得不公平。

（3）销量提成，即基于产品的销量来提成。一般来说，不同种类的产品对应的提成比例是不同的。当企业产品种类繁多时，就应该化繁为简，把各类产品的销售数量转换成标准产品的数量，再根据标准产品数量的提成比例乘以换算后的标准产品数量来核算。

此外，对于提成比例的设定，根据提成指标的不同，可以采用比例式或单价式。比例式是指基于一定的百分比来提成，这种方式适用于按销售收入、利润等指标进行提成；单价式是指根据绝对值单价来进行提成，这种方式适用于按照销量等指标进行提成。

另外，无论企业采用什么提成指标和提成比例来核算员工的提成奖金，一定要保证数据明确、清晰，能够被每位激励对象计算出来，且由激励对象控制，这样的提成奖金才能被员工理解并认可，起到较好的激励作用。

## 2.4.2 注重团队协作，运用项目分享制

统计数据显示，随着大数据时代的到来，80%的《财富》500强企业都有超过50%的员工在团队中工作，而且几乎所有高新科技企业都在使用项目团队来交付产品与服务。这表明，越来越多的企业开始强调团队合作与团队绩效。比如，思科的"Team Space"（团队空间），就是一个专门研究团队高效工作的共享智能平台；华为的铁三角团队也是典型的项目团队，由客户经理、解决方案经理以及交付专家三个核心角色构成。

针对这样的团队，企业需要设计更具有针对性的薪酬激励方案，激发团队合作达成业绩目标。因为项目团队的产出成果是明确的、可衡量的，所以分配给项目团队的奖金也是清晰的。这就是项目分享制。

笔者在为 B 企业做组织变革咨询服务时，为了提升 B 企业对客户需求的响应速度，协助它组建了以客户经理、产品经理、交付经理为核心的项目组，表 2-7 给出了项目组的构成及各成员的主要职责。项目组的规模，一般为 3～5 人，具体人数由企业根据项目的规模确定。

表 2-7　B 企业项目组型的构成及主要职责

| 构　成 | 主要职责 |
| --- | --- |
| 客户经理 | ・负责建立并维护客户关系<br>・管理客户在各种机会点活动中的期望<br>・驱动盈利性销售，确保合同成功<br>・管理项目回款 |
| 产品经理 | ・负责制定满足客户需求的恰当的解决方案，保证解决方案质量、标书总体质量，提升竞争力<br>・支持客户关系维护 |
| 交付经理 | ・总体负责合同履行、项目管理、服务交付和争议解决<br>・保障合同成功履行，确保企业和客户双方都完全履行了合同义务 |

为了激发员工的积极性、创造性，提升跨部门协作效率，笔者有针对性地制定了项目组的奖金分配机制（如表 2-8 所示）。项目组奖金分配主体包括项目经理（由客户经理、产品经理和交付经理中的一人担任）、客户经理、产品经理、交付经理以及其他项目支撑人员等角色。项目组的奖金分配机制如下。

（1）项目奖金包＝项目营收×绩效占比。

（2）项目组个人奖金分配：项目奖金包×各角色分配比×出勤率×KPI 激励系数。其中，KPI 激励系数依据对项目组各成员的绩效考核结果确定。

（3）因 B 企业准备在组织变革后成立市场部做销售，再加上对客户经理不考核出勤率，这样，客户经理个人奖金的计算公式为：项目奖金包×销售分配比×KPI 激励系数。

表 2-8　B 企业的项目奖金分配中绩效占比及各角色分配比（示例）

| 产品 | 绩效占比 | 项目经理 | 客户经理 | 产品经理 | 交付经理 |
|---|---|---|---|---|---|
| 产品 1 | 10% | 3.3% | 4.8% | — | 1.9% |
| 产品 2 | 5% | 1.4% | 2.4% | — | 1.2% |
| 产品 3 | 2.7% | — | 2.0% | — | 0.7% |

注：1. 项目经理由客户经理、产品经理以及交付经理中的一个担任，对项目实施的进度、成本、质量整体负责，对企业和客户负责。

另外，从总奖金包中划出一部分金额作为项目调节基金。调节基金是为了更好地提升团队战斗力，赋予部门负责人的一定的激励权限，用于调配整合各项目组间的资源。另外，当项目奖金超额，即 KPI 激励系数＞1 时，多发的奖金也可以从调节基金中支出；当奖金节余，即 KPI 激励系数＜1 时，未分完的奖金滚入下期。

从上文所述可以看出，项目分享制是先基于项目组创造的价值确定对应的奖金包，再根据项目组中不同成员的贡献度来分配奖金的一种激励方案。

要做好项目分享制，关键是要明确项目奖金包和计算规则。奖金包确定的方法主要有两种：一是根据项目目标对企业价值的大小、达成的难易程度来确定；二是以项目产出的营收或利润作为提成基数，乘以一定的提成比例来确定。笔者为 B 企业设计的项目分享制中，项目组的奖金包是以项目的营收为提成基数，乘以绩效评价系数确定的。

在确定奖金包后，需要将奖金分配给项目组每位成员。为了不影响团队成员的协作，最重要的是确保项目组成员间奖金分配的公平公正性。企业可以根据项目组成员的角色与贡献设置不同的分配系数，在项目目标达成后参考分配系数分配奖金。项目组成员奖金的计算公式为

$$项目组成员奖金 = 项目组奖金包 \times [个人角色分配系数 / \sum(角色分配系数 \times 对应人数)]$$

由于分配系数是固定的，所以项目组各成员间可分配的奖金比例也是恒定的。为了激发项目组成员的干劲，力出一孔，共同推动项目组目标的达成，企业还可以在其中引入绩效考核系数。对于什么是绩效考核系数，后文将会进行

详细解读。此时,项目组成员奖金的计算公式为

项目组成员奖金＝项目组奖金包×[个人角色分配系数×绩效考核系数/∑(角色分配系数×绩效考核系数)]

综上所述,项目分享制不仅能激活员工,还能提升团队协作的效率。但是没有任何一个工具是万能的,项目分享制能否在企业中应用,需要企业结合自身的土壤进行客观考量。

### 2.4.3 业绩贡献难以量化,采用目标奖金制

职能类等岗位业绩与企业整体经营业绩是非线性相关或难以衡量的,而且岗位职责兼顾多项持续性、重复性工作,企业很难采用基于某一项成果来核算员工该获得多少奖金,此时需要用到个人目标奖金制。个人目标奖金制是指基于员工的级别与岗位,从其固定薪酬中拆出一定比例作为目标绩效薪酬,并定期依据员工的绩效表现来核算。其中,拆出的目标绩效薪酬就是目标奖金。比如,某岗位的固定薪酬为8万元/年,企业规定该岗位的目标奖金为固定薪酬的25%,也就是目标奖金为2万元/年。

为了合理确定职能类等岗位员工最终实际获得的奖金,需要引入绩效考核系数。所谓绩效考核系数是企业根据员工在考核周期内绩效考核得分或绩效结果等级设置的。基于设置的绩效考核系数,就能计算出员工实际获得的奖金。

笔者所在团队为一家文化传媒公司做咨询服务时,根据该公司员工往年绩效考核得分数据,结合现今的发展状况,将员工的绩效得分划分为六个区间(如表2-9所示),并为每个区间设置了对应的绩效考核系数。假如员工的绩效考核得分为102分,那么他的绩效考核系数为1.55,对应的实际资金就可以按照公式计算:

员工的实际奖金＝目标资金×绩效考核系数

表 2-9 绩效考核得分与绩效考核系数对应表

| 绩效考核得分（分） | 得分＜60 | 60≤得分＜80 | 80≤得分＜90 | 90≤得分＜100 | 100≤得分＜110 | 110≤得分≤120 |
|---|---|---|---|---|---|---|
| 绩效考核系数 | 0.5 | 0.7 | 0.95 | 1.15 | 1.55 | 1.85 |

由此可见，个人目标奖金制的关键点在于绩效考核系数的确定。笔者在为该文化传媒公司做咨询服务时，采用的是绩效得分区间层差法。除此之外，还有绩效得分百分比法（根据员工绩效得分占总分的比例确定绩效系数）与基于绩效结果等级确定绩效考核系数。

除了员工个人绩效考核结果，员工实际获得的奖金还与企业绩效、部门绩效有关。此时，员工实际奖金的计算公式为：

员工的实际奖金 ＝ 目标奖金 × 公司绩效考核系数 ×
部门绩效考核系数 × 个人绩效考核系数

企业将总奖金包按照部门绩效结果分配到各部门后，各部门再基于员工绩效结果分配到每个员工身上。员工实际获得的奖金由以下三个步骤决定：

（1）按照企业整体的业绩达成情况，确定企业总奖金包。

（2）企业高层按照部门绩效考核系数，把企业的奖金包分配到每个部门。同时，基于部门绩效考核系数，将低绩效部门的部分奖金调节到高绩效部门。

（3）部门负责人按照个人绩效考核系数，把奖金分配到个人。同时，基于个人绩效考核系数来调节个人最终奖金，从低绩效员工身上拿走一部分奖金，把它转移到高绩效员工身上去。

这样一来，既实现了高绩效部门和低绩效部门间的奖金再分配，也实现了绩优和绩差的员工之间的奖金再分配，强化了奖金的差异化分配，能更好地激励先进、鞭策后进，进而推动企业整体绩效水平的提升。

## 2.5 典型的绩效薪酬策略

当前，人效低正成为许多企业普遍存在的问题。在人力资源本就紧缺的情况下，企业不可能开除所有低绩效的员工。为了提升企业的人效水平，企业要构建一个良好的绩效薪酬体系，以激发员工活力，让员工自动自发地努力工作。

## 2.5.1 减人增效加薪，激励员工为企业创造更大价值

如何让一家企业实现员工人数减少50%，人均劳动生产率增长80%，而销售收入增长20%呢？方法其实很简单，核心就是"减人增效加薪"。华为是这一理念的坚定拥趸，基于这一理念制定了薪酬策略——345薪酬策略，即5个人的活，由3个人干，发4个人的工资。

曾有很多人问：为什么全世界都在因新冠肺炎疫情降薪、裁员的时候，华为还能持续涨工资？华为长期高级顾问吴春波表示，华为的人力资源变革就六个字：减人增效加薪，为的是实现任正非"5个人的活，由3个人干，发4个人的工资"的梦想——345薪酬策略。345薪酬策略的核心思想是针对投入度高的优秀员工及其所产出的良好业绩，给予更大的激励。

按照345薪酬策略，华为构建了价值创造、价值评价、价值分配三位一体的价值链循环。以战略为牵引，以文化为统领，华为挑选并培养真正的奋斗者，激发员工力出一孔、竭尽所能为客户创造价值；在价值创造过程中从岗位价值、胜任能力水平（任职资格）、工作绩效以及劳动态度（文化价值观）四个方面科学合理地评价员工的价值贡献；根据员工的价值贡献，基于"以奋斗者为本""不让雷锋吃亏"的理念分配包括薪酬、股权、荣誉等激励资源，实现对员工的高激励。任正非坚信，高工资是第一推动力，重赏之下必有勇夫。华为给员工的不仅有高工资，还有股权与其他待遇。2020年，华为在员工工资、奖金以及其他福利上支出达1 391亿元，以19.7万名员工计算，员工平均年薪近70.6万元。近20万人的规模，平均薪酬水平如此之高，足以令员工开足马力工作。

在华为的价值链循环中，价值分配既是价值链循环的终点，也是新循环的起点。价值分配通过对价值创造诸要素、过程和结果的激励与回报，将价值创造进一步扩大，从而支撑华为成为全球第一的通信设备制造商，实现了可持续

发展。

国内另一家优秀企业龙湖地产，它的薪酬策略被形象描述为"1234"：1个人，2份工资，3倍努力，4倍成长速度。虽不是345薪酬体系，但是其还是基于345薪酬策略制定的"高回报"的薪酬激励体系：推行全面薪酬激励，薪酬领先行业水平，确保整体竞争力维持在行业前三位。高标准用人和高激励，给龙湖地产带来了显著的高绩效产出。龙湖地产在上市后实现了快速发展，其人效（销售额与人数之比）一度比万科多2倍。

从华为和龙湖地产成功的人力资源激励实践来看，要实现"减人增效加薪"，本质上是要提高人均产出和人力资源效率。而基于345薪酬策略设计的薪酬体系，能真正实现按照员工的贡献进行价值分配，强化多劳多得的原则，实现对员工的差异化激励，发挥出激励的最佳效果。

### 2.5.2 推行团队分享制，多劳多得

随着互联网时代组织管理模式的不断演进，华为、海尔、字节跳动等企业开始构建更加灵活的小组团队，去完成某个特定项目，完成后给予团队一定的奖金。由于团队里每个成员所承担的工作内容与原岗位职责是存在一些差别的，无法按照其在原岗位上的薪资或级别来发放奖金，所以它们用团队分享制来核算团队成员的奖金。通过综合考量各成员在团队中的产出成果、重要程度等，由团队的负责人来负责奖金分配。

远大住宅工业有限公司（以下简称远大住工）是中国装配式建筑行业领头羊，国内首家集研发设计、工业生产、工程施工、装备制造、运营服务于一体的新型建筑工业化企业，拥有300多项技术专利、超过100个工业化绿色建筑制造基地。

远大住工能取得今天如此大的成就，离不开公司的人力资源管理，而公司在人力资源管理上的最大成就是基于团队分享制构建的人人账本（如图2-7及表2-10所示）。

## 产品收入 100%

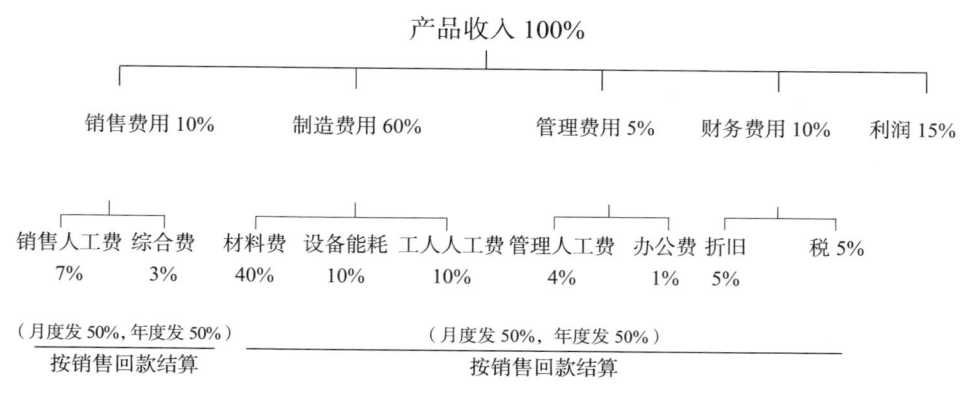

- 销售费用 10%
  - 销售人工费 7%
  - 综合费 3%
  - （月度发 50%，年度发 50%）
  - 按销售回款结算
- 制造费用 60%
  - 材料费 40%
  - 设备能耗 10%
  - 工人人工费 10%
- 管理费用 5%
  - 管理人工费 4%
  - 办公费 1%
  - （月度发 50%，年度发 50%）
  - 按销售回款结算
- 财务费用 10%
  - 折旧 5%
  - 税 5%
- 利润 15%

图 2-7 远大住工经营模型（示例）

基于"分灶吃饭，自负盈亏"的模式，远大住工将生产每种构件的员工划分为一个项目团队，然后根据该团队对整个生产环节的贡献分配奖金，最后再将奖金分到团队成员：每个成员每生产 1 件产品都能获得对应的奖金，该奖金与成员的业绩、效率等相关。员工收入计算公式为：

收入 = 基薪 × 出勤率 +（奖金 + 分红）× KPI 得分

基于该公式，员工可以清晰地计算出自己的收入情况（如表 2-10 所示），从而在一定程度上确保了奖金分配的公平公正性。

表 2-10 远大住工某岗位的月度账本（示例）

（单位：元）

| ××岗位 | 基薪 | 奖金 销售费用 销售人工费 | 奖金 销售费用 综合费 | 奖金 制造费用 设备能耗 | 奖金 制造费用 工人人工费 | 奖金 管理费用 管理人工费 | 奖金 管理费用 办公费 | 奖金 财务费用 税 | 利润分红 | Cyber收入 | *KPI得分 | 实际收入 | 同岗排名 |
|---|---|---|---|---|---|---|---|---|---|---|---|---|---|
| 奖金包 | — | 240 | | 24 | 186 | 100 | | 20 | 310 | 37.35 | 95% | 35.48 | 15/1256 |
| 岗位分配比 | — | — | — | 3.5% | 3.5% | 6% | | — | — | | | | |
| 分配额 | 24 | 0 | | 0.84 | 6.51 | 6 | | 0 | 0 | | | | |

注：数据纯属示例，非真实。Cyber 收入即虚拟收入，某岗位的 Cyber 收入 = 该岗位基薪 × 出勤率 +（奖金 + 利润分红）× KPI 得分。其中，该岗位的奖金 = 销售费用结余 × 该岗位对应的分配比 + 制造费用结余 × 该岗位对应分配比 + 管理费用结余 × 该岗位对应分配比 + 财务费用结余 × 该岗位对应分配比。

表 2-10 中岗位的 Cyber 收入 = 24+（0.84+6.51+6）× 0.95=36.68（元）。

为避免杀鸡取卵的短期行为，远大住工还为各个团队设定了KPI，与收入目标挂钩，让各线团队既要关注成本控制，又要关注收入目标的达成。

如今，远大住工已实现人人账本管理，员工通过手机可以实时查看其所在岗位的创收数据和成本节省奖励数据，每个员工的工作和收入直接挂钩，真正实现让人力资源部参与经营，让每个人参与经营。

远大住工通过为每个岗位设立一个账本，让员工清晰地看到他所在岗位的价值创造、公司的投入，这样就可以把他的能量与公司的业务、公司的价值很好地结合在一起。2019年，远大住工的收入与利润都有了较大增长。其中，营收达到了33.69亿元，同比增长48.5%；净利润为6.77亿元，同比增长45.2%；产能利用率也从2018年的17.4%增至2019年的45.8%。

综上所述，推行团队分享制，不仅能确保奖金分配的公平公正性，还能激励员工高效快速地完成目标，以获取更多的奖金，进而在一定程度上强化企业的绩效文化。

### 2.5.3　通过合伙人制，实现组织利益与风险共担

随着知识经济的快速发展，人才的重要性不断提升。在企业价值创造的各要素中，人力资本已经成为价值创造的主导要素。为了留住企业的关键人才，吸引行业顶尖人才，从两三人的创业公司，到阿里巴巴、万科、海尔、小米这样的大企业，都纷纷在探索契合自身发展的合伙人制。

所谓合伙人制是指在企业有预期收益、有稳定基础的情况下，凝聚有共同事业理想的伙伴，向着共同目标前进。合伙人制是以合伙人贡献价值大小来决定利益分配的，不拘泥于投资金额的多少。

2002年，芬尼克兹创始人宗毅创办了广东芬尼克兹节能设备有限公司（以下简称芬尼克兹），从代工生产起步，为国内外厂商贴牌生产家用空调。前两年该公司发展不错，销售收入很快就达到了3 000万元。然而，2004年，开发了公司80%业务的销售负责人离职创业，带走了很多业务骨干和公司的客源，给

了宗毅致命一击。

在这个大众创业的时代，创业型员工早晚都会走上创业路。于是宗毅做出了改变：在公司内部打造创业平台，通过把员工变成股东、内部裂变创立多家公司的方式留住核心骨干，拓展业务。因为这个制度，宗毅在10年内成功裂变了13家子公司，母公司年营业收入超过2亿元。表2-11是芬尼克兹裂变式创业的股权与收益分配。

表2-11 芬尼克兹裂变式创业的股权与收益分配

| 维 度 | 20%创业团队优先分红（%） | 30%企业发展基金（留存）（%） | 50%股份分红（%） | 各方收益汇总（%） |
|---|---|---|---|---|
| 母公司50%股份 | 0.0 | 15.0 | 25.0 | 40.0 |
| 新公司总经理10%股份 | 8.0 | 3.0 | 5.0 | 16.0 |
| 创业团队其他成员15%股份 | 12.0 | 4.5 | 7.5 | 24.0 |
| 母公司其他员工25%股份 | 0.0 | 7.5 | 12.5 | 20.0 |

芬尼克兹的合伙人制模式下的股权分配方法是：母公司持股50%，新公司总经理持股10%，创业团队其他成员持股15%，母公司其他员工持股25%。比如，新裂变企业的投资总额为1000万元，那么创业团队领投250万元（其中新公司总经理投100万元），母公司投资500万元，母公司其他员工跟投250万元。

分红条件是根据本年度业绩/上一年度业绩，对应赔率在1∶1以上就可以分红。具体的分配方法是：50%的税后利润按照股权结构强制分红；30%的税后利润留存于公司，保证有发展资金；20%的税后利润，创业团队优先分红。

为了激励创业团队，公司将分红权与股权相分离。虽然母公司占更多的股权，拥有对创业项目的控制权，但是它享有的收益和创业团队（新公司总经理加创业团队其他成员）享有的收益都是40%，新公司总经理个人用10%的投入却可以获得16%的收益。这样就会激励创业团队更努力工作，创造更好的业绩。对此，宗毅表示，尽管我是大股东，但我没有新公司总经理拿得多，要让新公司总经理感觉到他才是新公司的最大受益者。

阿米巴模式是指将大的组织分为小的独立经营体，通过与市场直接联系的独立核算制进行运营，培养具有经营者意识的人才，同时让每位员工都成为主角，主动参与经营，进而实现全员共同参与的经营模式。阿米巴模式的本质是"量化分权"，或者叫"内部市场化"。

例如，陶瓷有混合、成型、烧结、精加工四个流程。假如作为原料的泥土成本单价是2元，经过混合部门加工后，用4元的价格，把半成品卖给成型部门。成型部门把混合土塑造成型，再用5元的价格，卖给烧结部门。接着，烧结部门处理后用8元的价格卖给精加工部门，精加工部门最后把成品陶瓷用10元的价格卖向市场。

从泥土到陶瓷，每个职能部门有自己的成本、收入和利润，都是一个责权利完全独立的经营体，对结果负责。每个职能部门就是一个阿米巴。

要想推行阿米巴模式，有三个核心要注意：第一，企业要有类似于国家发改委价格司的机构、尽量公允的内部定价体系，用以计算每个职能部门的成本、收入、利润；第二，每个职能部门有了成本、收入、利润后，要懂得把利润平摊到总工作时间上，计算每人每小时创造的部门利润，并把这个"单位时间利润"作为核算指标；第三，基于"哲学共有"思想，建立精神和物质并重的奖励制度。阿米巴要有"利他之心"，关注"哲学共有"的企业的整体效益。

现代管理学之父彼得·德鲁克说过："在知识时代，人力资本将成为唯一有意义的资源。只要拥有人才，其他资源就会纷至沓来。"合伙人制不仅能让人才变身为合伙人，实现利益共享、风险共担，还能将企业变成事业平台，让人才借助企业平台创业，实现人生价值与创富梦想。

# 第 3 章
## 人力经营

人效越高,员工获得的薪酬就越高,就越能吸引大量优秀人才齐聚,为企业发展出谋划策,企业由此进入正向发展循环;相反,人效越低,员工获得的薪酬就会越低,此时只能吸引普通人,甚至平庸之人,企业由此进入负向循环。企业要想进入正向发展循环,需要科学经营人力资源,不断激发人才活力,持续提升人效。

## 3.1 依据企业经营目标，编制"三定"计划

要做好薪酬预算，离不开定岗、定编以及定员这三方面的工作。而要编制好"三定"计划，企业须围绕自己的经营目标，确定需要怎样的岗位、什么样的人力以及多少人力。

### 3.1.1 "三定"计划是薪酬预算编制的依据

为了使薪酬支付不盲目，有客观依据与针对性，企业需要做好薪酬预算。所谓薪酬预算是指企业管理者在薪酬管理过程中进行的一系列成本开支方面的权衡与取舍，包括对未来薪酬体系总体支出的预测和工资增长的预测。薪酬预算不仅是组织规划过程的一部分，还是薪酬控制的重要环节。做好薪酬预算，能够确保企业未来财务支出的可调整性和可控制性。

薪酬预算要求管理者在进行薪酬决策时，综合考虑企业的财务状况、薪酬结构及所处的市场环境等多方面的因素，确保企业的薪酬成本不超出企业的承受能力。

要做好薪酬预算，人力资源部需要了解企业的岗位设置、人员配置以及员工的薪酬历史数据。其中，岗位设置和人员配置情况，可以通过"三定"，即定岗、定编、定员来确定。

定岗是指根据企业整体战略，明确企业所需要的岗位，它主要解决的是岗位设定问题；定编是指在定员的基础上，本着精简机构、节约用人、提高工作效率的原则，推算出在一定时间内各岗位需要配备的人力资源数量，它主要解决的是用多少人的问题；定员则是指在定编的基础上，按照岗位已确定所需要的人数和岗位对人员的要求，为各岗位配备合适的人员，它主要解决的是用谁的问题。简言之，定岗、定编、定员就是确定企业实现战略规划需要的岗位、人员规模以及素质要求。

通过定岗、定编、定员，不仅能实现"人、岗、事"三者之间的合理匹配，达成"人尽其才，人尽其用"的目标，人力资源部还要基于定岗、定编、定员结果，编制好"三定"表（如表3-1所示），进而再根据企业自身的薪酬历史数据或者行业薪酬水平，来计算企业的薪酬预算。具体如何根据"三定"计划来编制薪酬预算，我们在后面的章节会有详细介绍。

表3-1 "三定"表

（单位：人）

| 公司名称 | | | 填表日期 | | | |
|---|---|---|---|---|---|---|
| 现有人数 | | 定编人数 | | 缺编人数 | | |
| 序号 | 部门设置（人数） | 岗位 | 级别 | 现有人数 | 定编人数 | 超/缺编 |
| 1 | 人力资源部（3人） | 人力资源部部长 | 5级 | 1 | 1 | 0 |
| | | 薪酬专员 | 3级 | 2 | 1 | +1 |
| | | 绩效专员 | 3级 | — | 1 | −1 |
| 2 | … | | | | | |
| 3 | … | | | | | |
| 4 | … | | | | | |
| 总计人数 | | | | | | |
| 审核负责人 | | | | | | |

做好"三定"计划，能够夯实企业编制薪酬预算的基础。换言之，"三定"计划是编制薪酬预算的依据。

## 3.1.2 基于企业经营目标，完成岗位设置

岗位是企业为完成某项任务而设立的工作职位，是实现业务目标的最小单

元。定岗就是在企业组织架构已经确定的前提下，基于企业整体战略实现的需要，明确需要多少岗位。在定岗的过程中，需要遵循以下原则：

（1）因事设岗原则。在设定岗位时，必须着眼于企业的经营目标和现实发展情况，按照各部门的职责范围划定岗位，而不能围绕决策者的个人意志，或者为解决相关人员的工作问题而设定岗位。简言之，不能因人设岗。

（2）整分合原则。企业应在组织整体战略规划下，实现岗位的明确分工。同时，又在分工基础上有效地综合，使各岗位职责既明确，又能实现纵向与横向之间的同步协调，发挥企业最大的效能。

（3）最少岗位数原则。在设定岗位时，企业既要考虑到最大限度地节约人力成本，又要尽可能地缩短岗位之间信息传递的时间。

（4）规范化原则。各岗位名称与职责范围均应规范，对企业脑力劳动的岗位规范避免过细，适当留出创新的余地。

（5）客户导向原则。设定的岗位要满足内外部客户的需求。

（6）一般性原则。应基于正常情况考虑，而不能基于例外情况考虑。比如，90%情况下该岗位需要完成的工作量是多少、承担的工作强度是怎样的。

完成岗位设置的具体流程如下：

（1）战略明确。明确企业的战略目标和年度业务规划、业务流程。

（2）权责梳理。基于企业的战略目标和业务流程来梳理各部门权责，明确规定各部门的权限与责任。

企业可以按照以下步骤来梳理部门权责并进行分配：

1）梳理企业全业务流程，确定业务流程各阶段的关键价值活动。

2）结构化拆解企业战略目标，形成工作项，将各个工作项与关键价值活动进行融合。

3）基于企业的组织架构，将关键工作项与关键价值活动分配到各个部门，确定各工作项与价值活动的主导部门、协同部门。

表3-2是笔者为一个快消品行业的企业做组织变革咨询服务时，对部门职责的梳理。

表 3-2　部门职责梳理与分配（部分示例）

| 主业务流程 | 序号 | 关键价值活动 | 销售部 | 市场部 | 大区/省区 | 平台业务部 | 人力行政部 | 财务部 | 总经办 |
|---|---|---|---|---|---|---|---|---|---|
| 战略与经营管理 | 1 | 组织战略务虚研讨 | | | | | | | ★ |
| | 2 | 组织战略方向和定位研讨 | | | | | | | ★ |
| | 3 | 组织战略解码 | | | | | | | ★ |
| | 4 | 组织企业经营规划拟制 | | | | | | | ★ |
| | 5 | 组织各部门策略和规划梳理 | | | | | | | ★ |
| | 6 | 组织年度战略与经营会议 | | | | | | | ★ |
| | 7 | 组织编制人力规划 | | | | | ★ | | |
| | 8 | 组织编制财务预算规划 | | | | | | ★ | |
| | 9 | 经营目标制定与下达 | | | | | | ★ | |
| | 10 | 经营目标完成总结 | | | | | | ★ | |
| | 11 | 组织阶段性战略落地回顾 | | | | | | | ★ |
| 产品 | 12 | 市场调研及竞品研究 | | ★ | √ | | | | |
| | 13 | 确定产品卖点及配方 | | ★ | | | | | |
| | 14 | 产品定位 | | ★ | | | | | |
| | 15 | 包装设计 | | ★ | | | | | |
| | 16 | 销量目标预测 | ★ | | √ | | | √ | |
| | 17 | 制定经销商政策 | ★ | | √ | | | | |
| | 18 | 制订全国性消费者促销计划 | √ | ★ | √ | | | | |
| | 19 | 制订区域性消费者促销计划 | | | √ | | | | |
| | 20 | 制订促销品采购 | | | | | | | √ |

注：如果该项关键价值活动由某个部门主导完成，则在相应的位置画"★"；如果该项关键价值活动由某个部门协同完成，则在相应的位置画"√"。

（3）岗位设置。确定部门职责后，接下来可以采用流程法（如图 3-1 所示），将部门职责分解落实到岗位上。其中，流程法就是将部门的职责转换成流程，然后将流程层层分解到最小单元。此时，最低层级流程的每个流程活动都对应一个岗位。一般来说，部门最低层级的流程活动越多，部门岗位也越多。

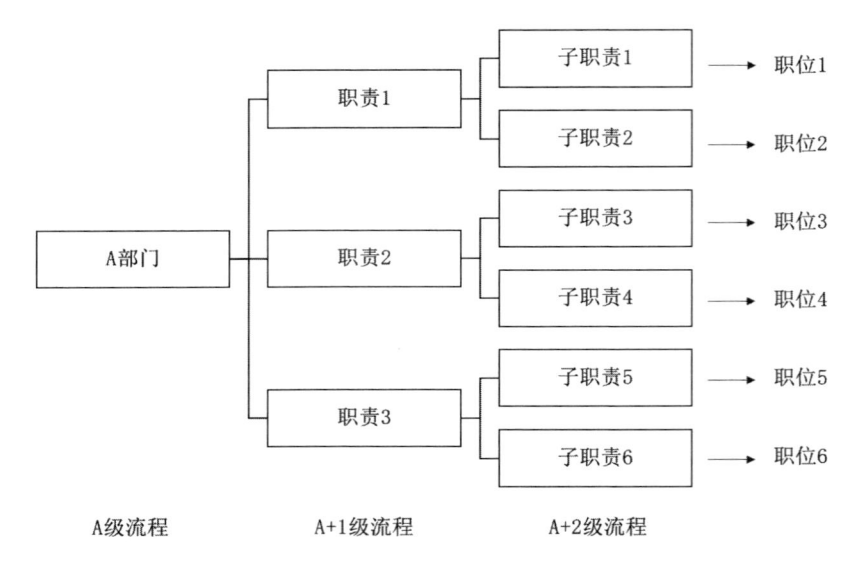

```
                            ┌─── 子职责1 ──→ 职位1
                  ┌── 职责1 ─┤
                  │         └─── 子职责2 ──→ 职位2
                  │
                  │         ┌─── 子职责3 ──→ 职位3
        A部门 ────┼── 职责2 ─┤
                  │         └─── 子职责4 ──→ 职位4
                  │
                  │         ┌─── 子职责5 ──→ 职位5
                  └── 职责3 ─┤
                            └─── 子职责6 ──→ 职位6

        A级流程         A+1级流程         A+2级流程
```

图 3-1 借助流程法将部门职责分解到岗位

在得到岗位职责后,就能根据岗位职责,初步设定关键岗位、辅助与支持岗位。

(4) 岗位优化。初步设置了岗位后,企业可以根据工作量、工作内容等因素酌情进行岗位整合,最终形成岗位设置清单(如表 3-3 所示)。

表 3-3 某企业岗位设置清单(部分)

| 序　号 | 部　门 | 岗　位 | 备　注 |
| --- | --- | --- | --- |
| 1 | 人力资源部 | 人力资源部部长 |  |
|  |  | 人才发展专干 |  |
|  |  | 薪酬绩效专干 |  |
| 2 | 财务部 | 财务部部长 |  |
|  |  | 财务部副部长 |  |
|  |  | 财务会计 |  |
|  |  | 核算会计 |  |
| 3 | 品牌运营部 | … |  |

## 3.1.3　根据岗位设置，科学合理定编

设置好岗位后，接下来要确定完成各岗位任务所需要的人员数量，即定编。企业可以采用以下方法，来合理确定各类人员的数量及之间的比例关系。

### 1. 行业标准法

行业标准是企业通过多年积累下来的数据进行科学处理后得出的标准，参考性比较强。该方法的不足之处是，行业标准形成的时间长，而且常常多年才修订一次，从而在一定程度上弱化了数据的可参考性。

### 2. 外部标杆法

外部标杆法是企业根据同行或竞争对手的编制情况确定各岗位的人员编制。该方法的关键是标杆企业的选择。为了确保定编的准确性，企业在采用该方法时，要综合考虑标杆企业与目标企业所处环境、企业战略、流程以及制度等方面的差异性。

### 3. 预算控制法

该方法是通过人力成本预算控制在岗人数。部门负责人对本部门的业务目标、岗位设置以及员工人数负责，在批准的预算范围内，自行决定各岗位的具体人数。企业的资源是有限的，而且与产出是密切相关的，因此，人力成本预算严格约束着各部门人数的扩展。该方法就是自下而上上报部门人员编制，企业自上而下进行审批，50%以上的企业使用该方法。

### 4. 业务流程法

先根据岗位工作量，确定各岗位每个员工在单位时间内的工作量，比如单位时间产品数、单位时间处理业务量等；然后根据业务目标、岗位工作量、业务流程衔接，确定各岗位人员编制。该方法适用于生产制造流水线、价值链长的组织及流程型组织等。

## 5. 回归分析法

回归分析法是根据企业的历史数据（业务数据/员工数）与企业发展目标，确定员工的编制。其中，业务数据主要包括销售收入、利润、市场占有率、人力成本等。具体操作方法是基于企业过去五年的业务数据与员工数进行回归分析，得到回归分析方程，进而确定员工人数。

比如，S企业将近5年的销售收入与员工进行一元直线回归分析，得到一元直线回归方程为$Y=0.052X+1.12$，其中$Y$为销售收入，$X$为在职销售人员数。

假如S企业预计2020年销售收入将会同比增长20%，2019年为10亿元，那么根据回归方程，就能计算出S企业在2020年需要的销售人员数约为209〔（10×1.2-1.12）/0.052〕人，加上市场波动和出勤情况、能力因素，定编人数会在209人上下波动。

以上是企业常用的定编方法。实际上，定编的方法还有很多，不同方法在复杂程度、准确程度、时间与成本等方面各有优劣，企业需要根据自身的情况来选择合适的定编方法。不过不管选用哪种定编方法，在定编时需要遵循以下原则。

### 1. 以企业经营目标为中心，科学合理地进行定编

科学是指定编要符合人力资源管理的一般规律，做到"精简有效"，在保证工作需要的前提下，与同行业标准相比，能体现出组织相对精干、用人相对较少、劳动生产率相对较高的特点；合理是指定编要从企业的实际出发，结合本企业的技术、管理水平和员工素质，考虑到提高劳动生产率和员工潜力的可能性来确定人员数。

### 2. 各类人员的比例要协调

在定编过程中，要处理好直接与非直接经营人员的比例关系，同时合理安排管理者与员工的比例关系。

3. 综合考虑各类人才储备情况

企业各类业务的特点和市场供给特点决定着人员培养周期。比如，专业分析人员培养周期较长，需要在较低层次上有较多的储备。

4. 关注各类人员的市场获取成本

技术研发人员的市场获取成本较高。如果根据企业经营目标，研发不是企业核心能力建设的重点，那么可以缩减研发人员的编制。

5. 定编有效性重于方法

在定编时，很难用一套科学的公式，计算出精准的人数。定编方法固然重要，但有效性是其核心检验因素。如果缺乏基础的管理数据，缺少参照系，那么就谈不上用科学方法来定编。

定编是企业对各岗位人数的预测，只能相对准确，需要随着企业业务的发展和员工素质的变化而进行动态调整。

## 3.2 科学经营人力资源，提升企业竞争力

人力资源管理同企业的业务一样，需要进行成本分析，用多维度的统计与分析，为持续改善企业的人力资源管理效率提供指导，确保实现对人力资源的科学经营，提升企业的核心竞争力。

### 3.2.1 正确认识人力成本，避免陷入认知误区

《中国企业社保白皮书2020》显示，被调研的4 278家企业中，约50%企业的人力成本占总成本比重超过30%。人力成本过高已经成为中国企业面临的主要问题。

随着人力成本的不断提升，许多企业喊着要降低成本，那么它们知道什么

是人力成本吗？人力成本是指组织在提供产品或服务的过程中，因使用劳动力而支付的所有直接费用和间接费用的总和。直接费用包括工资总额和社会保险费等。间接费用包括员工招聘、培训等有关费用以及员工福利、劳动保护费用、工会经费和其他人工成本。

人力成本的概念看似简单，在实际管控过程中，无论是经营决策者还是员工，往往会陷入以下几个人力成本的认知误区。

### 1. 把人力成本直接等同于工资总额

人力成本是指企业在构建和实施人力资源管理过程中所有的资源投入。员工的工资总额只是人力成本的主要组成部分，也是较容易核算的部分。因此，人力成本并不等同于工资总额。比如，A企业支付给员工的工资是10 000元/月，那么人力成本绝不会只是10 000元/月，还有其他间接费用，如保险费、福利费等。

### 2. 将降低人力成本视为手段，而非结果

随着市场竞争越发激烈，哈佛商学院教授迈克尔·波特提出的低成本运营战略被不少企业广泛运用。它们把成本管控作为实现更高利润的关键手段，将人力成本控制在极低水平。但事实上这犯了本末倒置的错误，较低的运营成本不是管控的手段，而应是管控的结果。

另外，为了达到降低人力成本的目的，企业对员工"下刀子"：扣工资、减福利或裁员，看上去降低了经营成本，实际上有可能还会增加经营成本，因为这样做会让员工对企业产生抵触情绪，从而对员工的工作积极性产生影响。比如，S企业有300名员工，在2019年实现销售收入3亿元，人力成本总额是6 000万元。按照投资收益理论，可以解读为S企业投入了6 000万元的人力成本，换来了3亿元的销售收入。人力成本与销售收入间的投资收益率为1∶5，即S企业投入1元人力成本，就能获得5元的销售收入。2020年因新冠肺炎疫情影响，S企业决定管控运营成本，此时S企业不应该只聚集于减少6 000万元的人力成本总额，扣员工工资和福利，而应该聚焦于增加人力成本和销售收入间的投资收益率，以达到降低经营成本的目的。

3. 将人力成本更多视为"花钱",而不是资本

企业经营管理中的每一项成本支出,都应当创造相应的收益,但是人力所创造的价值难以像其他投资那样,快速显现并准确地计算出来。因此,企业就将人力成本看作单纯的"花钱",而不是资本。

由此可见,企业需要正确认识人力成本,避免陷入认知误区。如果能准确地了解人力成本,那么就会助力企业在人力资源供给方式选择、核心人才留用、薪酬体系设计等方面做出正确的决策。

## 3.2.2 科学分析人力成本,实现更好的成本控制

人力成本分析一般是指人力资源成本分析。通过对人力成本开展科学分析,企业不仅能准确且清晰地了解内部人力成本的变化情况,还能为人力成本规划、薪酬调整提供依据。

然而,人力成本分析是比较难的,因为它与财务数据有一定的关联性,企业可以参照财务分析的思路与方法对人力成本进行科学分析,以更好地管控企业成本。企业开展人力成本分析的步骤如下。

### 1. 明确人力成本构成

要开展人力成本分析,就需要知道企业的人力成本构成,否则缺项或漏项会使得分析结果失真。根据前文介绍,人力成本主要包括员工薪资、社保、公积金、福利、招聘费用、培训费用等能够统计的各种相关费用。企业可以参考表3-4来确定自己的人力成本构成,酌情增减。

表3-4 人力成本构成(示例)

| 月份 | 基本薪酬 | 绩效奖金 | 社保 | 住房公积金 | 福利补贴 | 培训费用 | 招聘费用 | 离职补偿 | 人力成本总额 |
|---|---|---|---|---|---|---|---|---|---|
| 1月 | | | | | | | | | |
| 2月 | | | | | | | | | |
| 3月 | | | | | | | | | |

续表

| 月份 | 基本薪酬 | 绩效奖金 | 社保 | 住房公积金 | 福利补贴 | 培训费用 | 招聘费用 | 离职补偿 | 人力成本总额 |
|---|---|---|---|---|---|---|---|---|---|
| 4月 | | | | | | | | | |
| 5月 | | | | | | | | | |
| 6月 | | | | | | | | | |
| … | | | | | | | | | |

2.选取关键指标

要科学分析人力成本，需要基于人力成本分析的目的选取关键指标。常见的人力成本分析指标有人力成本总额、人力成本占比、人均人力成本、人力成本率、人力成本利润率等。

（1）人力成本总额是指企业年度所有人力成本的汇总，包含人力资源各个模块的各项成本，是一个静态的数据。在开展人力成本分析时，企业可以根据人力成本的构成来汇总人力成本总额。通常对人力成本总额增长量和增长率两个数据进行分析，以显示人力成本总额的增减量和增减速度，反映人力成本在一定时期的平均发展水平。

（2）人力成本占比是指人力成本总额占企业总成本的比例。该指标体现了人力成本总额在企业成本总额里的占比，可以反映企业人力成本的合理性。如果企业是良性发展的，那么该指标要么趋向一条直线，要么是一个常数，因为当企业的员工增加时，增加的人力成本应该和企业的营业收入保持一定的比例。其计算公式为：人力成本占比＝某时期人力成本总额/同期企业总成本。

（3）人均人力成本是指企业在某时期内全部的人力成本平均分配到每名员工身上后的人力成本。人均人力成本反映的是在某时期内，企业每聘用一名员工，需要负担的人力成本。该指标需要与企业历年的数据对比，和同行业的数据对比，通过对比分析发现企业内部的问题。其计算公式为：人均人力成本＝某时期内的人力成本/同期员工人数。

（4）人力成本率反映的是企业获得每一元营业收入，需要多少人力成本。人力成本率＝某时期人力成本总额/同期营业收入×100%。

（5）人力成本利润率的变动趋势反映着企业经营环境的变动趋势。人力成本利润率＝某时期利润总额/同期人力成本总额×100%。如果人力成本利润率下降，可能说明两个问题：一是产品获利能力下降；二是人力成本上升较快。人力成本利润率的持续下降意味着产品竞争力下降，也意味着企业获利能力下降，企业应该采取有针对性的措施解决这个问题。

要注意的是，在选取关键指标后，企业要找出对应的参考值，以确定企业在所处行业的位置，让每一个指标都能体现出其本身的意义。

### 3. 采用对比分析法，开展人力成本分析

没有对比就没有分析。例如，分析人力成本总额，可以依据实际需求，选择将人力成本的实际水平，与计划比、与去年同期比、与历史最好水平比、与同行业先进水平比等方法中的一种或多种进行分析。进行纵横向对比分析，无疑会大大提升人力成本分析的准确性，让人力成本分析更具说服力。

### 4. 用因素分析法寻找差距与原因

在对比分析后，基于对比分析的结果，采用因素分析法，找出导致问题产生的主要原因。因素分析法是分析某变动现象中各个因素影响程度的一种统计分析方法。简单来说，就是看某指标的组成部分的变动对该指标值变化的影响程度。利用该方法，可以衡量各项因素影响程度大小，弄清引起差异变动的主要原因。

### 5. 确定解决策略，以降低人力成本

根据导致问题产生的主要原因，企业可以找到更具针对性的方法策略，以合理降低人力成本，达成人力成本效益最大化的目的。

总的来看，借用财务思维，开展人力成本分析，能帮助企业经营者及时发现问题，并据此来调节人力成本，实现对人力成本的合理控制，提升人力成本效益。

### 3.2.3 做好人力成本分析，发挥人力经营杠杆作用

大数据时代下，作为一种生产要素，"人"的重要性不仅急剧上升，而且也成为诸多生产要素中最不确定的一种要素：既可以为企业创造出比较大的价值，也很可能导致企业走向衰亡。与此同时，企业的竞争越发激烈，如何实现人力资源的最优配置，提高人力资源管理水平，成为企业亟待解决的问题。

在这种变化下，人力资源管理出现了很多实践创新，而在这些纷繁复杂的创新背后，用量化管理驱动人力资源效能提升成为最重要的主题。人力成本分析便是人力资源量化管理中的重要组成部分。

做好人力成本分析，能起到如下作用：

（1）支撑人才战略。企业间的竞争，归根结底是人才的竞争。从每年水涨船高的应届毕业生聘用年薪中不难看出，各大名企如华为、阿里巴巴等都在花大价钱抢夺人才，企业与企业的竞争逐渐体现在人才的竞争上。这表明企业对人才的重视。

通过人力成本分析，管理者可以清晰地了解花费在人力资源上的成本与市场行情是否相符，进而企业在人才选用上有了更大的自主权。

（2）实现人力资源效能的最优化。当前，人力成本占企业总体运营成本的比例日益攀升，达到60%～70%。可见，成本管控对企业的利润产生重要影响，企业应做好人力成本分析，了解每一项人力成本构成，评估投入产出比，减少低效用的人力成本投入，加大高效用的人力成本投入，将投入产出比最优化。

（3）为人力管理效率提升提供指导。通过人力成本分析和总结，找出各阶段人力成本投入的问题所在，对一系列策略进行调整，包括人均效能提升、招聘成本优化、培训效率提升等，促进人力成本的投入产出比提升。

另外，通过人力成本分析，还能规划下个周期薪酬的变化量、调薪比例、定编定员及人力成本预算。

古希腊哲学家阿基米德说："给我一个支点，我可以撬起地球！"在当今这个时代，企业如果能够将人力资源上的投入转化为明确的回报，明明白白地做

生意，让员工清清楚楚地做贡献，薪酬激励就进入了最佳境界，企业进而能保持强大的市场竞争力，实现可持续发展。

## 3.3 做好薪酬预算管理，把钱花在刀刃上

企业的薪酬体系是需要不断进行调整的，否则它的激励效果会大打折扣。在这个过程中，企业不仅需要做好薪酬调整计划，还要做好薪酬预算管理，为人力资源成本管控指明正确的方向，确保把钱花在刀刃上。

### 3.3.1 薪酬是经营成本，需要进行预算与控制

任正非曾说过："公司在研究历朝历代封建王朝怎么覆灭的。当新一代皇帝取代旧王朝，它的成本是比较低的，因为前朝的皇子、皇孙形成了庞大的食利家族，已把国家拖得民不聊生。但新的皇帝又生下来几十个儿子、女儿，每个子女都有一个王府，需要供养，他们的子女又在继续繁衍。经过几十代以后，这个庞大的食利家族大到一个国家都不能承受的时候，人民不甘忍受，又推翻了它，它又重复前朝的命运。华为如果积累这种病，不要几年就会破产。"为此企业需要降低内外交易成本。

薪酬作为一种经营成本，也是需要与其他成本一起进行总体预算与控制的。也就是说，企业给员工发放的薪酬总额应该计算清楚并有所管控。如果企业的薪酬总额过大，就表示企业的经营成本偏高，进而对企业的市场竞争力会产生直接影响。

企业一般会在自己盈利模式的基础上，将薪酬总额控制在一定的区间内。比如，有的企业确定薪酬总额只能占企业销售收入总额的10%左右。在薪酬总额设定完成后，如果企业的经营稳定，那么薪酬总额的上限是不会有太大突破的，也不能有太大突破。

沃尔玛的整体战略是靠降低成本来进行市场扩张。对于它来说，是不可能

在薪酬成本上限上有突破行为的，沃尔玛严格将薪酬成本控制在销售收入的 10% 以下。

与之类似的是美国 NBA 联盟工资帽制度：工资帽的具体数额和 NBA 前一年的总收入密切相关。具体来说，工资帽是以 NBA 前一年的总收入的 51% 作为 NBA 联盟下一年的花钱资本，再除以 30（NBA 上个赛季球队总数），得出的平均数就是当年的工资帽，各个球队花在球员身上的工资总额不得超过这个数值。

如果 NBA 没有设立工资帽制度，将会打破整个 NBA 体系的"生态平衡"，出现几支超级强队，而剩下的球队将变得没有竞争力。这样就会导致比赛失去观赏性，进而失去大量球迷，最终整个联盟的收入出现大幅下滑。

无论是沃尔玛将薪酬总额控制在销售收入 10% 以下，还是 NBA 的工资帽制度，都是将薪酬作为一种经营成本来进行约束的。由此表明，企业的薪酬总额是需要进行预算与控制的。

## 3.3.2 薪酬预算的目标和方法

对企业来说，薪酬预算是一件不可掉以轻心的大事。因为做好薪酬预算能让企业更好地控制人力成本，把钱花在刀刃上。

要做好薪酬预算，首先应该确定薪酬预算的核心目标。薪酬预算的核心目标主要有以下几个：

（1）提高薪酬与企业经营的适用性。需要明确的是薪酬总额预算关注的重点是薪酬整体：既要分析企业薪酬预算的总体投入，也要监控薪酬投入产出效果。

（2）提高人才匹配度。通过薪酬预算，从"选、用、育、留"角度，实现企业对人才的吸引、保留与激励，从而合理地控制员工流动率，吸引核心人才，同时激励高绩效人才。

（3）提升薪酬体系的发展性。薪酬预算应该综合考虑市场薪酬水平、薪酬结构、薪酬等级及差距等多种因素，制定年度或中长期薪酬预算方案，以提高薪酬体系的持续性。

其次，要明确薪酬预算内容及薪酬预算编制时间。一般来说，岗位工资、绩效奖金、津贴、其他（加班、福利等）等都需要进行预算。每年的5—6月确定当前年度下半年的预算以及准备下一财务年度的初期预算，每年的11—12月最终确定下一财务年度的预算。

最后，需要选择合适的薪酬预算方法。常用的薪酬预算方法有很多，下面主要介绍人员编制法、薪酬总额弹性增长控制法。

（1）人员编制法是指依据"三定"计划确定的岗位、员工编制、职位等级，以及各岗位的薪酬水平等来计算企业的薪酬总额。企业采用该方法来编制薪酬预算，容易控制薪酬总额，且操作简单。但是该方法的缺点是薪酬总额没有实现与企业业绩的强关联，且经常存在员工编制博弈，导致人力资源部门的压力比较大。目前大部分中小企业都采用该方法编制薪酬预算（如表3-5所示）。

表3-5 基于人员编制法确定的薪酬预算

| 部门 | 岗位 | 职级 | 现有人数 | 薪酬水平 | 各部门薪酬总额 |
| --- | --- | --- | --- | --- | --- |
| 人力资源部 |  |  |  |  |  |
| 财务部 |  |  |  |  |  |
| … |  |  |  |  |  |
| 薪酬预算总额 |  |  |  |  |  |

（2）薪酬总额弹性增长控制法。使用该方法时，薪酬预算的计算公式为：

本年度薪酬总额 = 上一年度薪酬总额 ×（1+ 薪酬总额年增长率）

从上述公式中可以看出，使用该方法来编制薪酬预算的关键是薪酬总额年增长率的确定。企业薪酬总额年增长率可以根据上一年的薪酬水平、下一年度业绩预测以及外部市场薪酬涨幅情况来决定。其中，下一年度业绩预测能从企业下一年的经营计划中找到，外部市场薪酬涨幅可以参考当地的薪酬水平指导线。比如，企业今年效益不错，预测下一年度销售收入增长16%，基于当地的薪酬水平指导线确定外部市场薪酬的涨幅为 10%～15%，那么企业的薪酬总额的年增长率就可以控制在 10%～15%。

使用该方法编制薪酬预算，不仅能将薪酬总额与企业业绩直接关联，而且还相对容易操作，有利于对企业薪酬总额整体变化情况进行很好的把控。目前，不少成熟企业都选用这种方法来制定薪酬预算，如华为。

首先，华为对于存量人员，通常每年都会有调薪；其次，每年都会增加员工，而增加的员工的数量、层级和调整节奏，直接对薪酬总额预算产生影响；最后，每年有人员离职，而离职人员的数量、时间、层级以及离职补偿也会对薪酬总额预算产生影响。

华为在选用薪酬总额弹性增长控制法的基础上，结合在薪酬预算上多年的经验与数据积累，开发了自己的薪酬总额预算模型，如图 3-2 所示。

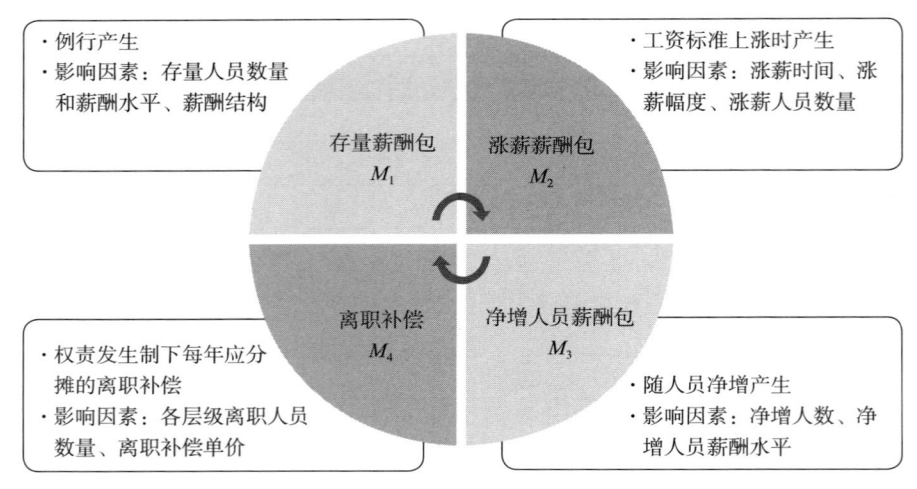

- 例行产生
- 影响因素：存量人员数量和薪酬水平、薪酬结构

存量薪酬包 $M_1$

- 工资标准上涨时产生
- 影响因素：涨薪时间、涨薪幅度、涨薪人员数量

涨薪薪酬包 $M_2$

离职补偿 $M_4$

- 权责发生制下每年应分摊的离职补偿
- 影响因素：各层级离职人员数量、离职补偿单价

净增人员薪酬包 $M_3$

- 随人员净增产生
- 影响因素：净增人数、净增人员薪酬水平

说明：年度工资性薪酬包 $M_0 = M_1 + M_2 + M_3 + M_4$

$M_1$：在岗员工的存量薪酬包，不考虑涨薪，不含离职补偿。

$M_2$：在岗员工的涨薪酬包，不含离职补偿。

$M_3$：人力增量部分的工资性薪酬包（调入+新招-调出-离职），不含离职补偿。

$M_4$：离职补偿，对各层级离职补偿预算单价×各层级离职人数求和。

图 3-2　薪酬包结构及其影响因素

从图 3-2 中可以看出，华为从存量、增量、涨薪和离职四个方面对薪酬总额进行预算，为宏观管控提供了微观的支撑，使管理更加有效。

企业可以综合考量是否与企业业绩挂钩、所处的发展阶段以及整体发展战略，是侧重人才还是侧重效益等因素，来确定选择哪种方法编制薪酬预算。

做好薪酬预算后，企业应该按照薪酬预算去执行与管控，以确保薪酬支付不产生大的波动。

### 3.3.3　薪酬预算的管控与调整

薪酬实质上是企业和员工间达成的一项隐性契约，体现了员工与企业双方就彼此的付出和给予达成的一致性意见。凭借这一契约，员工与企业间的交换才得以实现。因此，薪酬预算会对企业与员工产生比较大的影响，具体表现有：

（1）薪酬预算会对企业的现金流和经营结果产生直接影响。薪酬预算的多少会影响企业未来有多少支出投入到人工成本上，而人工成本是在企业运营过程中消耗在员工身上的货币额度，所以薪酬预算会直接影响企业的现金流，同时人工成本又是企业的关键成本之一，因此薪酬预算会直接影响企业的经营结果。

（2）薪酬预算会影响企业的人力资源规划。薪酬预算的额度决定着企业能增加的薪酬包与人员数量的多少。当薪酬预算不足时，企业要扣减部分薪酬、裁掉部分员工。

（3）薪酬预算决定了在员工基本薪酬、绩效薪酬、福利等方面的支出，会影响员工对未来努力付出后的收益预期，所以，薪酬预算会影响员工的工作努力程度以及满意度，甚至会影响员工对企业的忠诚度。

不过，做好薪酬预算，只是做好了第一步，更重要的是要对薪酬预算执行过程进行管控与跟踪。没有管控与跟踪，薪酬预算很有可能流于形式，甚至导致企业的成本出现失控情况。中智咨询人力资本数据中心于2020年对国内外269家企业做了一次问卷调查，结果显示，参与调查的企业中有87%的企业会对薪酬预算进行管控与调整（如图3-3所示）。

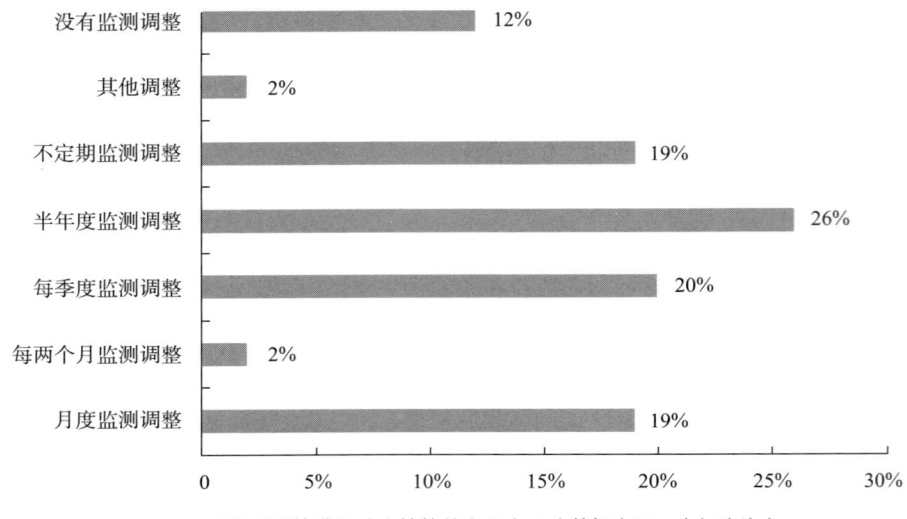

| 监测调整方式 | 占比 |
| --- | --- |
| 没有监测调整 | 12% |
| 其他调整 | 2% |
| 不定期监测调整 | 19% |
| 半年度监测调整 | 26% |
| 每季度监测调整 | 20% |
| 每两个月监测调整 | 2% |
| 月度监测调整 | 19% |

图 3-3　对薪酬预算进行动态管控的企业占比（数据来源：中智咨询）

企业应该定期将月度、年度的薪酬预算与实际薪酬支出情况进行对比，了解薪酬预算的执行情况，分析导致薪酬预算发生偏差的原因，及时了解并掌握人力成本和薪酬总额的动态变化。

在薪酬预算执行的过程中，需要定期分析以下指标：

（1）月度、季度薪酬预算与实际薪酬支出总额。如果实际薪酬支出总额与薪酬预算间的差值超出允许范围，就需要对薪酬预算做出调整，以确保最终实现薪酬支出可控的目标。

（2）薪酬总额占销售收入的比率。将计算出来的结果与行业平均水平或者企业往年水平进行比较，如果计算出来的比率都小于或等于同行业水平或企业往年水平，则该薪酬预算可行；如果大于同行业水平或企业往年水平，可以根据企业决策层对薪酬预算的要求将各岗位薪酬水平适当降低。

（3）人力成本占比。将人力成本占比与同行业的平均水平进行对比，衡量企业与行业平均水平的偏差程度。如果人力成本占比小于行业平均水平，且大于零，也就是计算出来的偏差值在 0～1，就表明薪酬总额管控得比较好；反之，则需要及时进行调整，以避免失控情况的产生。

除了以上指标，还可以定期对比分析不同年份的利润总额、净利润、人均薪酬、人均利润、人均营收等指标。

当薪酬预算发生偏差时，调整的主要思路如下所述：

（1）根据部门实际效益调整。当企业经营状况不好，无法保证薪酬预算足额支出时，企业可以根据各部门的实际效益进行调整：盈利性好的部门就可以保持原有薪酬预算，甚至增加薪酬预算；而盈利性差的部门，则适当削减薪酬预算，这样就能激发组织活力，营造积极向上的竞争氛围。

（2）根据员工的绩效表现进行调整。薪酬预算最终要落实到每一个员工。当薪酬预算不足时，企业可以根据员工的绩效表现，进行强制性调整——裁减员工，以达成削减薪酬预算的目的。

（3）调整薪酬结构。减少薪酬构成要素，酌情削减部门福利补贴、培训项目支出等。一般来说，采用这种方法来调整薪酬预算，会有一定的滞后性，而且可能引起员工的不满。

总的来说，当发现薪酬预算超额，或者由于企业经营情况发生变化，无法保证薪酬预算足额支出时，需要对薪酬预算进行调整，以实现对薪酬预算的管控，确保充分发挥薪酬体系的激励作用。

## 3.4 优化薪酬总额决定机制，提升人才活力

薪酬的有限性会导致企业在进行薪酬分配时，或多或少地对个人产生不公平。企业需要通过一系列管控措施，比如，建立薪酬总额与业绩联动机制、"以丰补歉"的分配调节机制以及薪酬增量导向核心岗位与骨干等机制，最大限度地避免这种不公平，让奋斗者不吃亏，持续提升人才活力。

### 3.4.1 建立薪酬总额与业绩联动机制，促进价值创造

不谋全局者不足以谋一域。薪酬并不单是对员工薪酬的微观设计，更是对企业经营层面的宏观考虑。员工可以只关注薪酬，而人力资源部须站在企业经营者的角度关注投入产出比，帮助企业建立起薪酬总额与业绩挂钩的联动机制，以"产出"决定"人力投入"，实现员工薪酬水平与人力资源市场相适应。

薪酬总额是指组织在一定时期内直接支付给员工的劳动报酬总额，包括企业给所有员工的工资、奖金、加班费、津补贴以及企业缴纳的社保、公积金等费用。简单来说，薪酬总额是企业以现金形式支付给员工的待遇。

为了做好薪酬预算，企业应该每月、每季分类统计好薪酬总额。企业可以参考表3-6来设计自己的薪酬数据收集表。在运用表3-6来统计每月薪酬支出数据时，企业应基于自身实际情况增减薪酬构成要素。

表3-6 各部门薪酬月支出数据统计表（示例）

| 序号 | 部门 | 姓名 | 基本工资 | 保密工资 | 加班费 | 学历加项 | 职称 | 工龄 | 五险一金 | 考勤扣款 | 绩效奖金 | 个人所得税 | 其他补贴 | 企业支出合计 |
|---|---|---|---|---|---|---|---|---|---|---|---|---|---|---|
|  |  |  |  |  |  |  |  |  |  |  |  |  |  |  |
|  |  |  |  |  |  |  |  |  |  |  |  |  |  |  |
|  |  |  |  |  |  |  |  |  |  |  |  |  |  |  |
|  |  |  |  |  |  |  |  |  |  |  |  |  |  |  |

企业应该基于以下原则来建立薪酬总额与业绩挂钩的联动机制：

（1）以业绩为中心，量入为出。薪酬总额应依据企业的经营业绩来确定，量入为出。

（2）"两低于"原则。薪酬总额的增长幅度要低于企业销售收入的增长幅度，员工实际平均薪酬水平的增长幅度要低于人均销售收入的增长幅度。比如，平安集团要求营业收入增长一定要大于人力成本的增长。

（3）绩效回报原则。员工个人薪酬的增长率，要基于市场上相应岗位的价位、员工个人的贡献来确定。对贡献大的员工，增薪幅度要大；对贡献小的员工，不增薪或减薪。

（4）谨慎增长原则。薪酬总额的增长在某种程度上具有刚性，因此实施薪酬总额的增长时，要遵循谨慎增长的原则。

衡量企业业绩的指标有销售收入、利润以及毛利。那么企业的薪酬总额该与哪个指标挂钩呢？

将薪酬总额与销售收入挂钩，不仅计算简单，还能给一线员工带来充足的动力。坏处是可能会有员工或部门虚报销售收入，以获得更高的薪酬回报，因为人是有私欲的。

类似地，将薪酬总额与销售利润联动，虽然能将企业的账务算得更清楚，不让企业吃亏，但是会增加计算的难度，耗费人力资源人员或财务人员更多的时间与精力，因为不是所有业务都能清楚地计算出利润的。

相对比而言，将薪酬总额与销售毛利联动，则能兼具以上两者的优点。至于企业具体选择哪个指标来与薪酬总额联动，需要结合自身实际情况。不过，对于销售类企业，建议选用营业收入指标；而对于效益很好且成熟企业，建议将薪酬总额与利润联动。

笔者在 P 企业做咨询服务时，发现由于该企业没有将薪酬总额与企业业绩挂钩，因而无法充分调动员工积极性。为了激活员工，笔者建议 P 企业建立起薪酬总额与企业销售收入、毛利联动的机制（如表 3-7 所示），确保在企业效益和利润增长情况下，实现人力成本合理增长。

表 3-7 P 企业的薪酬总额与企业经营效益的联动

| 序号 | 管控指标 | 指标说明 | 适用部门 | | P 企业的部门 | 年度薪酬预算管控 |
|---|---|---|---|---|---|---|
| 1 | 薪酬包占比 | 工资性薪酬包与销售毛利之比 | 产出能用经营指标衡量 | 牵引盈利 | 生产、研发部 | 1. 预算额度管控：成长及成熟业务或产品，薪酬增幅不得高于营收增幅的 81%<br>2. 人员编制增长管控：预测年人效增长比，确定人员增长上限<br>3. 过程管控：以季度为周期，监测薪酬总额与经济效益的动态变化，及时预警；年度结果纳入监测或考核 |
| | | 工资性薪酬包与销售收入之比 | | 牵引规模 | 销售部 | |
| 2 | 薪酬包 | 工资性薪酬包 | 战略投入部门 | | 战略投入部门 | |
| 3 | 定岗定编 | 岗位编制+工资性薪酬包 | 支撑性组织，无法用经营指标衡量产出 | | 职能部门 | |

可见，薪酬总额与业绩实现联动，不仅能将薪酬总额增长的压力转化为动力，激发员工活力，促进业绩持续提升，还能确保企业的人力成本在可控的范围内。

## 3.4.2 做好薪酬递延支付，以丰补歉

企业的发展路径都是由无数个波峰与波谷组成的。当企业处于波峰时，企业效益特别好，薪酬总额的增长幅度明显超出预期，当期超额发放可能带来激励效果，但是长期不可持续，因为企业的支付能力是有限的，而且企业也不可能长期处于波峰。

因此，企业应该建立"以丰补歉"的薪酬总额分配调节机制：在企业效益比较好的年份，从薪酬总额中切分出一部分作为"薪酬总额调节基金"，以防效益不好的年份，员工薪酬低于往年，致使员工士气低落，进而造成人员的不稳定。简单来说，企业在效益好时要做好薪酬递延支付，以丰补歉，确保薪酬能充分发挥激励作用。

T企业是一家贸易公司，主要以出口业务为主。笔者在为该企业做咨询服务期间，发现：①T企业为销售人员制定的薪酬模式是"底薪+销售提成"，也就是说销售人员的薪酬高低取决于销售提成；②出口业务的季节性较强，T企业销售人员的收入也呈现对应的季节性变化。在出口业务淡季，T企业销售人员常常连着几个月只能拿底薪，仅可维持基本生活的需要，结果导致不少员工从T企业离职，另谋出路。而由于员工在淡季大量离职，业务旺季到来时，T企业陷入了人手不足的尴尬境地。

针对这一情况，笔者建议T企业业务部门设立"奖金蓄水池"来平衡业务淡季时的员工收入：在业务旺季时，从销售提成中切出8%～15%，放入"奖金蓄水池"；当企业业务进入淡季或效益不佳时，将"奖金蓄水池"中的款项根据实际情况进行调配。这样一来，不仅能平衡淡旺季收入差距，还可以在一定程度上降低员工在旺季"赚一笔"就跳槽的风险。

试行"奖金蓄水池"机制一年，在业务淡季时，T企业的员工收入与业务旺季时的收入差距缩小了约46%，员工的离职率也降低了约73%。同时，T企业的销售收入也实现了翻倍增长。

企业在建立"以丰补歉"的薪酬总额分配调节机制时，"薪酬总额调节基

金"额度不宜过大，需要综合考虑企业自身的支付能力、企业持续发展的需要以及对员工的激励程度等因素。

### 3.4.3 薪酬增量导向核心岗位与骨干，体现价值导向

当薪酬总额有增量时如何使用，一直是企业重点关注的问题。如果企业在分配薪酬增量时采用"一刀切"的方式，就会导致薪酬增量失去该有的激励作用，员工也会产生不满情绪。为此企业应该做好薪酬增量的分配，适当拉开差距，以增强员工的责任心，激发他们的工作热情，从而在企业内部形成一种积极进取的氛围。

据韩联社2021年2月18日消息，三星电子2020年为公司11名董事共发放了337亿韩元（约合人民币1.95亿元）薪酬，比2019年多了将近一倍。

作为公司的核心骨干，高管涨工资，必然是因为部门为集团做出了特殊贡献，或者业绩实现了很高的倍增，支撑了公司战略规划的落地实施。三星的战略愿景是为所有设备提供智能连接和安全解决方案，除了旗下所有产品将于2020年前接入物联网，还包括基于三星"SmartThings"平台的家居、办公、移动生活的智慧生态。

例如，金奇南负责半导体和显示器的设备解决方案部门。根据半导体市场研究机构IC Insights的统计，三星电子在2020年年底月产能达306.0万片8英寸（1英寸≈2.54厘米）约当晶圆，位居全球第一，而且三星在储存芯片领域已经成为全球最大的内存芯片制造商。

在显示器方面，三星的显示屏技术在全球排名是靠前的。国内的很多手机厂商的显示屏大部分是和三星合作的，比如首个高刷新的屏幕、首个2K屏幕等。在电视显示器方面，三星是最早推出8K电视的厂商之一。

高东真负责移动部门，即手机部门。近些年，三星手机虽然在中国市场没有比较好的成绩，但是依然有着较大的市场份额，利润可观，并且三星的手机在欧美、印度等都有很大的市场份额。三星的折叠屏手机技术也日益成熟，是目前推出折叠屏款式和数量最多的企业，所以三星的移动部门也是有资格涨薪的！

金炫爽负责消费者家电部门。在 CES（国际消费类电子产品展览会）2021 上，三星电子展示了基于全新人工智能（AI）和物联网（IoT）技术的家电、技术和服务，推出了全新的三款机器人，其中三星 Jetbot 90 AI+ 是全球首款运用英特尔 AI 解决方案的机器人吸尘器，物体识别技术全面升级，可以自动识别周围物体，自动规划清扫路径。此外，为了迎合消费者的生活习惯与个性化需求，三星还推出了具备 AI 功能的洗衣机和干衣机。这一切都不难看出，三星在智能家居的构建中有了更长远的设想。

可见，薪酬增量要导向做出独特贡献的核心骨干，体现企业的战略与价值导向。

要确保薪酬增量分配的导向性，企业就要首先根据战略规划，找到自身发展所必需的核心竞争力，同时找出核心竞争力所依赖的核心技术以及掌握核心技术的团队。然后，从核心技术管理要素中分析出包含的薪酬要素，根据薪酬要素科学合理地区分员工对战略实施的贡献。最后，根据做出的贡献，合理分配薪酬的增量部分，拉开差距，以充分发挥薪酬增量的激励作用。

总的来说，企业应该好好利用薪酬增量，激励员工主动为企业创造价值，助力企业实现可持续发展。

## 3.5　做好人效分析，为人效提升指明方向

在薪酬成本递增、市场利润空间递减的趋势下，人效的高低直接影响着企业的盈利水平。如果企业一味实施降本增效，导致员工的人均收入下降，员工就会觉得没有奔头，不愿意留下。想要留下更多人才，为企业发展提供强大的动力，企业就需要重视并做好人效分析，为人效提升指明方向。

### 3.5.1　人效是人力经营的导向

什么是人效？简单来说，就是人力资源的投入产出比。在企业人力成本不

断提高的今天，人效变得尤其重要。因为在同行业，人效高低直接决定企业竞争力的强弱。如果人效不能有效提高，企业将面临巨大压力。人效真的如此重要吗？

笔者曾为J企业做过薪酬体系优化咨询服务。作为一家家具制造企业，J企业在2017年进入高速发展期，营收规模从2017年的35.3亿元增长到2019年的70.9亿元，两年实现营收翻倍。J企业的利润也由2017年的3.4亿元增长到2019年的5.8亿元，实现增长70.6%。同时，与2017年相比，2019年J企业支付给员工的薪酬总额增长了129.7%（如表3-8所示）。

表3-8 J企业近三年营收与薪酬分析

| 指标 | 2017年 | 2018年 | 2019年 | 累计增长 |
| --- | --- | --- | --- | --- |
| 在岗人数（人） | 4 123 | 6 124 | 8 525 | 4 402 |
| 人数同比 | — | 48.5% | 39.2% | 106.8% |
| 营业收入（亿元） | 35.3 | 47.8 | 70.9 | 35.6 |
| 营收同比 | — | 35.4% | 48.3% | 100.0% |
| 利润（亿元） | 3.4 | 4.2 | 5.8 | 2.4 |
| 利润同比 | — | 23.5% | 38.1% | 70.6% |
| 薪酬总额（亿元） | 3.7 | 5.6 | 8.5 | 4.8 |
| 薪酬总额同比 | — | 51.4% | 51.8% | 129.7% |
| 人均薪酬（万元） | 8.97 | 9.14 | 9.97 | 1.0 |
| 人均薪酬同比 | — | 1.90% | 9.08% | 11.14% |

然而，笔者在诊断调研期间，发现大部分员工都不满意自己的薪酬水平。他们认为，企业在两年时间内营收规模实现翻倍，但是自己的薪酬增长幅度却低于行业平均水平，为什么企业不愿意跟员工一起分享发展的收益呢？

于是，笔者又访谈了J企业的老板。J企业老板却说："企业支付给员工薪酬包增速约是企业利润增速的两倍，我是非常愿意与员工分享的。员工们为什么还是不满意？"

导致这种情况出现的主要原因之一是J企业只关注了业绩增长，而忽视了对人均效能的分析，从而出现了"老板愿意分享+员工满意度低"的局面。从表3-8中可以看出：J企业虽然支付给员工的薪酬总额增长了129.7%，但是员工人数的增速达到106.8%，结果员工人均薪酬只增长了11.14%；另外，薪酬总额的增长速度始终快于J企业的营收增长速度，有可能导致企业的人力成本增长失控。

从上述案例中可以看出，人效对企业是很重要的。曾有知名咨询公司对400多家产值上亿元的国内企业进行调查后发现，58%的企业没有统计和分析人效的习惯，仅有21%的企业会定期做人效分析，并将人效作为企业的经营目标。沃尔玛身处利润低、盈利难的零售行业，却能连续七年高居《财富》世界500强首位，这与其对人效的高要求有很大的关系。国内知名企业华为、海尔、阿里巴巴等，都很重视人效。

在华为飞速发展的过程中，华为创始人任正非一直强调"两流一效"：高收入流、高现金流、高人效。所以，即使华为在2013年的营业收入超过爱立信，但是人效低于爱立信，他依然不满。

同样，阿里巴巴也非常重视人效。2012年，阿里巴巴在年初制定战略时，要求业绩翻倍，各部门根据业绩翻倍战略制定出招人需求表，阿里巴巴当时大概有2.8万名员工。各部门认为，要想实现业绩翻倍，至少要在2012年增加12 000名员工。

各部门把招人需求汇总上报给阿里巴巴创始人马云。马云不同意并批示："公司无法承担这么多人薪酬支出，让人力资源部和各部门沟通，重新调整新增员工人数。"

各部门经过充分沟通，最后提出，业绩要想翻倍，员工人数至少增加8 000人，结果马云还是不同意，认为还是增加太多了，并提出最多增加5 000人，如果当年没有实现业绩翻倍、员工增加超过5 000人，包括马云在内，所有人年终奖一分钱都没有。最终，阿里巴巴在2012年实现了业绩翻倍，新增加的员工数也没有超过5 000人。

随着企业数字化、信息化的发展，人已经成为所有资源运转的中心。用好人，就能用好所有的资源。而要用好人，重视人效是关键，因为人效是人力资源经营的最大支点。

### 3.5.2 甄选关键人效指标，全面评价人力经营效能

为了全面评价人力经营效能，企业需要甄选合适的关键人效指标。由于不同企业对人效的认知不同，它们选取的人效指标也是不一样的。比如，有的企业选用人均营收，有的企业选用人均利润等。

企业在人力资源上的投入主要用人工成本和人员编制两个口径来衡量，人力资源的产出则主要以业务指标和财务指标来衡量。因此，按照"产出/投入"的公式，可以导出若干人效指标。例如，在财务指标中选择"营业收入"除以"人工成本"，就得出"人工成本投产比"的指标。再如，在财务指标中选择"年度净利润"除以"人工成本"，就得出了"人工成本报酬率"的指标。[1]

表3-9 人效指标表（部分）

| 人效指标 | 计算公式 | 应用说明 |
| --- | --- | --- |
| 人均净利润 | 人均净利润 = 净利润 / 员工人数 | 适用范围较广 |
| 人均回款 | 人均回款 = 回款总额 / 员工人数 | 适用于更关注回款的企业 |
| 人工成本投产比 | 人工成本投产比 = 营业收入 / 人工成本 | 与同行业、同体量的企业进行对标，来判断企业的人力效率在市场的竞争力 |
| 人工成本报酬率 | 人工成本报酬率 = 年度净利润 / 人工成本 | |
| 全员劳动生产率 | 全员劳动生成率 = 营业收入 / 员工人数 | 反映每个员工为企业创造的营业收入，更多在行业内对比，反映企业的生产效率，也为确定企业人员编制提供信息 |

可见，人效指标的范畴极广。要从纷繁复杂的人效指标中甄选出适合于本企业的指标，人力资源人员需要强大的"功力"。在甄选关键人效指标时，需要结合如下原则进行综合考量。

---

[1] 穆胜. 激发潜能：平台型组织的人力资源顶层设计 [M]. 北京：机械工业出版社，2019.

## 1. 平衡科学性与实用性

科学性是求全，追求"无死角"；实用性是求实效，追求有效性和便捷性。如果一味地追求科学性，想要全面地反映人效水平，那么就需要一个庞大的指标体系。可是对于企业来说，跟踪、分析一个庞大的人效指标体系，既不现实也没有必要，还会增加大量的成本，背离提升人效的初衷。因此，企业可以选择 1～3 个指标来监测和分析人效的变化情况。

## 2. 关注行业特点与企业特点

在甄选人效指标时，企业应该从所处行业和自身的特点出发，基于实际经营需要选择合适的指标。

一般制造型企业多选择人均净利润、人均销售额、单位人工成本净利润和单位人工成本销售额等指标，房地产行业非常关注人均开发面积，餐饮零售行业关注坪效，电商行业关注人均 GMV（Gross Merchandise Volume，商品交易总额）等。

另外，如果企业在未来五年的战略是扩大市场规模，抢占市场份额，那么人均营收可能会比人均净利润更符合企业战略的需要；如果企业的回款周期比较长，导致企业现金流紧张，那么人均回款可能与人均净利润、人均收入同等重要。表 3-10 给出了企业在不同发展阶段的关注点。关注点不同，衡量人效的指标也是不同的。

表 3-10　企业在不同发展阶段的关注点

| 发展阶段 | 成长特征 | 关注点 |
| --- | --- | --- |
| 初创期/成长期 | 需要扩大规模，占地盘 | 营业收入 |
| 成熟期 | 市场格局已经形成，要回归理性 | 毛利润 |
| 衰退期 | 调整好姿态，准备战略退出 | 净利润 |

## 3. 区别当下价值与长期价值

企业在开展人效指标分析时，通常会与自己过去的人效水平对比，审视企业运营效率的变化；与竞争对手的人效水平对比，审视企业的竞争力。

为了反映真实的运营效率，企业在做对比的时候要区分投入所产生的当下价值和长期价值。扩大生产规模、加大研发投入等投资行为会使企业的人均净利润等指标在获得回报前下降，但是这种下降并不一定表明企业的运营效率在下降。

不能为了追求短期人效指标数据而忽视长期人效水平的提升，各企业在分析对比人效指标时一定要分析其高低变化的内在原因，以便做到科学管控人效指标，做出最合理的管理决策。

总的来看，企业在评价人效水平时，应该根据自身的经营特点及实际需要选择恰当的人效指标。如果只是僵化套用人效指标，就有可能带偏企业的发展方向。

### 3.5.3 开展人效分析，实现人效提升

人效不仅是衡量企业人力资源体系的要素，更是衡量企业运营能力和资源配置效率的重要指标，是未来企业着重提升的重点。当企业甄选出适合的人效指标后，应该结合相关数据，开展人效分析。

人效分析主要从以下两个角度来展开分析。

#### 1. 和自己比

先计算出企业的人效指标，然后在时间维度上按年度、季度或月度来进行同比与环比分析。比如，可以将企业的人均营收和人均净利润等人效指标按月度绘制出来，然后再看曲线的变化趋势，尤其要注意曲线中的拐点、异常值等，深挖其背后的原因。

在和自己比时，可以从企业整体和部门两个维度来展开人效对比。表 3-11 是 C 企业从企业整体角度开展人效分析的结果。该企业从 2016 年开始转型进入互联网行业。

表 3-11 2014－2019 年 C 企业的人效分析（示例）

| 指标 | 2014 | 2015 | 2016 | 2017 | 2018 | 2019 | 备注 |
|---|---|---|---|---|---|---|---|
| 在岗人数（人） | 1 200 | 1 500 | 2 000 | 3 500 | 4 500 | 5 200 | |
| 一、经济效益指标 ||||||||
| 营业收入（万元） | 188 000 | 256 000 | 383 000 | 499 000 | 590 334 | 632 037 | |
| 净利润（万元） | 9 200 | 10 000 | 30 000 | 43 071 | 53 301 | 42 132 | |
| 人工成本总额（万元） | 22 600 | 20 328 | 23 526 | 36 692 | 46 366 | 51 320 | |
| 二、人效指标 ||||||||
| 人均营收（万元） | 156.6 | 170.5 | 191.5 | 142.6 | 131.2 | 121.5 | |
| 人均人工成本（万元） | 18.83 | 13.55 | 11.76 | 10.48 | 10.30 | 9.87 | |
| 三、增长率指标 ||||||||
| 人数增长率 | — | 25.00% | 33.33% | 75.00% | 28.57% | 15.56% | |
| 营业收入增长率 | — | 43.82% | 49.61% | 30.29% | 18.30% | 7.06% | |
| 净利润增长率 | — | 8.70% | 200.00% | 43.57% | 23.75% | −20.95% | |
| 人工成本增长率 | — | −10.05% | 15.73% | 55.96% | 26.37% | 10.68% | |

从图 3-4 中可以看出，该企业虽然人均人工成本在下降，但是人均营收也在下降。导致这种情况出现的原因很可能是该企业进入转型期，员工还没有完全适应。为此企业需要开展有针对性的分析，深挖背后的原因，为人效提升找到方向。

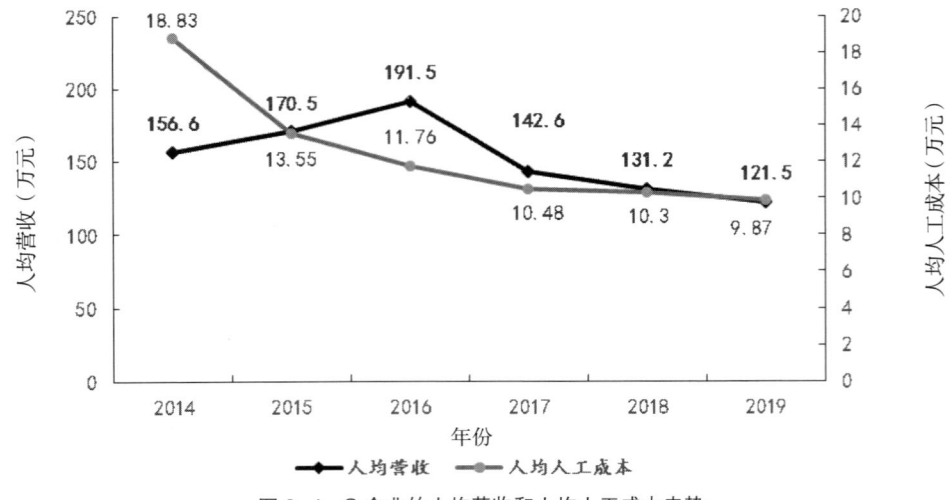

图 3-4 C 企业的人均营收和人均人工成本走势

## 2. 和别人比

和别人比，看自己的人效表现，以了解自己的人效指标是否健康，尤其要和行业标杆企业对比，从而找到自己和标杆企业之间的差距。

对比华为与中兴的人效数据（如表3-12所示），可以看出：虽然华为的员工人数远远超过中兴，人工成本投产比与中兴不相上下，但是华为的人均营收却是中兴的3倍左右，由此支撑了华为员工的人均收入是中兴的2.5倍以上。这表明，华为的市场竞争力是强于中兴的。

表3-12 2017－2018年华为和中兴的人效指标对比

| 指标 | 华为 2017 | 华为 2018 | 中兴 2017 | 中兴 2018 |
| --- | --- | --- | --- | --- |
| 营业收入（亿元） | 6 036.21 | 7 212.02 | 1 088.15 | 855.13 |
| 同比增长 | 15.7% | 19.5% | 7.49% | −21.4% |
| 人工成本（亿元） | 1 402.85 | 1 465.84 | 196.83 | 207.92 |
| 人工成本投产比 | 4.30 | 4.92 | 5.52 | 4.11 |
| 员工人数（万人） | 18 | 18.8 | 7.5 | 6.8 |
| 人均营收（万元） | 335 | 384 | 145 | 125 |
| 人均收入（万元） | 77.94 | 77.97 | 26 | 30 |

企业通过和自己、和别人开展人效对比分析，能够为企业绩效和个人绩效提升、管理效能提升等提供科学的决策依据。不过，对人效的分析与管控，并不是指直接减少员工的收入，而是增强人力资源的开发，让员工提高效能，实现企业和员工共同成长。

# 第 4 章
# 薪酬水平

不少企业提供给员工的薪酬远低于行业平均水平,导致企业陷入"老板让员工吃亏,员工就让客户吃亏,客户就让老板吃亏"的恶性循环。财散人聚,财聚人散。当企业提供给员工富有竞争力的薪酬时,员工就会全身心地投入工作,从而达到"工资最高的时候成本最低"的境界。

## 4.1 知己知彼，开展薪酬调查

古语云："知己知彼，百战不殆。"为了合理定位薪酬水平，企业需要开展薪酬调查，全面了解市场薪酬水平以及竞争对手的薪酬信息。

### 4.1.1 调查薪酬，为设计薪酬水平提供指导

国内外很多企业在定位薪酬水平时以市场薪酬数据为依据，它们往往是通过薪酬调查来获取市场薪酬数据的。

薪酬调查是指企业通过各种标准、规范和专业的方法，来搜集区域劳动力市场（相关企业，如竞争对手、同行等）的薪酬水平及相关信息，并通过对薪酬调查结果的统计和分析，为企业合理定位薪酬水平提供科学依据，以确保薪酬的外部竞争力。

一般来讲，薪酬调查的作用主要体现在以下几个方面。

1. 设计和调整企业薪酬水平

多数企业通常会定期对员工薪酬水平进行调整，而调整的主要依据之一就是竞争对手的薪酬水平出现变化。通过薪酬调查来了解竞争对手的薪酬变化情况，能够让企业及时且有针对性地制定自己的薪酬调整政策，避免在人力资源市场的竞争中处于不利的地位。而且通过薪酬调查，还能掌握区域、行业的薪酬水平，绘制市场薪酬水平线，将标杆岗位市场薪酬与企业内部岗位价值建立联系，从而为岗位薪酬水平的定位提供指导。

2. 评估竞争对手的人工成本

对于一些企业，特别是处于竞争激烈的零售业、汽车业等企业来说，通过薪酬调查，了解竞争对手的薪酬水平，估算对手的劳动力成本，是很重要的。

通过与竞争对手进行人工成本对比，可以了解企业自身的人工成本状况，为强化企业竞争力提供参照。

**3. 调整薪酬结构，确保内部一致性**

通过薪酬调查，企业可以了解竞争对手的薪酬结构，比较企业现行薪酬结构与市场结构的差异，以便调整薪酬结构，确保薪酬结构内外的一致性，保持企业的竞争地位，避免人才流失。

**4. 为设计符合员工需求的薪酬构成提供依据**

不同的薪酬元素具有不同的作用，掌握区域、行业的薪酬特点，能使薪酬构成设计更符合员工需求，在使员工满意的前提下，增强薪酬激励效应，将员工利益与企业利益联系起来。

**5. 检验岗位价值评估结果**

薪酬调查还可以检验企业岗位价值评估的准确性。通过将典型岗位薪酬水平与岗位价值评估分数进行回归分析，如果某些岗位偏离市场薪酬水平线太远，那么可能对该岗位的价值评估有失公允，需要重新审视对该岗位的价值评估过程，修正价值评估结果。

尽管如此，对于薪酬调查来说，它的主要作用是确保薪酬的外部竞争力，解决企业应该设计怎样的薪酬水平才能招到人的问题。据统计，美国有93%的企业会利用薪酬调查来定位薪酬水平。

通过开展薪酬调查，企业不仅能了解同行和相关行业劳动力市场的薪酬水平，还可以增强企业对其竞争对手的了解，建立有竞争力的薪酬体系，激发员工的工作动力。

### 4.1.2 有目的地收集薪酬信息，全面了解市场薪酬水平

根据前文介绍，薪酬调查可以用于薪酬整体水平的调整、薪酬构成的调整

以及薪酬结构的调整等方面，针对不同的目的，薪酬调查范围也应该是有所区别的。

为了合理定位企业薪酬水平，薪酬调查的范围可以通过以下问题来确定：

（1）需要对哪些企业进行调查？最好选择与自己有竞争关系的企业或同行业的类似企业，因为即使同一区域、同一行业的企业薪酬水平差距还是比较大的。而且相同或相近行业的企业往往是人才流动的一个主要方向，是企业人才竞争的主要对手，了解对手并做出应对是非常必要的。

（2）需要对哪些岗位进行调查？选择的岗位应该有几个主要特点：第一，该岗位容易界定，易于理解；第二，该岗位在同类型企业中是大量存在的，薪酬数据相对容易获取；第三，该岗位的工作职责相对稳定，不会随时间出现比较大的变化，可以直接为类似岗位定位薪酬水平提供参照；第四，符合该岗位的劳动力市场在近期内不会有大的供求变化，因为供求变化大，劳动力的市场价格也会发生比较大的波动，从而无法为企业提供准确的参考。

（3）需要调查该岗位的哪些内容？可以调查该岗位的工作职责、任职资格、近几年的薪酬水平以及薪酬增长情况等。

（4）调查的起止时间？薪酬调查的时间要明确，以便合理规划薪酬调查工作，否则会造成企业成本的浪费。

下一步需要企业有针对性地收集外部薪酬数据的有关信息。获取外部薪酬数据信息的常见方法有：

（1）外部公开信息查询。查看人社局及有关人力资源机构定期发布的人力资源有关数据，包括岗位供求信息、岗位薪酬水平、行业薪酬水平、区域薪酬数据等。也可以查看上市公司高管薪酬数据，这些数据对薪酬水平的制定有参考意义。

这是一个很便捷的行业薪酬信息获取渠道，但是一般来说，通过公共渠道获取的信息会有一定水分，需要较强的甄选能力。

（2）企业合作式相互调查。与行业其他企业建立合作关系，共享彼此的薪酬数据信息，这样既能获得同行业企业的薪酬水平，也能向对方提供一些本企业的薪酬信息，实现共赢。

这种调查可以是正式的调查，如座谈会、问卷调查等形式，也可以是非正式的调查，如电话沟通、私下面谈等形式。不过，通过这种调查方式，获取的信息通常真假参半，需要用其他信息来印证。

（3）委托第三方专业机构调查。目前一线大城市都有提供薪酬调查的专业机构。通过专业机构调查获取薪酬信息，不仅可以节省时间，还能减少一定的协调成本，同时，获得的信息也相对比较全面、真实，可信度比较高。但是需要支付的服务费用高，中小企业没必要通过这种方法来获取薪酬数据。

使用该调查方法时，要注意选择令人信任的专业机构来做，以免得到的是过时的、编造的数据。

（4）购买外部数据。很多市场调查公司、咨询公司都有自己的薪酬数据库，薪酬数据库往往按区域、行业、岗位、时间编排，可以查询任意区域、任何行业、任何岗位的薪酬数据。不过，通过该方法获取的数据可能不能满足自身的需要。

（5）新媒体调查。新媒体主要有招聘网站、面试交流、社交媒体、社交圈等。其中，通过招聘渠道获取同行薪酬是一个很直观且最常用的做法。可以网上发布招聘信息，然后大批量地邀约面试，面试中要求对方提供原岗位薪资状况。

该调查办法要注意有足够多的样本支撑，不能在面试了三五个人后就做出结论，而且须选取在同行业内有一定代表性的企业为样本。

不管选用哪种办法来收集市场薪酬数据，都会存在一定的偏差，企业在定位薪酬水平时需要结合企业自身实际情况来进行。

## 4.1.3 有针对性地处理与分析数据，最大限度地保障准确性

为了确保薪酬调查的准确性，在得到外部市场薪酬数据后，需要对它们进行有针对性的处理。因为同样的数据，采用不同的统计处理方法，可能得到不一样的结果。因此，要统一数据的统计口径与处理方式。

当薪酬数据是从外部专业机构购买的时，一定要特别注意数据的统计处理方法。比如，对于明显不符合情况的异常值是怎么处理的？对由于被调查者没有填写而造成的缺省值又是怎么处理的？是怎么对数据进行分组处理的？对于

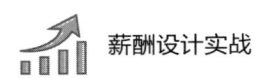

不能提供最终数据处理方法的调查公司，最好不要相信其调查结果。这是对数据信度和效度进行判断的简单方法。

在对数据进行有针对性的处理后，要将不同岗位的薪酬调查结果按照从高到低的顺序进行排列，然后找出对应的 10 分位、25 分位、50 分位、75 分位以及 90 分位的薪酬数据，最后形成如表 4-1 所示的结果。

表 4-1 不同岗位的薪酬水平调查结果分类（示例）

（单位：元/年）

| 职级 | 职位 | 10 分位 | 25 分位 | 50 分位 | 75 分位 | 90 分位 |
| --- | --- | --- | --- | --- | --- | --- |
| 1 | 财务专员 | 67 170 | 88 686 | 112 818 | 145 831 | 168 146 |
| 2 | 培训经理 | 76 581 | 101 753 | 134 321 | 168 375 | 194 580 |
| 3 | 招聘经理 | 87 259 | 118 050 | 149 951 | 192 675 | 226 342 |
| 4 | 项目经理 | 99 311 | 130 626 | 162 275 | 211 823 | 264,124 |
| 5 | 财务总监 | 113 127 | 154 675 | 197 921 | 258 835 | 303 976 |
| 6 | 人力资源总监 | 128 849 | 174 831 | 227 386 | 297 785 | 354 358 |
| 7 | 总经理 | 146 926 | 197 831 | 261 237 | 344 725 | 408 275 |

待数据处理好，有了详尽可靠的数据后，就可以绘制出反映市场薪酬水平的市场薪酬水平分位线（如图 4-1 所示）。

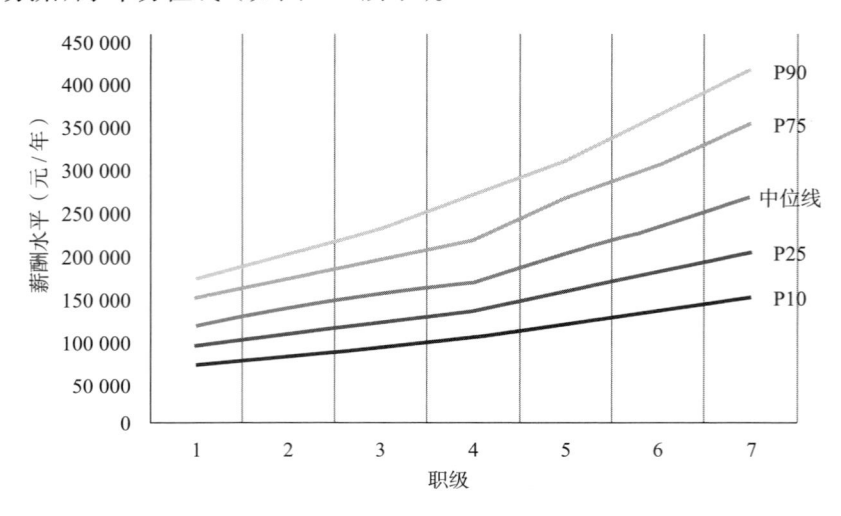

图 4-1 不同职级的市场薪酬水平分位线

市场薪酬水平分位线绘制方法是在以职级为横坐标、以薪酬水平为纵坐标的坐标图中，绘制出 10 分位、25 分位、50 分位（又称中位线）、75 分位以及 90 分位五条曲线。这五条曲线反映的是目前市场薪酬水平的状况。

10 分位（P10）表示市场只有 10% 的企业比这个薪酬水平低，90% 的企业比这个薪酬水平高，反映市场较低的薪酬水平，表明企业的外部市场竞争力非常弱。

25 分位（P25）表示市场有 75% 的企业比这个薪酬水平高，25% 的企业比这个薪酬水平低，企业没有能力为员工提供高水平的薪酬，外部市场竞争力很弱。

50 分位（P50）表示市场有 50% 的企业比这个薪酬水平低，有 50% 的企业比这个薪酬水平高，正好处于中间线，是大多数企业采用的薪酬水平。

75 分位（P75）表示市场有 75% 的企业低于这个薪酬水平，反映市场较高的薪酬水平，表明企业在吸引和留住员工方面具有明显优势。

90 分位（P90）表示市场有 90% 的企业低于此薪酬水平，10% 的企业高于这个薪酬水平，反映市场很高的薪酬水平。

市场薪酬水平分位线描述了外部市场为相应岗位所支付的薪酬水平。通过将不同岗位薪酬水平与之对比，企业就能了解岗位薪酬的外部竞争力，进而为调整薪酬水平提供合理依据。

## 4.2 合理确定薪酬水平，强化外部竞争力

薪酬水平作为薪酬外部竞争力的直接体现，是衡量企业薪酬体系有效性的重要特征之一。企业应该对照战略目标，明确薪酬水平的市场定位，并定期维护，以保持薪酬的外部竞争力，持续地吸引企业所需优秀人才加入。

### 4.2.1 对标分析，确定现有薪酬的市场水平

可能有不少人力资源（HR）管理者会遇到这样的问题：当企业经营者问企

业的薪酬水平与市场相比处于什么水平时，拿不出准确的数据，导致在定位薪酬水平时，要么过高，要么过低，进而对企业的人工成本支出、人员结构、人员流动性等产生比较严重的影响。因此企业在定位薪酬水平前，需要确定自身现有薪酬水平在市场处于什么位置。

企业可以采用薪酬偏离度来分析企业现有薪酬水平相对外部市场薪酬水平的偏离程度，以检验企业薪酬的外部竞争性。薪酬偏离度计算公式为：

薪酬偏离度 = 企业现有薪酬水平 / 不同市场分位的薪酬水平

在分析薪酬偏离度之前，企业需要收集不同层级员工的薪酬信息（如表 4-2 所示），然后对比现有薪酬与市场薪酬水平（如表 4-3 所示）。

表 4-2 员工的薪酬信息收集

| 序号 | 员工姓名 | 所属部门 | 岗位名称 | 职级 | 现有薪酬信息 ||||
|---|---|---|---|---|---|---|---|---|
| | | | | | 基本工资 | 奖金 | … | 合计 |
| | | | | | | | | |
| | | | | | | | | |
| | | | | | | | | |
| | | | | | | | | |

表 4-3 M 企业不同层级薪酬水平的市场定位（示例）

（单位：元/年）

| 职级 | 职位 | 现有薪酬水平均值 | P10 | P25 | P50 | P75 | P90 | 所处市场分位 | 与 P50 的偏离度 |
|---|---|---|---|---|---|---|---|---|---|
| 1 | 甲岗位 | 91 593 | 67 170 | 88 686 | 112 818 | 145 831 | 168 146 | P25~P50 | 81.19% |
| 2 | 乙岗位 | 108 765 | 76 581 | 101 753 | 134 321 | 168 375 | 194 580 | P25~P50 | 80.97% |
| 3 | 丙岗位 | 102 964 | 87 259 | 118 050 | 149 951 | 192 675 | 226 342 | P10~P25 | 68.67% |
| 4 | 丁岗位 | 192 365 | 99 311 | 130 626 | 162 275 | 211 823 | 264 124 | P50~P75 | 118.54% |
| 5 | 戊岗位 | 187 543 | 113 127 | 154 675 | 197 921 | 258 835 | 303 976 | P25~P50 | 94.76% |
| 6 | 己岗位 | 182 974 | 128 849 | 174 831 | 227 386 | 297 785 | 354 358 | P25~P50 | 80.47% |
| 7 | 庚岗位 | 232 455 | 146 926 | 197 831 | 261 237 | 344 725 | 408 275 | P25~P50 | 88.98% |
| 8 | 辛岗位 | 346 104 | 168,345 | 228 231 | 300 127 | 396 891 | 473 315 | P50~P75 | 115.32% |
| 9 | 壬岗位 | 359 778 | 191 446 | 262 134 | 345 709 | 459 489 | 548 736 | P50~P75 | 104.07% |
| 10 | 癸岗位 | 506 100 | 227 859 | 296 598 | 396 345 | 529 492 | 637 235 | P50~P75 | 127.69% |

分析表 4-3，可以发现：

（1）甲、乙、丙、戊、己以及庚岗位的薪酬与市场薪酬水平相比较低，说明这些岗位薪酬的外部竞争力较差。尤其是丙的薪酬水平处于 P10～P25，外部竞争力最差。

（2）丁、辛、壬以及癸岗位的薪酬比市场薪酬水平高，且偏离度也较高，表明外部竞争力较好。其中，癸岗位的薪酬是最具外部竞争力的。

企业也可以绘制出市场薪酬水平分位线，同时将企业的现有薪酬水平用折线图来呈现，这样能更直观地了解企业薪酬水平在劳动力市场上的位置。对比分析企业不同层级薪酬数据与市场薪酬数据所处的分位值，如果高于 50 分位，说明市场竞争力相对较好；低于 50 分位，则说明市场竞争力比较差。

图 4-2 所示是 M 企业目前薪酬与市场薪酬水平的对比结果。观察图 4-2，我们可以一目了然地了解 M 企业不同职级的薪酬水平走势：

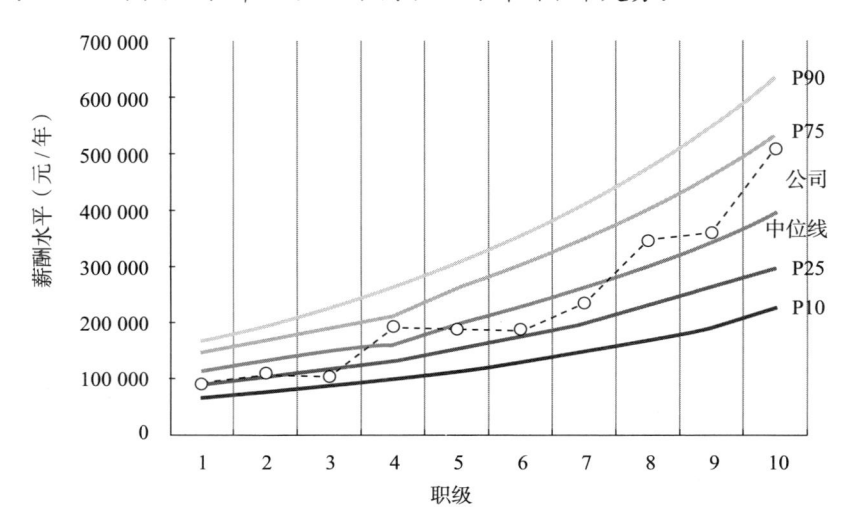

图 4-2　M 企业的现有薪酬与市场薪酬水平对比

（1）从整体上来看，它基本上沿着市场 P25 往上走，表明 M 企业不同职级的薪酬在市场 P25～P75。

（2）职级为 5、6、7 的薪酬水平在市场中位值以下，且低于职级为 4 的薪酬水平，这可能导致一部分高层员工积极性不高，需要结合企业实际情况做出相应调整。

通过对企业现有薪酬与市场薪酬水平进行对比分析，可以明确企业不同层级现有薪酬的外部竞争力，为企业薪酬设计与调整提供依据。不过，企业在参考现有薪酬的市场水平设计薪酬时，既要符合薪酬水平的现实合理性，也要兼顾历史和企业实际情况。

### 4.2.2 对照企业战略，明确薪酬水平的市场定位

确定企业现有薪酬的市场水平后，企业应该对照战略目标，来明确企业的薪酬水平。战略重点不同，企业所采取的薪酬水平策略也是不同的。当企业希望快速占领市场，提升市场占有率时，就需要采取领先型薪酬水平策略，以吸引更多更优秀的人才；当企业想保持稳定的发展时，通常会采用跟随型薪酬水平策略或混合型薪酬水平策略；当企业想收缩某个业务链、减少投资时，可能采用滞后型薪酬水平策略。

华为在1995年进入快速发展期，为了抓住市场机会，抢占市场份额，急需招聘大量电信专业人才来支撑公司业务的发展。此时，人才成为华为快速抢占市场的瓶颈。

然而，由于当时在国内，电信行业属于新兴行业，电信专业人才比较少，而且相关大学每年培养的相关专业的毕业生也是非常有限的。再加上国内电信市场当时几乎被国际电信巨头所垄断，如日本的NEC（电气股份有限公司）和富士通、美国的AT&T（电话电报公司）、加拿大的北电、瑞典的爱立信、德国的西门子、比利时的贝尔以及法国的阿尔卡特，优秀学生在毕业后大部分首选外企。

为了解决人才瓶颈问题，拥有优秀的通信人才，1998年华为首次大规模进入高校招聘，当年招聘800人，2001年招聘高校毕业生6 500人，传说有的高校通信专业毕业生被华为"包圆"。当时华为政策是：第一，通信专业的学生只

要愿意来华为工作都录用，不用面试；第二，采用领先型薪酬水平策略，给应届毕业生制定的薪酬水平是其他电信企业的两倍——本科毕业生为5 000元/月、硕士毕业生为6 000元/月，年终另有奖金和股票分红。不久，华为便在国内市场取得了成功，成为国内民企的标杆，并于2013年成为行业领先企业。

确定企业的薪酬水平策略后，企业可按照如下方式来确定自身的薪酬水平：

当企业基于薪酬水平策略，确定薪酬水平的期望分位值后，便可以按照公式：期望分位值×（1+总样本数）/100，计算出企业要寻找的是样本数据中的哪一个，该样本数据就能作为企业确定薪酬水平的一个参考值。比如，企业采用的是领先型薪酬水平策略，有针对性地收集了100个薪酬样本数据。企业期望的分位值是80分位，那么我们可以计算出企业要寻找的是第81个样本数据［80×（1+100）/100］。企业可以利用Excel中Percentile函数快速计算出期望的薪酬水平，即Percentile（Array，0.8）。

综上所述，企业确定的薪酬水平要能吸引、留任、激励实现企业战略需要的合适人才，支撑企业战略的落地。

### 4.2.3 定期维护薪酬水平，确保薪酬外部竞争力

在市场环境下，企业间的竞争是在不断发展变化的，因此企业应当定期跟踪市场薪酬水平，更新调整员工薪酬，以培养并提升员工的忠诚度与自豪感，进而在确保企业薪酬外部竞争力的同时，让企业更容易吸引到优秀人才。

在业界流传这样一个笑话：思科的薪水太具有鼓励性，担心大家实现了个人经济目标，提早退休。这表明，思科在薪酬水平策略上的选择是领先型薪酬水平策略。

思科的薪酬结构主要由三部分构成：一部分是固定薪酬，另一部分是奖金，还有一部分是股票。薪酬的固定部分比奖金多，股票部分是最具诱惑力的。思科的整体薪酬水平就像思科的成长速度一样处于业界的领先地位。为保持公司薪酬的领先地位，确保薪酬的外部竞争力，思科每年至少会做两次薪酬调

查，随后会就薪酬调查结果与员工进行充分、有效的沟通，不断更新薪酬水平。思科的工资水平是中间偏上，奖金是上上，股票价值是上上上，加起来在业界水平是上上。因为思科的薪资水平非常有竞争力，竞争者对思科的薪酬体系都比较敏感。而且思科在提供待遇和升职时不考虑员工学历，其人力资源总监关迟表示："如果一个人毕业了10年或20年后，唯一能够对别人说的是他是名校毕业的，这样的人我没有兴趣。"

同样地，在华为，为了使公司在市场竞争中立于不败之地，公司的人力资源部与Hay Group（合益）、Mercer（美世）等咨询公司长期合作，每年都会对岗位工资标准进行审视，基于公司付薪水平及外部竞争环境对工资框架进行调整，以强化薪酬竞争力，确保公司能持续拥有强大的市场竞争优势。

在维护薪酬水平时，应遵循的基本原则是：第一，保障员工基本生活的薪酬构成部分应该由市场水平确定，而薪酬中的浮动部分应该结合企业效益确定；第二，关键岗位或核心骨干的薪酬收入一定要有竞争力。至于薪酬维护频率，建议每年对本地区同等岗位或类似的岗位进行薪酬调查，要有薪酬调查报告，对这些调查报告做好分析，确定本企业相关岗位的工资总额。具体调整哪些薪酬构成部分以及调整幅度多大，需要企业结合自身情况来进行分析。

## 4.3 分类对标，吸引和保留优秀人才

从薪酬激励的角度来看，对不同职位族、不同层级以及不同岗位，企业应该分类对标市场薪酬水平，差异化设计薪酬水平，以保留住企业的核心人才，并形成持续对外部优秀人才的吸引力。

### 4.3.1 为不同职位分类制定不同的薪酬水平

薪酬水平有不同层次的划分，它可以指一定时期内一个国家、地区、部门或企业任职人员的平均薪酬水平，也可以指某一特定职业群体的薪酬水平。比

如，对于不同的职位族，企业应该制定不同的薪酬水平：对于核心职位族，企业应该采取领先型薪酬水平策略；对于其他职位族，企业可以结合自身情况，选择跟随型或滞后型薪酬水平策略。

HB公司是C市一家专业从事金属复合材料生产、研发以及经营的高科技公司，公司规模不大，约有员工200人。虽然HB公司在所在的省有一定的实力，处于行业前列，但是从2017年开始，HB公司的技术类人才离职率居高不下。公司领导层意识到很可能是薪酬体系出了问题，但是公司又缺少专业的人员来解决这个问题。于是，在2019年年底，HB公司聘请了笔者所在公司为其做薪酬体系优化咨询服务。

在前期，通过调研诊断，笔者发现：虽然技术类是HB公司的核心职位族，但是HB公司对该职位族采用滞后型薪酬水平策略，技术类职位的薪酬取值在25～50分位，低于管理类，甚至低于操作类，导致HB公司失去了对技术类人才的吸引力，更别说保留住技术骨干。

为此笔者带领团队制定了薪酬体系优化方案（如表4-4所示）：对于技术类职位，采取领先型薪酬水平策略，薪酬取值在P75～P90；对于管理类中部长级采用适当领先的薪酬水平策略，薪酬取值在P50～P60；对于其他职位族，薪酬水平策略保持跟随型。

表4-4　HB公司不同职位族的薪酬水平策略（优化后）

| 职位分类 | 职位范围 | 现状 | 取值 | 薪酬水平策略 |
|---|---|---|---|---|
| 管理类 | 部长级 | P50 | P50～P60 | 适当领先 |
| | 主管级 | P50 | 不变 | 跟随型 |
| | 专干级 | P50 | 不变 | 跟随型 |
| 技术类 | 技术研发人员 | P25～P50 | P75～P90 | 领先型 |
| 操作类 | 基层操作工 | P50 | 不变 | 跟随型 |
| 营销类 | 销售人员 | … | … | … |

在这次调整后，HB公司的技术类人才离职率有了明显降低，而且还吸引了不少优秀的技术人才加盟，HB公司的实力有了飞速的增长。

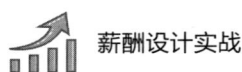

从这个案例中可以看出，哪怕是同一职位族，它们的薪酬水平也会因为职级的不同而不同。按照不同级别对薪酬水平定位时，目前市场上的普遍操作是中级管理层（包括中级管理层）以下的定位在中位值，中级管理层以上（包括中级管理层）的定位在中位值到 75 分位值。

华为在薪酬管理中始终关注员工薪酬的市场竞争力。表 4-5 是华为不同层级员工的薪酬水平在同行业、同级别中的定位。

表 4-5　华为不同层级员工的薪酬水平定位

| 层级 | 低于 25 分位 | 25～50 分位 | 中位 | 50～75 分位 | 高于 75 分位 |
| --- | --- | --- | --- | --- | --- |
| 最高管理层 | 0 | 0.5% | 32.2% | 53.5% | 13.1% |
| 高级管理层 | 0 | 0 | 36.1% | 53.8% | 10.1% |
| 中级管理层/技术专家 | 0.4% | 0.8% | 45.9% | 46.7% | 6.3% |
| 初级经理/高级技术人员 | 0.4% | 4.7% | 55.0% | 36.0% | 3.9% |
| 专业技术人员 | 0 | 8.9% | 63.6% | 25.2% | 2.3% |
| 操作人员 | 1.6% | 13.4% | 60.4% | 20.9% | 3.7% |

不难看出，华为将中级管理层以上（包括中级管理层）的薪酬大多定位在 75 分位值左右，其余级别大多定位在中位值或以上，表明华为的确实现了向员工承诺的"有竞争力"的薪酬水平。

虽然中高级管理层所创造的价值大于基层员工，薪酬水平也高于基层员工，但是如果中高级管理层的薪酬与基层员工相差超过 8～10 倍及以上，那么基层员工与管理层的关系就会逐渐疏远甚至僵化，而基层员工也会情绪低落，致使整个企业变得死气沉沉，失去活力。因此，各企业应该结合自身实际情况，确保中高级管理层与基层保持合理的薪酬差距。

### 4.3.2　基于岗位特点差异化设计薪酬水平

对于不同的岗位，企业应该基于岗位维度的薪酬水平策略，差异化设计薪酬水平。岗位维度的薪酬水平策略是指企业对内部各类岗位间薪酬水平采取的倾斜策略。简言之，岗位特点不同，薪酬水平也应该是不同的。

对于在技术或组织结构上企业高度依赖的、替代性很低的岗位，企业应该采取领先型薪酬水平策略。比如，关键技术/研发部门等。

对于华为来说，技术研发是最为重要的。华为创始人任正非表示：公司要成为智能社会的使能者和推动者，这将是一个持久的、充满挑战的历史过程，也是我们的长期机会。在这一过程中，研发要扛起重任，成为公司走向未来的发动机。研发要坚持客户需求和技术创新双轮驱动，打造强大的"基础平台"，这个基础平台就像东北的黑土地。传输和交换不是平台，但它是平台的基础，华为连接全世界170多个国家和地区、1万多亿美元网络存量的传输交换，把它们转换成平台，让所有的"庄稼"成长，带给客户更好的产品和服务，这是我们的一个理想。

华为在研发岗位上采用领先型薪酬水平策略。一位前华为员工说："华为对技术研发人员确实够意思，像我1995年刚进公司时，它就开出了6 500元的月薪，没过多久，就涨到了12 000元。"

对于人员稳定、替换性较强的岗位，企业可以采用跟随型薪酬水平策略。而对于外部人才选择余地较大、上岗培训时间短且成本低、同行业的薪酬水平没有明显差异的岗位，企业可以采取滞后型薪酬水平策略。比如，富士康对于流水线上的工人长期采用的就是滞后型薪酬水平策略，因为劳动力市场上有大量的人可供选择，而且只需要培训几天，就能上岗。

近几年，随着互联网发展进入下半场产业互联网时代，凭"感觉"、靠"经验"去做决策的风险越来越大。而数据分析能为企业做决策提供科学依据，大大提升企业决策的准确度。于是，数据分析岗位在企业变得越来越重要了，而数据分析师也成为大企业的标配。

国内许多企业，包括华为、BAT（阿里巴巴、腾讯、百度）、字节跳动等都在大力招聘优秀的数据分析师。奈何劳动力市场里数据分析师稀缺，致使数据分析岗招聘难度很大。为了招聘到优秀的数据分析师，各企业都开出了领先市场的薪酬水平。华为开出最低25 000元月薪；对应地，字节跳动为招聘到优秀的HR数据分析师，开出的月薪高达11万元，都是远远高于市场薪酬水平的。据猎聘统计的2019年数据，从事数据分析的岗位薪资，平均高达22 322元/月。

由此可见，企业应基于所处行业岗位的招聘难易度来定位薪酬水平。招聘难度大的岗位，企业应该采用领先型薪酬水平策略。比如，处于高精端行业的企业需要大量的专业能力非常强的人才，而这些人才在劳动力市场上又比较稀缺，因此采用的是领先型薪酬水平策略，向75分位甚至90分位看齐。相反，对于比较容易招聘的岗位，则可以采用中等甚至中等偏下的薪酬水平。

### 4.3.3　员工创造的价值不同，薪酬水平不同

现代管理学之父彼得·德鲁克说："你的工作效率，决定了你的薪资水平。"意思是，员工创造的价值决定了他的薪酬水平。

当员工认为自己的薪酬水平与所创造的价值不相符时，就会降低工作的积极性，进而降低对企业薪酬体系的满意度。笔者在2020年曾经为B公司做过薪酬体系优化服务，针对B公司员工创造的价值和薪酬的匹配性进行了调研，结果如图4-3所示。

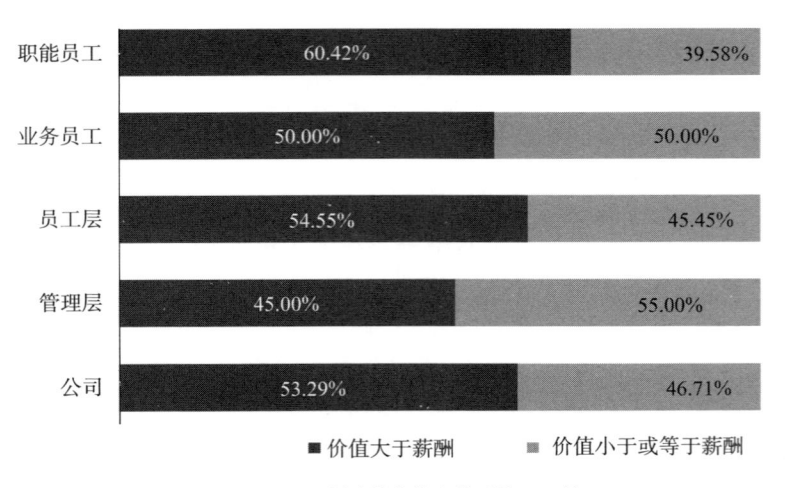

| 类别 | 价值大于薪酬 | 价值小于或等于薪酬 |
|---|---|---|
| 职能员工 | 60.42% | 39.58% |
| 业务员工 | 50.00% | 50.00% |
| 员工层 | 54.55% | 45.45% |
| 管理层 | 45.00% | 55.00% |
| 公司 | 53.29% | 46.71% |

图4-3　员工创造的价值和薪酬的匹配性

从公司整体上来看，53.29%的员工认为自己创造的价值大于他们所获得的薪酬；从员工层和管理层来看，分别有54.55%和45%的员工认为自己创造的价值大于他们所获得的薪酬；同样地，在职能员工和业务员工中，分别有60.42%和50%的员工认为自己创造的价值大于他们所获得的薪酬。

结合以上分析结果，可以得出：B公司薪酬水平在内部公平上存在一定问题。管理层与员工层相比，员工层薪酬的个体公平性存在更大的问题。也就是说，员工认为他们创造的价值是与他们获得的薪酬不相符的，导致B公司出现了"吃大锅饭"现象及员工缺乏工作动力等问题。

员工创造的价值越高，企业应该给予他们的薪酬水平越高，这样才能留住企业的优秀人才。例如，1996年，华为看中一位从事芯片研发的工程师，为了得到他，华为开出40万元的年薪。后来，华为发现他创造的价值超过了预期，便又主动把该工程师的年薪提升到50万元。华为强调，只要适配岗位与公司发展需要，且能持续创造高价值的人才，就会不惜重金聘请。

从经济学的角度来看，薪酬就是员工的边际效益。如果员工的边际效益低，就表明他能创造的价值比较少，薪酬水平比别人低也是正常的。总之，企业应该根据员工创造的价值，设计员工的薪酬水平。

## 4.4 保持薪酬外部竞争力的同时，兼顾内部公平性

当企业构建起外部竞争力和内部公平性兼具的薪酬体系时，不仅能提升企业对优秀人才的吸引力，还能改善员工对薪酬公平性的感知度，激发他们的奋斗动力，持续为企业创造价值，最终实现员工和企业共赢。

### 4.4.1 薪酬外部竞争力与内部公平性的关系

58同城于2019年开展的理想雇主调研结果显示，"公平、公正、平等的管理原则""与工作投入相匹配的薪酬回报"是评判雇主是否是理想雇主最重要的

两个原则。可见，薪酬公平性对激发员工奋斗精神有多么重要。

薪酬的特性主要包括两个方面：外部竞争力和内部公平性。其中，薪酬外部竞争力用来衡量不同企业薪酬支付能力的强弱，直接决定企业在人力资源市场上能够吸引什么样的人才加入，实现薪酬与市场接轨。薪酬外部竞争力具有"相对性"特点，通常采用薪酬调查方法来确定。基于薪酬调查的结果，企业可以合理定位或调整为达成企业的战略目标所应支付的薪酬水平。

薪酬内部公平性（也被称为薪酬内部一致性）是指企业对于员工在企业中体现出的相对价值的认可程度，产生于职务内容本身，具有一定的客观性。从本质上来说，薪酬内部公平性是企业内部不同员工所得的薪酬在相互比较时所具有的公平性，反映企业内部不同职位以及不同员工对企业整体战略目标实现的相对价值。薪酬内部一致性主要通过岗位价值评估来实现。在确定各岗位价值的基础上，企业还要平衡内部各岗位之间的相对关系，以实现内部公平性。

薪酬外部竞争力能够反映岗位在市场上的相对价值，但是企业还需要结合岗位价值评估，才能比较有效地解决薪酬内部公平性问题；而薪酬外部竞争力实现的关键是要为企业的不同岗位确定一个与市场水平相一致的薪酬水平，为此企业需要进行薪酬调查。企业在薪酬调查的基础上结合岗位价值评估结果确定合理的薪酬水平，以获得薪酬外部竞争力，同时，也要确定科学合理的薪酬结构，以实现薪酬的内部公平性。可以说，薪酬的外部竞争力是内部公平性的基础。

当企业建立起公正公平的薪酬体系时，就能避免陷入"干多干少一个样"的困境，最大限度地激发员工的工作主动性和积极性，助力企业健康且可持续地发展。

### 4.4.2　薪酬外部竞争力优先

薪酬内部公平性和外部竞争力哪个更重要？换言之，当薪酬外部竞争力和内部公平性产生矛盾和冲突时，企业应该优先考虑哪方面呢？

经济学家阿瑟·奥肯认为，平等和效率双方都有价值，而且一方对另一方没有优先权，那么在发生冲突时，就应该达成某种妥协。类似地，当薪酬外部竞争力与内部公平性发生矛盾和冲突时，应遵循薪酬外部竞争力优先原则，暂时性地牺牲内部公平性，因为薪酬规划的本质是效率规划。比如，地产行业人才稀缺，为了吸引外部成熟的优秀人才加盟，龙湖地产在薪酬体系上更多强调外部竞争力，甚至可以为此牺牲一些内部公平性。

华为在处理薪酬公平性时，大原则是尽量考虑两方面的平衡。一旦外部竞争力和内部公平性出现矛盾，就会优先考虑外部竞争力。华为保证在经济景气时期和事业发展良好的阶段，员工的人均年收入高于区域行业其他企业的最高水平，即在薪酬水平上采用领先型薪酬水平策略。

在被美国等西方国家打压一年后，2020年华为19.7万名员工的人均年薪依旧达70.6万元，行业排名前列，保持着强大的市场竞争力。依靠着有市场竞争力的薪酬水平，大量顶尖人才聚集华为，为华为谋发展，而且70多万元只是所有员工的平均年薪。

华为能够秉持这样的原则，主要是因为华为做出了各种努力来确保薪酬内部公平性。具体表现为：

（1）在薪资分配上坚定不移地向优秀员工倾斜。每个华为的员工通过努力奋斗，以及在工作中积累的经验和增长的才干，都有机会获得职务或任职资格的晋升。华为同时施行职位公开公平竞争机制，所有管理岗位晋升降职条件都很明确。

（2）建立明确的薪酬机制，定岗定责，定人定酬。

（3）对员工岗位的确定是严格按照岗位说明书进行的，以确保人岗匹配。

（4）工资分配采用基于能力的职能工资制，对岗不对人，支付与员工岗位价值相当的薪酬。

（5）奖金的发放分配与部门和个人的绩效改进挂钩，多劳多得，以此来调动员工工作的积极性和主动性。

影响薪酬公平性的因素不仅包括市场因素、企业因素，还有个人因素，而这些因素很难建立穷尽和量化的评判依据。如果企业在设计或调整薪酬体系时，过度追求薪酬公平性，就比较容易导致平均主义或者极端主义。

因此，当薪酬的内部公平性和外部竞争力发生冲突时，企业应该在确保薪酬外部竞争力的前提下尽量保证薪酬的内部公平性，这样有利于招聘到优秀人才、高绩效的员工。

### 4.4.3　薪酬外部竞争力与内部公平性兼顾

当前有不少企业存在这样一种情况：要么员工缺少工作激情，要么留不住优秀人才。是什么导致这种情况普遍存在呢？主要由于薪酬体系要么缺乏外部竞争力，要么无法实现内部公平性。

在人员流动率平均高达70%的快递行业，顺丰的员工流失率不到30%。为什么顺丰快递小哥的流失率相对较低？关键在于顺丰构建了外部竞争力和内部公平性兼具的薪酬体系。

顺丰员工的薪酬主要由直接薪酬和福利构成。其中，直接薪酬包括工资和奖金；福利则是由经济性福利（如饭补、夜班补助）和非经济性福利（如弹性工作制）构成。

顺丰薪酬外部竞争力主要体现在：在员工工资方面，顺丰在所有快递企业中排名第一，月平均工资达9 259元。薪酬内部公平性主要体现在：一位普通快递员，学历不高，工作门槛也不高，但是只要肯干，月薪也能达到15 000元，也就是给一个高中生发硕士生的工资，干小学生的事。这就是顺丰员工流失率远低于行业平均水平的原因。

当企业建立对内满足员工，对外又有竞争力的薪酬体系时，就能保障员工队伍的稳定性，进而助力企业实现可持续发展。

笔者在为一家生产制造型企业服务时，通过与老板进行沟通，了解到该企业的一线生产工人的待遇在当地已经处于中上水平。2019年，该企业提出"薪酬分配要向一线员工倾斜"的政策，这让员工看到了薪酬提升的空间。

该企业的生产工人几乎都盼着企业把这个空间"补"给他们，让他们再涨点工资。而其他部门的员工也有自己的想法：职能部门的员工觉得自己收入偏低，希望这个空间"补"给他们；技术人员也觉得自己的收入偏低，认为这个空间该"补"给他们。到底该把空间"补"给谁？关键在于薪酬公平性的解决，也就是说，该企业应该从外部竞争力和内部公平性来考虑。

该企业提出"薪酬分配向一线员工倾斜"政策，并不代表生产工人的绝对薪酬水平要高于其他岗位，而应该基于企业战略和业务发展的需要，来确定他们薪酬的相对高低。企业可以根据业务的重要性、市场的稀缺性、未来的发展性等因素来评判他们薪酬的相对水平。在确定岗位价值的基础上，除了应平衡各岗位之间的相对关系，企业还应该参考当地薪酬水平以及行业薪酬水平。

薪酬的外部竞争力不仅决定着薪酬对人才的吸引力，还决定着薪酬的内部公平性。因此，在设计薪酬体系时，不仅应该让员工感觉到薪酬是具备外部竞争力的，还要让他们产生心理上的平衡，以激发他们的工作热情，为企业持续创造价值。简言之，薪酬体系要在保持外部竞争力的同时，兼顾内部公平性。

# 第 5 章
# 薪酬结构

薪酬结构的设计,不是对薪酬进行简单拆分,而是要合理地导向企业的目标或价值观。企业应该根据人员的角色和价值定位,分类分层设计他们的薪酬结构,并且根据企业的发展与外部市场环境的变化,适时优化调整,实现薪酬体系的内部平衡。

## 5.1 差异化薪酬构成，引导员工聚焦到价值创造的关键点上

如果把企业的人工成本比作员工身上带着的钱，那么薪酬构成设计就是在规划把多少钱放在口袋里，把多少钱存在手机银行里。对于不同类型的职位族，企业应该差异化设置薪酬构成，引导员工聚焦到价值创造的关键点上，最大化地发挥自身的价值。

### 5.1.1 明确薪酬总体结构，导向企业经营目标

薪酬作为企业给员工劳动回报的一部分，通常是工资、奖金、福利等多种要素的组合。当企业定位好薪酬水平后，接下来需要做的是明确薪酬总体结构，即薪酬应该包括哪些薪酬构成要素。

1987—1994年，华为处于创业阶段，当时国内通信设备市场几乎被国际电信巨头垄断，市场竞争压力比较大。华为作为一家缺资金、缺技术、缺资源、无背景的民营企业，当时的战略是存活下来。

为了能够在残酷的市场竞争中生存下来，华为不得不想办法招揽大批优秀人才，而公司当时没有足够的资金来支付高额工资，产品知名度又比较低，于是，华为推出了内部员工融资持股计划。当员工拥有了大量股权的时候，为了拿到更多的分红，他们一定会全力以赴地投入研发与生产。此时，华为员工的薪酬主要是工资和股票。

到了高速发展阶段，华为已经成长为国内最具竞争力的通信设备制造商，而且开始进军国际市场，瞄准国际巨头。为了赶超它们，华为对优秀人才的需求更加巨大。除了工资，华为还给予员工股票分红以及年终奖，它们的构成比例大概是1∶1∶1。

其后，因为高速扩张导致管理滞后的问题开始凸显：在2002年，华为维持

多年的高速发展势头被中止，业绩出现了下滑。为了解决这些问题，华为开始了管理变革。在该阶段，华为的战略重点是培养和开发内部人才，提升组织的管理效率，因此华为给员工的薪酬主要包括工资＋奖金＋TUP（时间单位计划）＋虚拟股，但是提出要加大劳动分配（工资和奖金）的占比，减少资本分配的占比，要从原来的2∶1逐步调整为3∶1。

华为有不少老员工持有大量的股票，在退休后依靠持有的股票，就能分配到比较可观的分红，他们成为靠持有股票来生活的"食利阶层"，原来"拉车的人"变成了"坐车的人"，这使得"拉车的"员工分配到的薪酬反而不高，所以华为要逐步把"坐车的人"的分红比例降低。

可见，无论企业如何发展，它的员工薪酬构成原则应该始终坚持导向企业的经营目标与价值观。

薪酬通常由基本工资、福利、津贴、短期激励、中长期激励等构成。不同的薪酬构成要素在整体薪酬中扮演的角色是不一样的，对企业和员工的价值和作用也是不同的。

（1）对于员工来说，基本工资是体现其价值，保障其家庭基本生活，数量固定且定期能拿到的薪酬构成要素。对于企业来说，基本工资不仅是员工队伍稳定的基础，也是员工安全感的保障。

（2）津贴，接近于员工福利，是企业针对员工的特殊情况或者额外的劳动消耗而设立的补充薪酬，是员工薪酬的组成部分。福利是一种企业内所有员工都能享有，强调对员工未来的保障性，体现企业对员工的关心的薪酬构成要素。绝大部分的时候，福利是以非现金的形式发放的。

（3）短期激励一般可以理解为各种奖励和奖金，如绩效奖金、项目奖金、年终奖等，是员工在达到某个目标或业绩水准后所获得的薪酬收入，是企业用来激励员工提高工作效率，持续为企业创造价值的重要手段，同时还体现着企业的价值导向。中长期激励是企业与部分员工或全员分享企业长期收益的一种薪酬形式，是企业为了确保绩效达成，用来留住高绩效和关键人才的重要手段。比如，万科的事业合伙人制。

在确定某类型的薪酬构成要素是否必需时，可以从合规要求、对企业的价值与作用、对员工的价值与作用等维度来考量。

（1）当薪酬构成要素是属于合规要求的，即涉及国家、地区法律法规强制要求的，那么它是薪酬构成中必需的，如五险一金。

（2）当企业设置某一薪酬构成要素后，不仅能达成企业的预期效果，还能对员工产生积极作用，那么它也是薪酬结构中必要的构成要素。

（3）设置的薪酬构成要素仅对企业或员工的一方有积极作用，而对另一方无用，那么企业须结合自身的实际情况，进一步考虑它的有效性。

总之，无论薪酬总体结构中包含哪些构成要素，都应该能够支撑企业经营目标的达成，并且能更好地体现按劳分配原则，全面调动劳动者的积极性，促进企业效益的增加。换言之，企业的薪酬构成原则要导向企业的经营目标。

### 5.1.2　差异化设计不同职类的薪酬构成

部分企业对不同员工多采用的是单一的薪酬总体结构，没有在职类上体现它们对企业的不同价值。这样的薪酬结构虽然能有效降低人力资源管理的风险，但随着企业的专业分工越来越精细，对员工在职类、岗位的工作精细化程度要求也在不断提高，单一的薪酬总体结构对员工的激励作用正在变小。企业应该在基于企业经营目标明确薪酬总体结构后，针对不同职类设计不同的薪酬构成。表5-1是笔者为H公司做薪酬体系优化前H公司的薪酬构成。

表5-1　H公司的薪酬构成分析（优化前）

| 薪资结构 | 福利工资 | | | | 福利费 | | | 绩效资金 | | | | | |
|---|---|---|---|---|---|---|---|---|---|---|---|---|---|
| | 学历工资 | | | 职称 | 工龄 | 过节费 | 餐补 | 通信 | 交通 | 业务员工 | 业务部长 | 职能员工 | 职能主管 | 职能副部长 | 职能部长 |
| 固薪+绩效+福利费 | 固定工资的一部分 | | | 每年10月评审后加，只取最高级 | 每满1年加 | 发券或物资 | 充餐卡 | | 报油票 | 部门总包，按年利润一定比例提取 | 业务部门人均的倍数 | | | | |
| | | | | | | | | | | 月发80%+年发20% | | | | | |
| | | | | | | | | | | 配置月发90%+年发10% | | | | | |
| 1.固定：学历+岗位津贴+职称+工龄 2.浮动：绩效+年终奖 3.年底评奖评优 | 中专1 100元/月 | 大专1 200元/月 | 本科1 300元/月 | 硕士1 400元/月 | 200/300/400元/月 | 20元/年 | 2 100元/月 | 150元/月 | 领导才有 | 总经理2 500元/月 副部2 000元/月 | 部长分配 | 员工的2～2.5倍 | 员工的0.92倍 | 员工的1.3倍 | 员工的1.5倍 | 财务/综合/发展部长2.2倍，其他人2倍 |

分析表 5-1 会发现：①H 公司整体上使用的是同一种薪酬结构，没有体现出不同职类的薪酬构成的差异性；②H 公司对员工的评奖评优只在每年年底进行，表明公司对员工的精神激励不够重视。

于是，笔者根据薪酬结构分析结果，基于不同职类的特点差异化设计了如表 5-2 所示的薪酬构成。在薪酬体系优化过程中，笔者根据岗位的工作内容、工作性质对岗位进行了归类，将 H 公司的岗位划分为销售类、技术类、管理类、辅助类。

表 5-2　H 公司不同职类的薪酬构成（优化后）

| 岗位类别 | 基本工资 ||加班费| 福利 ||||激励||||
|---|---|---|---|---|---|---|---|---|---|---|---|
| | 岗位工资 | 保密工资 | 加班费 | 学历加项 | 职称 | 工龄 | 地域工资 | 绩效奖金 | 阶段性激励 | 计件 | 评奖评优 |
| 销售类 | √ | √ | — | √ | √ | √ | √ | √ | — | — | √ |
| 技术类 | √ | √ | — | √ | √ | √ | √ | √ | √ | — | √ |
| 管理类 | √ | √ | — | √ | √ | √ | √ | √ | √ | — | √ |
| 辅助类 | √ | √ | √ | — | — | √ | — | — | — | √ | √ |

注："√"表示在该类岗位的薪酬中有这部分薪酬"—"表示没有。

在表 5-2 中，基本工资是根据设计的薪级薪档表来确定的；岗位工资按照职级统一标准，其中 11～12 级为最低工资标准（2020 年 H 公司所在区域的最低工资标准为 2000 元/月），13～14 级为最低工资标准的 1.8 倍，15 级为最低工资标准的 2.2 倍；对于保密工资，有保密资质的人员 300 元/月，其他员工统一标准 150 元/月。

在福利中，学历、职称、工龄与薪酬体系优化前的标准保持一致；地域工资另设有 H 公司的"员工外派补助制度"；绩效奖金与员工的业绩表现直接挂钩，详见 H 公司的"绩效管理应用方案"。

不管企业按照什么套路来设计不同职类的薪酬构成，都需要基于自身的利润、发展等实际情况量体裁衣，切不可盲目模仿。这样才能让薪酬充分发挥吸引、保留与激励员工效用，同时确保薪酬的合理性和经济性。

### 5.1.3 针对不同类型的员工，设计不同的薪酬构成

对于不同类型的员工，由于其知识、能力/素质以及经验等各不相同，他们为企业创造的价值也是会存在区别的，为了激发他们的积极性和主动性，企业需要设置不同的薪酬构成。

海底捞的总体薪酬结构包括基本工资、级别工资、工龄工资、奖金、分红、加班工资、其他以及员工基金。

基本工资用来鼓励员工全勤工作。级别工资用来牵引员工提升技能水平，去做更多或更高难度的工作。工龄工资是每月40元，逐年递增，用来鼓励员工持续留在企业工作，以保障队伍的稳定性。奖金直接与员工的绩效表现联系在一起，员工如有出色的绩效表现会被评为先进员工、标兵员工、劳模员工、功勋员工等，进而获得相应的奖金：先进员工和标兵员工获得80元的奖励，劳模员工获得280元的奖励，功勋员工获得500元的奖励，并且这些荣誉会成为员工今后职业发展的重要依据。分红是用来保留和激励核心骨干队伍的，分红金额为当月分店净利润的3.5%。员工基金是在每月工资中扣除20元，扣满一年为止。其他包括父母补贴、话费补贴。其中，父母补贴是为了让员工的父母鼓励自己的子女好好在海底捞工作的，通常由公司帮助员工寄回父母处。父母补贴的标准是每个月200元、400元、600元、800元不等，子女做得越好，父母拿的钱越多。话费补贴是为了鼓励员工与客户多沟通交流的，话费补贴的标准是每月10～500元。

基于员工能力的不同，海底捞将员工划分为新员工、二级员工、一级员工和劳模员工；管理层员工划分为大堂经理、店经理、店长以及区域经理。员工类型不同，薪酬构成也是不同的。

（1）在员工层，新员工的薪酬由基本工资、加班工资、奖金、其他、员工基金构成；除了新员工薪酬的构成部分，二级员工的薪酬构成中还有级别工资和工龄工资；一级员工的薪酬构成是在二级员工的基础上增加了分红；劳模员工的薪酬构成中，除了一级员工的薪酬构成部分，还有荣誉奖金。

（2）在管理层，大堂经理、店经理的薪酬构成是与劳模员工的构成一样的，

不过大堂经理的话费补贴比劳模员工多 450 元 / 月；店长和区域经理的薪酬构成是在店经理的基础上增加了父母补贴。

海底捞通过针对不同类型员工，设计不同的薪酬构成，牵引员工聚焦在价值创造的关键点上，从而在短短二十多年的时间里就成长为餐饮行业的标杆。由此表明，针对不同类型员工，企业应该有针对性地设计他们的薪酬构成。

## 5.2 针对薪酬构成要素，明确关键设计点

由于不同薪酬构成要素有不同的特点、形式以及作用，所以它们的设计依据也应该是有所区别的。企业应针对薪酬构成要素，按照合适的比例进行有机的组合，以提升薪酬体系的适应性与激励性。

### 5.2.1 基于岗位特点设计基本工资，保障员工的基本生活

基本工资是为了保障员工的基本生活需要而设置的，是薪酬结构中必须包含的。企业在设计基本工资时，通常基于员工技能和岗位承担的责任，确定岗位的基本工资等级。基本工资通常在员工薪酬中的占比不会太大，金额也不会太高。

一般来说，基本工资会根据岗位、技能、工龄等的不同而形成层级的差别。常见的基本工资有岗位工资、工龄工资、技能工资等。它们具体是怎么设计的呢？

（1）岗位工资是企业根据岗位而确定的工资。对于岗位工资的设计，企业一般会通过工作分析，将企业所有的工作按照技术要求、责任、劳动强度等因素来评级，据此形成岗位等级，进而基于岗位等级来确定工资。企业通过设计岗位工资，激励员工努力提高自身技能、尽力完成岗位工作要求。

（2）工龄工资是根据员工在企业的工作年限而确定的一种基本工资形式。它通常会被用来嘉奖员工对企业的忠诚度，增强企业的凝聚力。不过，当企业

出现员工队伍稳定性差的问题时，不应该把工龄工资当成"救命稻草"。因为工龄长短不代表该员工为企业创造价值的能力的强弱。

从成本的角度考虑，工龄工资通常有两种设置方法：递减式和平均式。递减式是指随着员工任职年限的增长，工龄工资的增加逐年递减。比如，在员工入职后，第一年的工龄工资为120元/月，第二年每月增加90元，第三年每月增加60元，第四年每月增加30元。平均式是指员工工龄工资的增加呈平均数增长。比如，在员工入职后，第一年的工龄工资为80元/月。工龄每增长一年，工龄工资每月增加20元。

（3）技能工资是基于员工的技能而确定的工资。它需要根据员工本人的学历、能力等因素确定等级。技能工资能够激励员工不断提升自我能力。企业在设计技能工资时，可以规定员工在考取某种职业资格证书、获得某种职称、在某类平台上发表过一定篇幅或数量的论文、获得一定数量或质量的专利等之后，就增加其技能工资。

除此之外，企业还应该考虑当地的最低工资标准、同行业或竞争对手同类岗位的工资情况、岗位最低薪酬水平、岗位无绩效贡献时企业愿意为该岗位付出的最低成本等要素。为了保障员工的基本生活需要，基本工资的下限必须高于当地最低生活标准线。

### 5.2.2 将绩效奖金与绩效结果挂钩，强化激励作用

绩效奖金是员工完成既定的绩效目标之后获得的激励回报。员工的业绩不同，得到的绩效奖金也应该不同，否则就容易逼走绩效优秀的员工。华为、美的等企业强调，绩效奖金要与绩效结果充分结合，以提升绩效水平。

然而，笔者在为L企业做咨询服务时发现：该企业的绩效奖金是由各部门的部长来决定的，与员工的绩效结果几乎没有什么关联，导致企业出现了"大锅饭"现象。为了能有效牵引员工聚焦于价值创造，企业应将员工的绩效奖金与绩效结果挂钩。

在美国NBA联盟中，球员的薪资收入中包含有一部分业绩奖金。该奖金与

球员在球场的表现直接挂钩，即球员表现好坏会直接影响他的最终薪资。

以火箭队前球员卡佩拉为例。2018年，25岁的卡佩拉和火箭队签下了一份为期五年、价值9000万美元的合同。该合同中有8000万美元是保障性的，剩下的1000万美元则与卡佩拉每年在球场的表现好坏直接挂钩：如果卡佩拉能够帮助火箭队打进西部决赛，那么就可以获得100万美元奖金；他的年度防守篮板球率达到30%，再获得50万美元奖金；他的年度个人罚球命中率达到65%以上，再获得50万美元奖金。

如果卡佩拉在球场表现没达到这些奖金的触发条件，那么他的薪资就会每年减少200万美元。除了薪资减少，卡佩拉的球场表现如果达不到球队要求，那么他很有可能被球队弃用或者交易到其他球队，甚至被球队提前裁掉。

企业中的绩效通常分为企业绩效、部门绩效、个人绩效三个层面，它们都会对员工的个人薪酬产生影响。如何实现将企业层面、部门层面以及个人层面的绩效结果与员工个人绩效奖金挂钩呢？具体做法如下。

假设绩效考核周期为1次/季度。员工绩效奖金先和企业层面的绩效挂钩，此时绩效奖金先根据企业绩效考核结果进行第一次分配，计算公式为：

企业季度可分配绩效奖金总额 =（企业季度实际利润 − 企业季度平均计划利润）× 年度预留调剂奖金比例 × 可分配比例

其中，年度预留调剂奖金比例是当企业在其他季度低于计划利润时用来调剂的；可分配比例可以是一个固定数，也可以根据利润增长比例设定一个可变比例，由企业规模大小来决定。

根据该公式可知，当企业季度实际利润大于季度平均计划利润时，企业才有可分配的绩效奖金总额。

在确定企业绩效奖金总额后，企业的绩效奖金总额需要根据各部门的绩效考核结果，在各部门间进行二次分配。计算公式为：

某部门季度可分配绩效奖金总额 =（该部门加权价值系数 × 该部门季度考核系数）× 企业季度可分配绩效奖金总额 / [∑（部门价值系数 × 部门季度绩效考核系数）] + 该部门季度奖罚金额

最后，根据员工绩效考核结果，将各部门季度可分配绩效奖金总额在部门成员间再次进行分配。计算公式为：

某员工季度实得绩效奖金＝（该岗位价值系数 × 该岗位员工季度绩效考核系数）× 部门季度可分配绩效奖金总额 /［∑（员工岗位价值系数 × 该岗位员工人数 × 员工季度考核系数）］+ 该员工季度奖罚金额

其中，部门价值系数＝∑（该部门员工岗位价值系数 × 该岗位员工人数），而岗位价值系数可以通过岗位价值评估产生。如未做岗位价值评估，企业可采用"岗位价值系数＝员工工资 ÷ 人均工资"来代替。

将绩效结果与绩效奖金紧密挂钩，不仅可以让"拉车的人比坐车的人赚得多"，还能驱动绩差与绩效一般的员工向绩优员工靠拢，进而推动企业整体绩效水平的提高。

### 5.2.3 从员工需求角度设计福利，增强员工的归属感

员工福利作为薪酬体系的一个有益的补充，在增强员工凝聚力、提升员工归属感上发挥着巨大的作用。近年来，不少企业在员工福利上的开支虽然是连年增长的，但是员工对企业福利的满意度却没有明显的提升。导致这种情况的产生主要原因在于它们是基于传统的福利制度来设计的，即员工能得到什么福利，都是企业明文规定的，而不是基于员工的多样化、个性化需求来设计的。简单来说，企业与员工在福利设计上存在结构性差异，使得福利比较难达到预期的效果。

海底捞的董事长张勇说："要想让员工对待顾客像家人一样好，你就必须对待员工像家人一样好。"也就是说，企业要想让员工保持对企业的高忠诚度和高归属感，就需要对他们的心理和需求进行研究，真切地明白他们最需要的是什么。在设计福利时，企业应在遵循公平原则的前提下，注重提供满足不同员工的福利需求，以有利于增强企业凝聚力、促进团队合作以及员工发展的福利。

阿里巴巴集团作为中国目前最大的电商集团，为了保持员工持续的生产能

力和个人成长潜力，与员工建立良好的关系，在福利待遇方面是一直不遗余力的。

阿里巴巴集团根据员工的现实情况，设计了丰富多样的福利。如"iHome"置业贷款和子女教育补贴。

物价飞涨，房价居高不下，子女就学困难，已成为一个社会性难题。为了帮助有需要的阿里人缓解购房压力，解决生活困难，阿里巴巴推出了30亿元的"iHome"置业贷款计划，资助员工解决置业问题。在阿里巴巴集团服务期限满两年且符合相应条件的大陆正式员工，如需要购置工作地首套住房（以家庭为单位），可向公司申请置业贷款。服务期在两年以上（含）三年以下的员工，贷款额度上限为20万元；服务期为三年以上（含）的员工，贷款额度上限为30万元。

同时，阿里巴巴投入5亿元成立教育基金，改善教育环境的硬件设施、与相关教育机构共同办学以及和杭州已有学校进行合作，以帮助普通员工解决子女的学前和小学教育的问题，消除员工的后顾之忧。

阿里巴巴集团首席人力官彭蕾表示，阿里巴巴最重要的财富是客户和员工。在不断地为客户创造价值的同时，很多员工开始承担更多的家庭和社会的压力和责任。坚持"快乐工作，认真生活"的原则，集团希望帮助员工和家人享受到公司成长带来的更好生活。

除此之外，福利的设置还需要保持灵活性，即根据不同类型、不同管理层的需求来设计福利项目。

华为的福利由法定福利、普惠福利、特殊福利三部分组成。法定福利是国家和地方政府法律法规规定提供给员工的基本保障性福利，普惠福利是公司提供给全体员工的保障性利益和服务，特殊福利是公司基于职位、职级或绩效而提供的有所差异的福利，是对部分员工提供的额外福利。

根据华为发布的2020年可持续发展报告，华为在2020年的全球员工保障福利投入达到了118.9亿元人民币。按华为约19.7万名员工计算，平均每人也就是6万多元的保障福利费用，与华为员工年均70万元的收入相差不少。这一数据从侧面反映了华为在有意弱化福利的保障功能。难怪在华为的心声社区，有华为员工调侃："外人问起华为有什么福利？"回答："全在工资奖金里。"虽是调侃，但也道出了华为福利的真谛：福利要靠员工的工作表现来挣。

基于员工需求，构建与业绩挂钩的福利制度，不仅能激励员工持续保持奋斗精神，为企业创造出更多的价值，切实提升员工的幸福感，还可以防止高福利对企业的威胁。毕竟，福利的作用更多是一种保障功能，体现的是企业对于员工的关怀，而非对员工的奖励和激励。如果员工得到了太多福利，容易滋生太平意识，进而使企业逐步走向衰亡。

## 5.3 合理搭配固定和浮动薪酬，确保"劳有所得，绩有所得"

华为高级咨询顾问彭剑锋说："薪酬激励既要关注员工的获得感，也要关注企业的人工成本可控性。要做好固定薪酬和浮动薪酬的搭配，确保'劳有所得，绩有所得'。"企业应该基于员工层级与岗位特点来设定薪酬固浮比，使薪酬结构兼具合理性与激励性。

### 5.3.1 分级设定薪酬固浮比，保障薪酬的激励性

有部分企业为了使薪酬管理简单且易操作，对不同层级的员工以"一刀切"方式统一薪酬固浮比，导致基层员工抱怨增多、中层员工不满情绪愈演愈烈。一个是奉命执行，一个是上传下达，一旦他们都不太满意自己的薪酬，那么企业的工作将难以顺利开展。

作为薪酬中的固定部分，固定薪酬承担着适应外部劳动力市场的功能，具有保障作用；浮动薪酬主要根据员工的工作业绩确定，具有激励作用。企业应该根据员工级别对薪酬固浮比进行差异化设定。

在设定薪酬固浮比时，通常应遵循如下原则。

## 1. 越高层级员工的浮动薪酬占比越高

较高层级员工的浮动薪酬占比要高于较低层级员工的浮动薪酬占比，即高层浮动薪酬占比要高于中层，中层浮动薪酬占比要高于基层。

（1）基层员工作为企业持续发展的基础，主要职责在于执行，即在管理者的要求或指导下完成自己的工作，对企业整体业绩结果的影响比较小，所以员工只要完成自己的工作内容，就应该获得大部分的薪酬；再者，如果基层员工的固定薪酬比较低，那么企业在人才招聘上肯定会处于劣势。因此，对于基层员工，固定薪酬占比应该较高。

（2）作为连接高层和基层的桥梁，中层在向下级传达高层政策的同时，需要兼顾工作职责、当下的目标和长远的利益。因此，对于他们，固定薪酬和浮动薪酬应该均衡分配或者相差不大。

（3）相比较而言，高层的主要职责是领导企业的整体运作和制定企业的长期发展规划。他们的经营决策对企业的发展会产生重大影响并需要对经营管理结果负责，即他们与企业整体业绩结果关联度大；再者，如果高层的固定薪酬偏高，那么企业很可能出现"躺赢"阶层，不利于企业的发展。因此，对于高层员工，他们的薪酬应该以激励为主，浮动薪酬占比高于中基层员工。

职位层级越高，对固定薪酬的敏感度会越低，浮动薪酬所占比例也应越大。一般来说，基层的浮动薪酬占比为10%～20%，与企业整体绩效结果关联度最小，浮动薪酬比例最小，一般不高于30%；中层的浮动薪酬占比在20%～30%，一般不高于40%；高层的浮动薪酬占比为40%～50%，根据其负责的业务确定。

## 2. 越靠近客户的岗位浮动薪酬占比越高

对于一些业务人员，他们的薪酬构成中浮动薪酬所占比例比较大，如销售类岗位。

从图5-1中可以看出，在美的，级别越高的管理者，浮动薪酬占比越高：从基层的10%，一直到总经理的90%。这样设置薪酬固浮比，美的获得以下好处：

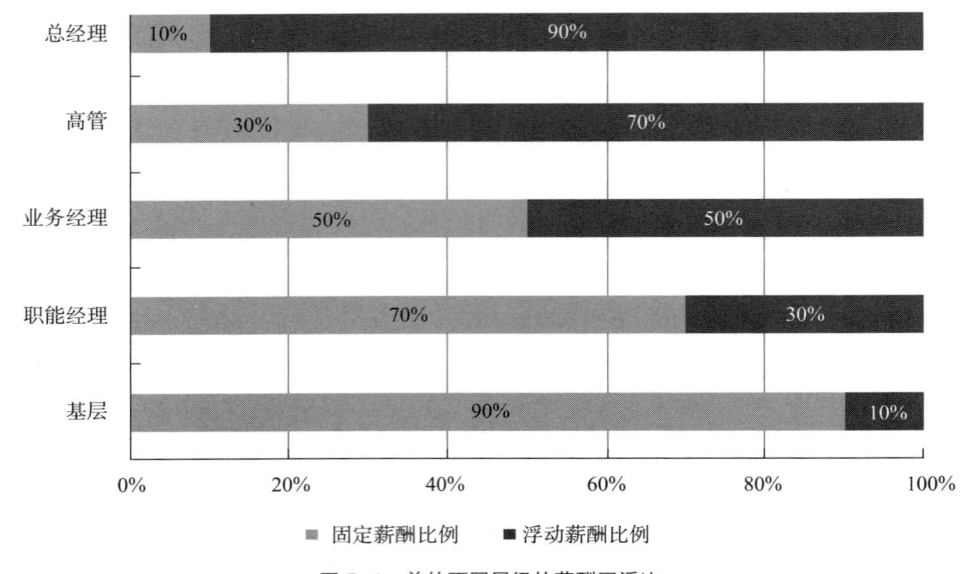

| 层级 | 固定薪酬比例 | 浮动薪酬比例 |
|---|---|---|
| 总经理 | 10% | 90% |
| 高管 | 30% | 70% |
| 业务经理 | 50% | 50% |
| 职能经理 | 70% | 30% |
| 基层 | 90% | 10% |

图5-1 美的不同层级的薪酬固浮比

（1）让有能力的员工在薪酬上看不到天花板，让他们有奋斗的较大空间。

（2）浮动薪酬是以事后利润来支付的，这在一定程度上降低了企业的经营风险。比如，美的给一个经理的年薪是500万元，但是美的给他的固定年薪只有50万元，其余的450万元是需要该经理在考核期结束后，用他的业绩来兑现的。

可见，对不同层级的薪酬固浮比进行调节，能确保薪酬对员工的激励作用。分级设定薪酬固浮比，在保障员工基本生活的基础上，将尽可能鼓励员工多劳多得。

## 5.3.2 基于岗位特点，设定适用的薪酬固浮比

职级不同，职级的薪酬固浮比是不同的。相应地，岗位不同，岗位的薪酬固浮比也是不同的。具体是选用高弹性模式、稳定模式还是调和模式，需要根据岗位的特点来确定。

企业通常从两个维度来分析岗位特点：①岗位绩效对组织绩效的影响程度。岗位绩效对组织绩效影响较大，该岗位应该采用高弹性模式的薪酬构成策略，也就是浮动薪酬占比较高；②岗位弹性。岗位弹性是指任职者的能力、能动性等对岗位绩效的影响程度。岗位弹性较小，该岗位采用的薪酬构成策略应是稳定模式，也就是固定薪酬占比应该较高。基于此，企业可以建立一个二维矩阵来对岗位特点进行分析，如图 5-2 所示。

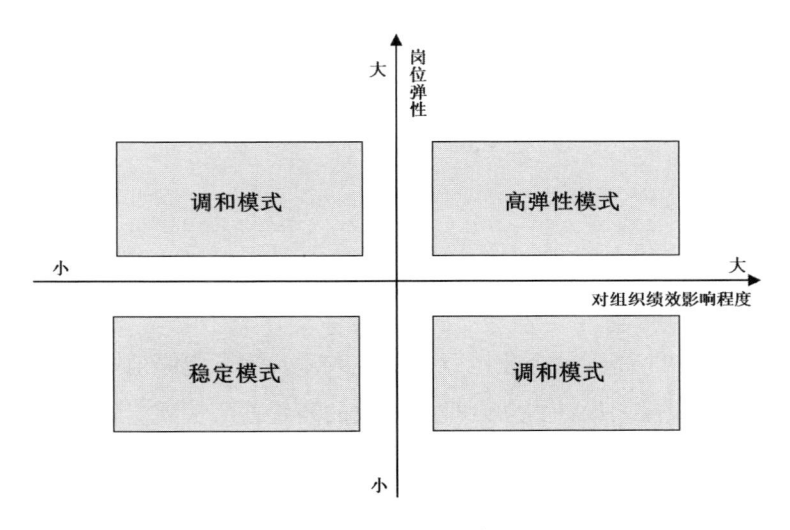

图 5-2 薪酬固浮比选择矩阵

分析图 5-2，可以得到：

（1）当岗位绩效对组织绩效影响程度大，同时岗位弹性也比较大时，该类岗位应该放入第一象限，采用高弹性模式，如营销类岗位。阿里巴巴对销售员工采用的就是高弹性模式，薪酬固浮比为 15∶85。

（2）当岗位绩效对组织绩效的影响程度大，同时岗位弹性小时，该类岗位应该放入第二象限，采用调和模式，如技术研发岗位。

（3）当岗位绩效对组织绩效影响程度小，同时岗位弹性也小时，该类岗位应该放入第三象限，采用稳定模式，如职能部门的岗位。

（4）当岗位绩效对组织绩效影响程度小，同时岗位弹性大时，该类岗位应该放入第四象限，采用调和模式，如质检岗位。

需要提出的是，企业在运用薪酬固浮比选择矩阵来设定不同岗位的薪酬固浮比时，还应该考量岗位投入产出的可量化程度、岗位薪酬水平等因素。比如，阿里巴巴对程序员采用的是调和模式，薪酬固浮比为69∶31。按理说，程序员所在岗位的弹性比较大，对组织绩效的影响也比较大，该类岗位应该放入第一象限，采用高弹性模式。但是由于该类岗位的投入产出很难量化，因此阿里巴巴对该类岗位没有采用高弹性模式。如果岗位薪酬水平已经很高，企业则应该增加该类岗位的浮动薪酬。

综上所述，企业应该在考量员工层级的基础上，结合岗位的特点，差异化设定薪酬固浮比，以提升薪酬的激励作用，同时确保企业始终保持强大的核心竞争力。

### 5.3.3　设计内部二次竞争机制，牵引价值创造

在现代企业中，高管是企业运营的核心人才。为了更好地吸引、保留和激励企业高管，企业需要设计科学合理且有效的高管薪酬模式。除了调整优化高管的薪酬固浮比，还有什么方法能够进一步牵引高管聚焦价值创造呢？

笔者2017年为A公司做咨询服务时，公司的经营班子成员向笔者反映了这样一个问题：公司有职能部门五个、业务部门三个。经营班子有三个成员，甲负责两个业务部门和一个职能部门，乙负责三个职能部门，丙负责两个职能部门和一个业务部门。尽管各部门每年的营收、利润以及管理难度是不一样的，但经营班子成员拿到的薪酬却没有差别，这使得他们"挑肥拣瘦"，把精力花在平衡各方关系上，工作积极性也逐渐被消磨掉了。于是笔者有针对性地对A公司经营班子的薪酬结构进行了优化，具体为：

首先，将经营班子薪酬的固浮比定为5∶5，即固定薪酬占薪酬总额的50%，浮动薪酬占薪酬总额的50%。其中，个人浮动薪酬＝个人绩效奖金＝（个人考核得分／所有被考核人的考核得分之和）×绩效奖金包，绩效奖金包为所有被考核人薪酬总额70%的累加值。

其次，在调整薪酬固浮比的同时，从经营班子的岗位固定薪酬总包中划出

70%作为分包（如表5-3所示），按照经营班子成员所负责的部门系数计算部门系数比后进行加权分配，其中部门系数以部门部长的岗位系数为基准，岗位系数是在岗位价值评估后转化得到的。把固定薪酬总包的30%作为调整包，用于对经营班子的固定薪酬进行动态调整。

表5-3　A公司经营班子固定薪酬的二次分配

| 部门 | 部门系数 | 部门系数比 | 固定薪酬分包分配 | 固定薪酬调整包分配 |
|---|---|---|---|---|
| 职能部门5 | 4.79 | 1.65 | | |
| 职能部门4 | 4.10 | 1.41 | | |
| 职能部门3 | 3.80 | 1.31 | | |
| 业务部门3 | 3.72 | 1.28 | | |
| 业务部门1 | 3.70 | 1.28 | | |
| 业务部门2 | 3.69 | 1.27 | | |
| 业务部门4 | 3.68 | 1.27 | | |
| 职能部门1 | 3.60 | 1.24 | | |
| 职能部门2 | 2.90 | 1.00 | | |
| 总计 | | | | |

注：部门系数比是以职能部门2的部门系数为基准，转化后得到的。比如，职能部门5的部门系数比=4.79/2.90=1.65。

假设经营班子成员的固定薪酬为21万元/年，甲、乙及丙所负责的部门中部门价值最高的分别是职能部门5、职能部门4、职能部门3，那么根据表5-3，计算所得的甲、乙及丙的年固定薪酬如表5-4所示。

表5-4　A公司经营班子年固定薪酬（示例）

| 姓名 | 负责的部门 | | | 年固定薪酬（万元） | 占固定薪酬总包的比例 |
|---|---|---|---|---|---|
| 甲 | 职能部门5 | 业务部门3 | 业务部门2 | 23.22 | 36.86% |
| 乙 | 职能部门4 | 业务部门1 | 职能部门1 | 20.73 | 32.90% |
| 丙 | 职能部门3 | 职能部门2 | 业务部门4 | 19.05 | 30.24% |
| 总计 | | | | 63.00 | 100% |

注：以负责人甲为例。甲负责的部门是职能部门5、业务部门3以及业务部门2，那么他的年固定薪酬21×3×70%×［1.65÷（1.65+1.41+1.31）］+21×3×30%×［1.28÷（1.28+1.28+1.27+1.27+1.24+1.00）］+21×3×30%×［1.27/（1.28+1.28+1.27+1.27+1.24+1.00）］≈16.65+3.30+3.27=23.22（万元）。

薪酬结构调整后，A 公司经营班子成员的工作积极性有了显著提高，而且帮助公司在 2018 年实现营收同比增长 10%。

设计内部二次竞争机制，能显著提升高管的工作主动性和积极性，牵引他们持续为企业创造价值，助推企业实现健康且可持续发展。需要注意的是，该方法通常只适用于企业的中高层管理者。

## 5.4　适时优化薪酬结构，激活组织

薪酬结构不论是简单的还是复杂的，与企业发展实际相匹配，能提升员工工作积极性，就是最恰当的。企业应该围绕经营管理导向，适时调整优化薪酬结构，以积极适应内外部环境的变化，保持薪酬的内部公平性，进而激活组织，为企业发展注入源源不断的动力。

### 5.4.1　围绕经营管理导向，优化薪酬构成要素

合理的薪酬结构不仅能有效降低员工流失率、提高员工积极性，还可以降低企业的经营成本。为了持续发挥薪酬的激励和引导作用，企业应该根据市场环境变化、企业发展情况等因素，适时调整薪酬结构。企业优化薪酬结构的方式主要有横向调整和纵向调整。其中，横向调整包括改变薪酬构成要素和调整薪酬构成要素的比例；纵向调整主要改变薪酬等级。那么企业在实践中该如何决策呢？

20 世纪 70 年代至 80 年代后期，IBM 凭借其大型计算机产品的优良性能，在计算机行业独领风骚，领导产业潮流，几乎成为"计算机"的代名词。自 1982 年开始，IBM 连续四年排名《财富》500 强企业的榜首。

随着 IBM 的快速发展，公司的各项管理制度也渐趋成熟，其中就包括其完善的薪酬体系，具体表现为加薪、奖金分配都是遵从严格的定量标准的。

到了20世纪90年代初，个人计算机（PC）成为世界的潮流。IBM 从 1991 年开始，连续三年累计亏损达 160 亿美元。在公司内部，IBM 的薪酬体系已经变得越来越官僚化，整个薪酬体系总共包含有 5 000 多种职位和 24 个薪资等级。

不仅如此，IBM 员工的薪酬大部分来源于基本工资，只有很少的部分是和利润与绩效挂钩的。此外，福利在员工的薪酬总额中占比很高，具体表现为 IBM 会为员工提供各种形式的福利待遇，如补充养老金、补充医疗保险、乡村俱乐部会员资格等。

为了扭转危局，IBM 不得不开始了自己的转型之路。郭士纳于 1993 年加入 IBM 后，结合公司的战略规划，开启了薪酬体系优化进程。主要采取了以下措施：

（1）推行绩效工资制。将员工的薪酬和他的岗位职责、工作表现以及业绩直接挂钩，以提升员工的工作主动性和积极性。

（2）对股权激励加以改变：①扩大公司股权的授予范围。将股权授予范围从高层管理人员大规模地扩展到了一批优秀员工，以留住公司的优秀人员。1992 年，IBM 有 1 294 名员工获得公司股权，到了 2001 年有 72 494 名员工被授予了公司股票期权。②对高层经理实施建立在股票基础上的薪酬激励制度，股权激励成为高级经理薪酬中占比最大的部分。

（3）缩减福利项目，以调整固定成本，使公司的成本结构与公司收入相一致。

优化薪酬体系后，IBM 在各方面有了显著的改善，具体表现为：①员工的绩效有了显著改善。尽管从 1992 年到 1996 年，IBM 的绩效工资支出增加了 6%，但是公司的盈利增加了 9.5%，实现了员工个人收入和公司盈利同步提升。② 1996 年，IBM 实现营收 800 亿美元，相比 1992 年增长了 25%。公司负担的差旅费和生活费在薪酬优化后的第一年减少了 20%。③ IBM 公司的人才流失率从 25% 下降到 11.2%。④ IBM 在固定成本上的支出在薪酬体系优化后的第一年，减少了 20%；⑤员工和股东对公司的满意度实现双提升，分别上升了 4%、9.7%。

随着公司战略目标的变化，IBM 在薪酬总体结构中缩减了福利项目、增加了绩效工资、扩大了股权激励的范围等，员工对公司的满意度和归属感有了显著提升，为公司实现可持续发展提供了足够的人才保障。由此表明，企业应该围绕企业的经营目标，优化薪酬构成要素，以确保薪酬结构能始终支撑企业经营目标的达成。

### 5.4.2　加大浮动薪酬比例，拉大差距

除了薪酬构成要素的优化，企业还可以适时调整薪酬固浮比，让更多的浮动薪酬和业绩实现联动。缩小员工固定薪酬所占的比例，加大浮动薪酬所占的比例，这样就可以让那些真正为企业创造了价值的人获得更大的薪酬收入，进而拉大员工之间的收入差距，激发奋斗者的奋斗精神，为企业做出更大的贡献。

随着地产行业从黄金时代步入白银时代，房地产行业的管理由粗放型向精细化转变，再加上为了满足企业"战略—机制—文化—组织—人"五位一体变革的需要，房企龙头万科于 2018 年 9 月开启了新一轮的薪酬体系优化与调整：将员工的月薪拆解为"基本工资 + 岗位责任工资"，同时增加岗位责任工资在月薪中的比例。

基本工资与员工的工作经验和专业能力相关，可以理解成为一个人的过往经验和能力付薪，这个部分通常只升不降。并且，同等量级的人，基本工资会拉平，代表着其在经验和能力上的价值是平等的。

岗位责任工资根据员工所承担的责任大小、任务多少、风险高低来确定，每年至少评定一次，能上能下。可以理解为，经验与能力相似的人，其基本工资差不多，但由于实际承担的责任和任务量不同，岗位责任工资是不同的，最终他们拿到的薪酬可能完全不一样。

在该薪酬体系下，职位低的人，也可能因为承担的任务多、贡献大，而得到比高职位者更多的薪酬。例如，一个毕业二年的管培生，基本工资不高，却很快承担了大量工作任务，那么他可以拿到更高的岗位责任工资，月收入可能比有五年工作经验，但工作量少的其他员工更多。

万科通过增加浮动薪酬比例，将薪酬体系调整为更加注重绩效的薪酬体

系，极大地激发了员工的工作动力，使得公司能始终保持强大的核心竞争力。

华为创始人任正非说："对于一个企业而言，想要长远地发展下去，企业的员工不能太过于安逸，这样企业的氛围会非常懒散，从而失去危机意识，在发展这么快速的时代，没有狼性般的竞争力容易被社会淘汰。"企业应该结合自己的战略规划，适当加大浮动薪酬比例，在将企业的经营压力传递下去的同时，还能显著提升员工的薪酬，最终实现员工和企业的双赢。

### 5.4.3 改变薪酬等级，增加薪酬管理的灵活性

改变薪酬等级的内容主要有增加薪酬等级和减少薪酬等级。其中，增加薪酬等级的主要目的是真实体现每个岗位的相对价值，将岗位之间的差别细化。该调整通常适用于规模较大、岗位等级层级较多的企业，如万科。

自2012年以来，万科从传统的房地产开发商向城市配套服务商转型，布局多元化业务，在原有的房地产开发业务之外，开始向租赁住宅、商业开发和运营、养老、物流仓储服务、冰雪度假、文化以及医疗健康等多个领域拓展。

随着万科业务种类的增加，人员构成、用工形式也更为复杂，过去使用的地产体系28级工资已经不够用了，无法有效覆盖各类员工。为了适应新业务框架，万科将原来的28级扩展为50级。其中，40～45级是城市总级别，45级以上是集团领导级别。这样一来，无论是保洁、保安，还是教师、校长，或者是滑雪教练、仓储管理者，都能在万科新的薪酬体系中找到自己的位置。

万科集团董事会主席郁亮表示："一切调整都是为战略服务的。"可见，万科增加薪酬等级是为了支撑公司的经营战略的实现，保持自身的竞争优势，以赢得市场竞争。

减少薪酬等级是将薪酬等级结构"矮化"，通过压缩或合并等方式，将薪酬等级数由原来的十几个，减少至三到五个，使每一个薪酬等级的幅度得以扩大。

减少薪酬等级的优点主要有：一方面，进一步增加企业在员工薪酬管理上的灵活性；另一方面，增强员工的创造性，促进员工全面发展，抑制员工仅

为获取高一等级的薪酬而工作的倾向。目前，在扁平化组织内流行减少薪酬等级，扩大每个薪级的幅度。比如，IBM 在 1993 年薪酬变革中，将薪酬等级数由 24 个缩减为 10 个幅度更大的薪酬等级，不仅提升了薪酬体系的灵活性，还能让员工看到只要不断提升能力水平，就能有更好的薪酬待遇，而不一定需要提升自己的"等级"，进而激发组织与员工的活力。

  总体而言，企业无论是增加薪酬等级还是减少薪酬等级，都应该综合考虑企业的战略目标、岗位数量和岗位之间的价值差距等各方面因素，以保障薪酬的内部公平性，增强员工对企业的归属感。

# 第6章
# 岗位定薪

亚当斯的公平理论认为："人们存在一种在自己感知到的贡献和得到的报酬之间保持平衡的动机。"也就是说，薪酬水平应与贡献相匹配。薪酬过高会使员工产生"愧疚感"，而过低则影响员工的工作效率。企业应该在岗位分析的基础上，运用统一的岗位价值评估方法，确定岗位的相对价值，进而实现对岗位合理定薪，达到人岗匹配的目的。

## 6.1 岗位分析是设计公平合理的薪酬体系的前提

开展岗位分析，能明确岗位的基本职责、任职资格等关键付薪要素，进而确保在岗位价值评估的过程中反映岗位的真实价值。而做好岗位价值评估工作，能为设计合理的薪酬体系打下良好的基础。因此，可以说，岗位分析是设计公平合理的薪酬体系的前提。

### 6.1.1 岗位分析是岗位价值评估的基础

岗位分析（又称为职务分析、工作分析），是指从企业的战略目标、组织结构以及业务流程出发，通过一系列技术手段，全面分析与了解某一岗位的工作职责、工作权限、工作关系以及任职资格等相关信息，并运用统一且规范的格式将这些职位信息描述出来的过程。简单来说，岗位分析是对岗位相关信息的收集、加工和处理的过程，解决的是"某一岗位应该干什么"和"该用什么样的人来干最合适"这两个核心问题。

岗位分析的主要作用有：

（1）为制定人力资源发展规划提供依据。基于岗位分析，能明确岗位设置的目的，确定企业所需人才的数量和质量，为制定人力资源发展规划提供科学依据。

（2）夯实组织结构和设计的基础。基于岗位分析，可以详细描述各岗位的特点和要求，消除各岗位在职责上的重叠，避免出现推诿扯皮等问题，提高个人和部门的工作效率。

（3）有利于企业对人员的甄选录用及晋升进行管理。基于岗位分析，能够明确各岗位的任职条件，为人员招聘或晋升提供合理的依据。

（4）有利于做好员工的培训和职业生涯规划管理。基于岗位分析，HR部门可以设计和制订员工培训和发展计划，让每个员工关注绩效标准和职业发展要求，努力满足工作描述中规定的知识和技能要求，充分调动员工的积极性，不断增加人力资本的价值。

（5）有利于开展合理的绩效评价。岗位分析的结果为员工工作绩效的评价提供了客观的标准，有利于合理、公正地评价员工的工作绩效，达到科学评价员工工作绩效的目的。

（6）有利于有效的薪酬管理。岗位分析是岗位评价和薪酬管理的基础，也是建立先进合理的薪酬体系的依据。

（7）有利于有效地激励员工。每一层次所有岗位都通过岗位分析明确职责，配置相应的人员，赋予相应的权利，并制定相应的薪酬分配制度及晋升制度等，可以为每位员工明确发展方向，激励他们努力工作以实现自己的目标。

岗位价值评估也称为职位价值评估，是指企业依据合理的、统一的规则与标准，通过对比影响岗位付薪的关键因素，比如岗位职责、岗位任职要求、岗位贡献等，对选取的岗位进行评价，确定其在企业中的相对价值。简单来说，岗位价值评估就是基于岗位对企业发展的"相对重要性"，来确定各岗位在企业中所处的地位。

岗位价值评估的原则为：

（1）岗位价值评估对岗不对人。也就是说，它针对的是岗位而不是该岗位的任职者，是根据岗位在企业中的位置和它所承担的职责来确定的，而且企业可以对空缺岗位进行岗位价值评估。

（2）岗位价值评估要使用相同的评估工具，采用相同的标准。也就是说，对于同一个企业，对所有岗位的价值评估要采取同一个标准。

（3）岗位价值评估是一种相对评估，而不是绝对评估。比如，A公司用岗位价值评估的方法，衡量出人力资源专员岗位的价值分数是480分，财务专员岗位的价值分数是420分。这说明，在A公司，人力资源专员岗位比财务专员岗位更有价值，而这一结果在其他公司很有可能就不一样。

（4）岗位价值评估是层次分明的。岗位价值评估是基于企业的组织结构进行的，最终区分出来的是岗位的相对价值，是按照从上到下、从高到低的层级排序的。在实际操作时，评估者必须对所有岗位进行排序，体现出岗位之间的差异。

岗位价值评估是基于岗位所承载的责任与职能来对岗位进行评估的，而岗位的职责与职能是通过岗位说明书来呈现的，岗位说明书又是岗位分析的最终成果。可见，岗位分析是岗位价值评估的基础，如果没有做好岗位分析，那么岗位价值评估就是无源之水、无本之木。

### 6.1.2 选择岗位分析方法，收集并分析信息

尽管不少企业已经意识到，岗位分析是企业人力资源管理的基础活动，但是由于对其缺乏足够的认识，导致企业在开展岗位分析工作时，出现岗位信息收集不全面、岗位分析方法选择不当、岗位说明书不规范等问题，进而使得岗位分析工作得不到落地，更别说对岗位分析结果加以应用了。为此企业应该改善各级对岗位工作分析的认知。

岗位分析作为一项复杂的系统工程，需要统筹规划、分阶段实施。首先，应该确定岗位分析需要收集的信息。岗位分析中所收集的信息是否全面，决定着岗位分析整体质量的高低。岗位分析需要收集的信息主要有：

（1）岗位基本信息。岗位基本信息主要包括岗位名称、所在部门名称、直属上级、直接下级以及岗位定员等信息。

（2）岗位工作内容及工作关系，主要指岗位的工作范围和主要内容，岗位的具体职责以及与部门内其他岗位之间的关系等信息。

（3）岗位工作环境。主要指岗位工作的地点与环境等信息。

（4）岗位任职资格。主要指岗位任职者的年龄、性别、学历、知识、经验、能力以及职业素养等方面的信息。

岗位的信息收集完后，可以表 6-1 的形式呈现。

表 6-1　岗位信息

| 序号 | 内容 | 说明 ||
|---|---|---|---|
| 1 | 岗位基本信息 | 岗位名称 | |
| | | 所属部门 | |
| | | 岗位定员 | |
| | | 直接上级 | |
| | | 直接下级 | |

续表

| 序号 | 内容 | 说明 |||
|---|---|---|---|---|
| 2 | 岗位工作内容 | | | |
| 3 | 岗位工作关系 | | | |
| 4 | 岗位工作环境 | 工作地点 | | |
| | | 工作环境 | | |
| 5 | 岗位任职资格 | 年龄 | | |
| | | 性别 | | |
| | | 学历 | | |
| | | 知识要求 | | |
| | | 经验要求 | | |
| | | 能力要求 | | |
| | | 其他要求 | | |
| | | … | | |

其次，企业需要确定岗位分析的方法。常见岗位分析的方法有观察法、问卷调查法、访谈法、关键事件法、工作日志法等（如表6-2所示）。

表6-2  岗位分析的常见方法

| 序号 | 岗位分析方法 | 具体说明 |
|---|---|---|
| 1 | 观察法 | 通过独立的第三方观察，记录员工的工作过程、行为、内容、工具等，并对记录的信息进行分析与归纳总结 |
| 2 | 问卷调查法 | 把要收集的岗位信息制作成问卷，让员工填写，然后从中提取岗位信息，最后加以归纳分析 |
| 3 | 访谈法 | 就某一个岗位，面对面地与员工、主管以及专家等进行访谈，收集他们对该岗位的意见与看法 |
| 4 | 关键事件法 | 岗位分析人员、管理者以及该岗位员工记录工作过程中对岗位工作成败有显著影响的事件 |
| 5 | 工作日志法 | 由任职者按照时间顺序，详细记录一段时间内的工作内容与工作过程，然后进行归纳分析 |
| 6 | 资料分析法 | 当岗位分析人员有大量的书面资料，如组织结构图、流程图、以前的岗位说明书等时，岗位分析人员可以通过分析现有资料来完成岗位分析 |

选择岗位分析方法时，企业需要综合考量以下因素：

（1）岗位分析的目的。选择与岗位分析目的相匹配的方法能节约成本，提高效率。比如，以薪酬现状调查为目的的岗位分析可以选择问卷法。

（2）岗位分析的成本。各岗位分析方法所需要的时间和精力是不同的，由此带来的成本也是不一样的。比如，资料分析法、问卷调查法以及工作日志法，需要的成本比较低，而访谈法、关键事件法则需要花费大量的时间和精力，成本较高。

（3）被调查岗位的工作特点。不同工作的复杂程度、技术水平及周期长短各不相同，工作分析方法也有差异。如观察法适用于工作简单、技术水平不高和周期较短的岗位；而对于工作复杂、技术水平高和周期较长的岗位，可选用访谈法、工作日志法。

（4）进行岗位分析的样本量。当样本数量比较多时，可以选择问卷调查法；当样本数量较少时，可以选用访谈法等。

（5）岗位任职者的情况。岗位任职者能否理解并接受相应的岗位分析方法是需要重点考虑的因素。企业应该对不同层级的员工，选用不同的岗位分析方法。对于一般员工，选用问卷调查法、工作日志法；对于高层管理者，问卷调查法与访谈法可能更适用。

综合以上考量因素，企业应该基于自身的实际情况，选择经济且适用的方法。笔者在为H企业做组织变革咨询服务时，采用问卷调查法与访谈法相结合的方式，对收集的岗位信息进行统计、分析、研究以及归类。

岗位分析结束后，企业就能基于岗位分析结果，完善岗位说明书，为确定每个岗位的相对价值提供重要依据。

## 6.1.3 进行岗位描述，完善岗位说明书

岗位说明书又称职位说明书、工作说明书，是关于岗位特征与任职资格的说明文件。在编写岗位说明书时，应该包含以下基本要素：

（1）岗位基本信息。岗位基本信息主要包括岗位名称、岗位等级、所属部门、直接上级、直接下级、岗位编号以及岗位编制等。

（2）岗位目的。岗位目的是对岗位设置的目的、工作内容与工作范围等的概述性描述，一般包括目标、限制条件、做什么三个部分的内容。

（3）岗位职责。岗位职责是岗位说明书的重要组成部分，主要描述该岗位的职责范围、主要工作内容等。如 HR 岗位的主要职责是：人才培训、人事考核与绩效评估、员工招聘、薪酬激励政策制定、部门管理与建设等。

在编写岗位职责时，首先应该罗列岗位的主要工作模块，即应该做哪几个模块的工作；然后，对每个模块的工作进行具体描述。描述时，每一条职责都应尽量以流程的形式描述。

（4）岗位任职要求。岗位任职要求是指对胜任该岗位员工所需的最低要求，包括基本要求（年龄、性别等要求）、知识要求（学历要求）、工作经验要求、技能要求、职业素养要求以及其他要求等。其他要求包括心理素质、性格特点、兴趣爱好等。

表 6-3 是根据岗位说明书内容构成，编制的某公司物资供应部部长岗位说明书。

表6-3　某公司物资供应部部长岗位说明书（示例）

| 一、岗位基本信息 ||||
|---|---|---|---|
| 岗位名称 | 物资供应部部长 | 岗位编号 | NYZL-WZGYB-001 |
| 所属部门 | 物资供应部 | 岗位人数 | 1 人 |
| 直接上级 | 主管副总经理 | 直接下级 | 副部长、采购主管、仓库主管、采购员、综合管理员 |
| 岗位目的 | 全面负责物资计划管理、物资采购流程控制、物资采购、物资核算管理、部门基础管理、仓储管理及材料定额、部门采购费用控制等 |||
| 二、岗位职责 ||||
| 工作职责 | 1. 全面负责物资计划管理、物资采购流程控制、大宗原材料物资采购合同的签订<br>2. 根据年度、月度采购计划，合理采购物资，有力保障生产运行<br>3. 负责物资核算管理、部门基础管理、仓储管理及材料定额、部门采购费用控制等<br>4. 对本部门的安全工作负总责，做好本部门的安全工作<br>5. 做好本部门职工教育、培训工作<br>6. 完成公司交给本部门的其他工作 |||

续表

| 安全职责 | 1. 遵守公司及部门各项安全管理制度，掌握"岗位安全操作规程"<br>2. 认真学习专业技能知识，积极参加公司及部门的各项安全教育培训<br>3. 做好本部门的隐患排查治理工作，配合或参与公司及部门的各项安全检查工作<br>4. 做好本部门的安全工作，对部门存在的安全隐患及时督促落实整改<br>5. 了解本部门员工的身体健康状况，发现问题应立即采取措施，确保员工的生命健康安全 |||
|---|---|---|---|
| 三、岗位任职要求 ||||
| 年龄要求 | 18～55 周岁 | 性别要求 | 不限 |
| 学历要求 | 专科及以上 | 专业及职称 | 不限 |
| 上岗要求 | 水泥企业 3 年以上实际工作经验，经公司领导层研究认可 |||
| 职业适应性 | 身体健康，无色盲 |||
| 安全知识技能 | 熟悉本岗位相关安全法律法规及标准 |||
| 专业知识技能 | 熟悉水泥生产工艺、设备管理要求、备件的性能要求、仓库物资管理要求 |||
| 管理知识技能 | 具备一定的管理知识和计划与执行能力、沟通能力、写作能力 |||
| 其他 | 严格执行各项管理制度，与各部门及时沟通、配合 |||

岗位说明书不仅是岗位分析的最终产出，同时也是人力资源管理的基础文件。编写岗位说明书时，应该避免陷入以下误区：

（1）职责分解不到位。编写岗位说明书时，经常出现职责缺失、职责交叉、职责重叠等问题。

职责缺失问题一般是因为对部门职责分解不充分、不完全造成的。解决职责缺失问题需要深度分析部门职责与岗位职责的匹配性，然后找到缺失的职责并填充。职责交叉问题是指同一项工作任务需要来自不同部门、不同岗位的员工共同完成。如果岗位说明书不能明确界定各个岗位应承担的职责范围，就很容易出现职责不清的问题。职责重叠问题是指同一岗位的不同工作人员的职责相互重叠。对于某个工作性质相同但工作量大的岗位，可能需要几个人共同完成。如果这几个人都共用同一份岗位说明书，就会形成职责重叠的问题。这就要求企业清晰界定有职责重叠的岗位职责，并分别编写岗位说明书。

（2）不重视与员工交流。岗位说明书的目的不是为了限制岗位任职者，而是为了更好地发挥岗位任职者的能力。在编写岗位说明书的过程中，如果仅重结果，不重沟通过程，那么岗位说明书在使用的过程中很可能出现下属不理解、不执行的情况。为此主管应该与下属进行充分的沟通，对岗位职责、岗位要求达成共识。

（3）岗位说明书常年不更新。为应对快速变化的市场环境，企业往往会频繁调整组织结构。组织结构的调整，带来的是部门的变化、部门职能的变化，不可避免地也会带来岗位职责的变化，这就要求企业不断更新岗位说明书。如果岗位说明书常年不更新，它也就失去了存在的价值和意义。为了确保岗位说明书符合业务发展的实际需要，企业的岗位说明书应该结合业务发展情况进行定期更新。

编制的岗位说明书应该清晰明了，任职员工在读过后，就能准确明白其工作职责等，无须询问他人或查看其他材料。

## 6.2 岗位价值评估为薪酬设计奠定合理的基础

为了确定各岗位的相对价值，保障薪酬的内部公平性，夯实薪酬体系设计的基础，企业应该使用统一的岗位价值评估方法，对岗位的工作责任、权限、贡献、工作复杂程度以及所需的任职资格条件等进行综合评价。

### 6.2.1 用"尺子"来评估岗位的相对价值

岗位价值评估是站在组织的角度，对岗位的相对价值进行理性分析并给出评估结果的过程，就好比使用一把"尺子"来衡量不同岗位的价值大小。

如今，用于评估岗位价值的"尺子"，主要有排序法、分类法、要素比较法和因素评分法，如表6-4及表6-5所示。

表6-4 岗位价值评估方法对比

| 方法 | 定义 | 特点 | 适用范围 |
|---|---|---|---|
| 排序法 | 根据岗位对组织的贡献度，对所有岗位的相对价值进行比较，进而将岗位按照相对价值的大小排序 | 简单，操作容易 | 规模较小、岗位数量较少的企业 |
| 分类法 | 根据岗位的工作内容、职责等因素，对岗位分类，在分类的基础上形成职位等级 | 灵活性高 | 对整体职位进行大规模的岗位序列和职位等级划分的企业 |
| 要素比较法 | 使用已定义好的要素及其程度来评估岗位价值，其中，要素通常指企业为岗位设定的付薪要素，来自岗位说明书 | 可较为准确地评估岗位的相对价值 | 岗位类型较多的企业 |
| 因素评分法 | 对岗位的各要素打分，用分数评估岗位相对价值 | 可靠性强，易于接受 | |

表6-5 用排序法评估岗位相对价值（示例）

| 岗位 | 市场拓展部部长 | 财务部部长 | 产品研发技术员 | 人力资源总监 | 人力资源专员 | 排序 |
|---|---|---|---|---|---|---|
| 市场拓展部部长 | \ | + | + | + | + | 1 |
| 财务部部长 | — | \ | + | + | + | 2 |
| 产品研发技术员 | — | — | \ | — | + | 4 |
| 人力资源总监 | — | — | + | \ | + | 3 |
| 人力资源专员 | — | — | — | — | \ | 5 |

在运用排序法对比所有岗位价值时，先把所有岗位在表格中的首行和首列中列出，然后进行比较。当行中岗位价值比列中岗位价值高时，则在相应的交叉格中标记"+"；反之则标记"—"，岗位价值相同时则标记"\"。比如，第一行中的市场拓展部部长与财务部部长相比，市场拓展部部长岗位的价值高于财务部部长岗位的价值，于是就在市场拓展部部长与财务部部长的交叉格中标记"+"；同理，产品研发技术员岗位的价值小于人力资源总监岗位的价值，就在对应交叉格中标记"—"。

最后，对该行对应岗位的所有"+"进行个数统计："+"的个数越多，岗位价值越高。表 6-6 中岗位价值从高到低的排序是市场拓展部部长、财务部部长、人力资源总监、产品研发技术员、人力资源专员。

目前使用最广泛的岗位价值评估方法是评分法中的海氏三要素评估法和美世的 IPE 评估系统。据统计，世界 500 强的企业中有 1/3 以上的企业评估岗位价值时选用了海氏三要素评估法（如图 6-1 所示）。

```
                    海氏三要素评估法
        ┌───────────────┼───────────────┐
   知识技能水平      解决问题的能力      承担的职务责任
        │               │               │
 专业知识技能水平      思维环境         行动的自由度
   管理诀窍等级       思维难度       职务对后果形成的影响
   人际技能等级                          职务责任
        │               │               │
     分数 A           分数 B           分数 C
        └───────────────┼───────────────┘
                  岗位价值评估分数
```

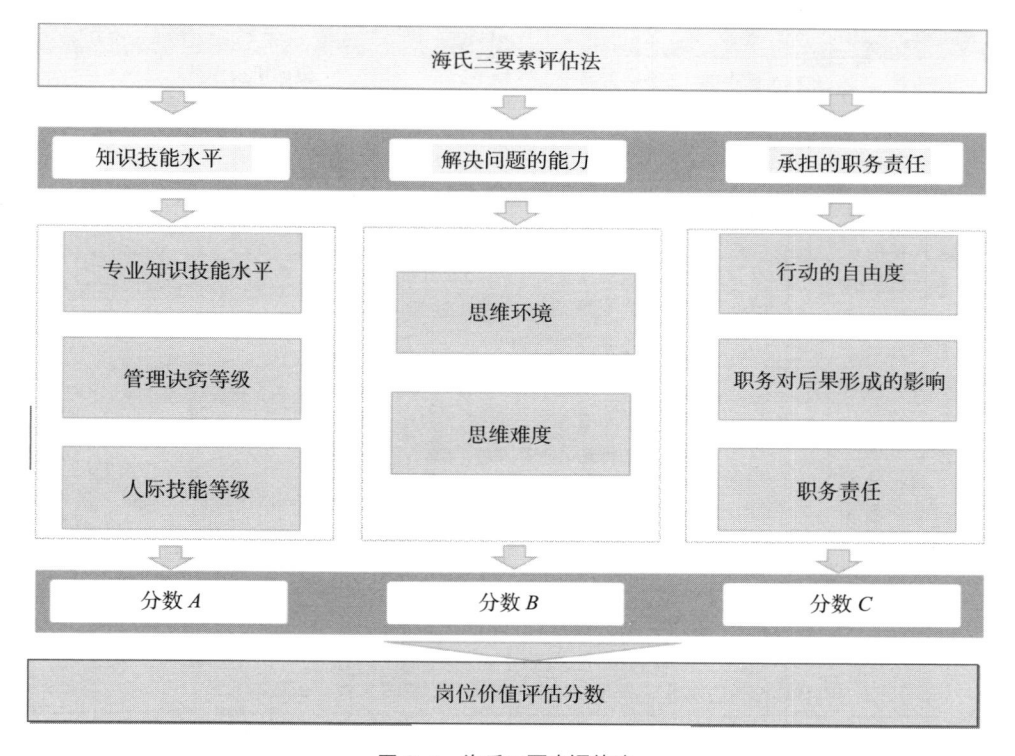

图 6-1　海氏三要素评估法

从图 6-1 中可以看到，海氏三要素评估法包括三个要素和八个评估维度。三个要素分别是知识技能水平、解决问题的能力、承担的职务责任。海氏三要素评估法之所以以这三个要素来评估岗位的相对价值，是因为它认为，一个岗位是通过投入知识与技能来解决问题，承担相应责任的。

八个维度分别是：

（1）知识技能水平分别从专业知识技能水平、管理诀窍等级、人际技能等级三个维度来分析，每个维度的具体解释如表 6-6、表 6-7、表 6-8 所示。

（2）解决问题的能力主要从思维环境、思维难度两个维度来分析，每个维度的具体解释如表 6-9、表 6-10 所示。

（3）承担的职务责任主要从行动的自由度、职务对后果形成的影响、职务责任三个维度来分析，每个维度的具体解释如表 6-11、表 6-12、表 6-13 所示。

对于各个要素的评分标准，我们在这里就不罗列出来，大家可以轻松找到。

表 6-6　专业知识技能等级

| 专业知识技能 | 等级 | 说明 | 举例 |
|---|---|---|---|
| 对承担该职务要求具备的职业领域的理论、实际方法与专门知识。该子维度分为八个等级，从基本的（第一级）到权威专门技术（第八级） | A 基本的 | 熟悉简单工作程序 | 复印机操作员 |
| | B 初步业务的 | 能同时操作多种简单的设备以完成一个工作流程 | 接待员、打字员、订单收订员 |
| | C 中等业务的 | 对一些基本的方法和工艺较熟练，具有使用专业设备的能力 | 人力资源助理、秘书、客户服务员、电气技师 |
| | D 高等业务的 | 能应用较为复杂的流程和系统，此系统需要应用一些技术知识（非理论性的） | 调度员、行政助理、拟稿人、维修领班、资深贸易员 |
| | E 基本专门技术 | 对涉及不同活动的实践所相关的技术有相当的理解，或者对科学的理论和原则基本理解 | 会计、劳资关系专员、工程师、人力资源顾问、中层经理 |
| | F 熟悉专门技术 | 通过对某一领域的深入实践而具有相关知识，或者/并且掌握科学理论 | 人力资源经理、总监、综合部门经理、专业人士（工程、法律等方面） |
| | G 精通专门技术 | 精通理论、原则和综合技术 | 专家（工程、法律等方面）、CEO、副总、高级副总裁 |
| | H 权威专门技术 | 在综合技术领域成为公认的专家 | 公认的专家 |

表 6-7　管理诀窍等级

| 管理诀窍 | 等级 | 说明 | 岗位 |
|---|---|---|---|
| 为达到要求的绩效水平而具备的计划、组织、执行、控制、评价的能力与技巧。该子维度分为五个等级，从起码的（第一级）到全面的（第五级） | Ⅰ 起码的 | 仅关注活动的内容和目的，而不关心对其他活动的影响 | 会计、分析员、一线督导和经理 |
| | Ⅱ 相关的 | 决定部门各种活动的方向、活动涉及的几个部门的协调等 | 主任、执行经理 |
| | Ⅲ 多样的 | 决定一个大部门的方向或对组织的表现有决定性的影响 | 助理副总、副总、事业部经理 |
| | Ⅳ 广博的 | 决定一个主要部门的方向，或者组织的规划、运作有战略性的影响 | 中型企业 CEO、大型企业的副总 |
| | Ⅴ 全面的 | 对组织进行全面管理 | 大型企业的 CEO |

表6-8 人际技能等级

| 人际技能 | 等级 | 说明 | 岗位 |
|---|---|---|---|
| 该职务所需要的沟通、协调、激励、培训、关系处理等技巧。该子维度分"基本的""重要的""关键的"三个等级 | 基本的 | 掌握多数岗位在完成基本工作时均需要的基本的人际沟通技巧，要求在组织内与其他员工进行礼貌和有效的沟通，以获取信息和澄清疑问 | 会计、调度员、打字员 |
| | 重要的 | 理解和影响人是此类工作的重要要求。此种能力既要理解他人的观点，也要有说服力，以影响行为和改变观点，或者改变处境，对于安排并督导他人工作的人，需要此类沟通能力 | 订货员、维修协调员、青年辅导员 |
| | 关键的 | 对于需要理解和激励人的岗位，需要最高级的沟通能力。需要谈判技巧的岗位的沟通技巧也属此等级 | 人力资源督导、小组督导、大部分经理、大部分一线督导、CEO、助理副总、副总 |

表6-9 思维环境等级

| 思维环境 | 等级 | 描述 |
|---|---|---|
| 指定环境对职务承担者的思维的限制程度。该子维度分八个等级，从几乎一切按既定规则办的第一级（高度常规性的）到只做了含混规定的第八级（抽象规定的） | 高度常规性的 | 有非常详细和精确的法规和规定做指导并可获得不断的协助 |
| | 常规性的 | 有非常详细的标准规定并可立即获得协助 |
| | 半常规性的 | 有较明确定义的复杂流程，有很多先例可参考，并可获得适当的协助 |
| | 标准化的 | 有清晰但较为复杂的流程，有较多的先例可参考，可获得协助 |
| | 明确规定的 | 对特定目标有明确规定的框架 |
| | 广泛规定的 | 对功能目标有广泛规定的框架，但某些方面有些模糊、抽象 |
| | 一般规定的 | 为达成组织目标和目的，在概念、原则和一般规定的原则下思考，有很多模糊、抽象的概念 |
| | 抽象规定的 | 依据商业原则、自然法则和政府法规进行思考 |

表 6-10　思维难度等级

| 思维难度 | 等级 | 描述 |
| --- | --- | --- |
| 解决问题时对当事者创造性思维的要求。该子维度分为五个等级，从几乎无须动脑、只需要按老规矩办的第一级（重复性的），到完全无先例可供借鉴的第五级（无先例的） | 重复性的 | 特定的情形，仅需要对熟悉的事情做简单的选择 |
| | 模式化的 | 相似的情形，仅需要对熟悉的事情进行鉴别性选择 |
| | 中间型的 | 不同的情形，需要在熟悉的领域内寻找方案 |
| | 适应性的 | 变化的情形，要求分析、理解、评估和构建方案 |
| | 无先例的 | 新奇的或不重复的情形，要求有创新理念和富有创意的解决方案 |

表 6-11　行动的自由度等级

| 行动的自由度 | 等级 | 说明 | 举例 |
| --- | --- | --- | --- |
| 能在多大程度上对其工作进行个性化指导与控制。该子维度包含九个等级，从自由度最小的第一级（有规定的）到自由度最大的第九级（战略性指引的） | R 有规定的 | 此岗位有明确工作规程或有固定的人督导 | 体力劳动者、工厂工人 |
| | A 受控制的 | 此岗位有直接和详细的工作指示或有严密的督导 | 普通维修工、一般文员 |
| | B 标准化的 | 此岗位有工作规定并已建立了工作程序并受严密的督导 | 贸易助理、木工 |
| | C 一般性规范的 | 此岗位全部或部分有标准的规程、一般工作指示和督导 | 秘书、生产线工人、大多数一线文员 |
| | D 有指导的 | 此岗位全部或部分有先例可依或有明确规定的政策，也可获得督导 | 大多专业岗位、部分经理、部分主管 |
| | E 方向性指导的 | 仅就本质和规模，此岗位有相关的功能性政策，需要决定其活动范围和管理方向 | 某些部门经理、总监、高级顾问 |
| | F 广泛性指引的 | 就本质和规模，此岗位有粗放的功能性政策和目标，以及宽泛的政策 | 某些执行经理、副总助理、副总 |
| | G 战略性指引的 | 有组织政策的指导、法律和社会限制、组织的委托 | 关键执行人员、某些副总、CEO |

表6-12 职务对后果形成的影响等级

| 职务对后果形成的影响 | 等级 | 说明 | 举例 |
|---|---|---|---|
| 该子因素包括四个等级，从第一级后勤性作用到第四级主要性作用 | A 后勤 | 这些岗位由于向其他岗位提供服务或信息，对职务后果形成作用 | 某些文员、数据录入员、后勤员工、内部审计、门卫 |
| | C 辅助 | 这些岗位由于向其他岗位提供重要的支持服务，对结果有影响 | 工序操作员、秘书、工程师、会计、人力资源经理 |
| | S 分摊 | 此岗位对结果有明显的作用 | 介于辅助和主要之间，比如部门副部长 |
| | P 主要 | 此岗位直接影响和控制结果 | 督导、经理、总监、副总裁 |

表6-13 职务责任等级

| 职务责任 | 等级 | 说明 | 举例 |
|---|---|---|---|
| 可能造成经济性正负性后果。该子维度包括四个等级，即微小、少量、中级和大量，每一级都有相应的金额下限，具体数额要视企业的具体情况而定 | 微小 | 对结果的影响非常小 | 后勤人员 |
| | 少量 | 对结果的影响比较小 | 研发工程师 |
| | 中级 | 对结果造成一定的影响 | 销售经理 |
| | 大量 | 对结果造成巨大的影响 | 总经理、部门经理 |

海氏三要素评估法具体的计分规则如下：

岗位评估得分＝知能得分×（1+解决问题得分）×权重$\alpha$+应担责任得分×权重$\beta$

其中，知能（知识技能）得分和应担责任得分都是绝对分，解决问题得分是相对分，表示知能的应用程度。权重$\alpha$、$\beta$的分配方法如下：

（1）上山型岗位：权重$\alpha$=40%，权重$\beta$=60%。此岗位的责任比知能与解决问题的能力重要，如公司总裁、销售经理、负责生产的干部等。

（2）平路型岗位：权重$\alpha$=50%，权重$\beta$=50%。知能和解决问题能力在此类岗位中与责任并重，平分秋色，如会计、人事等职能干部。

（3）下山型岗位：权重$\alpha$=70%，权重$\beta$=30%。此岗位的责任不如知能与解决问题的能力重要，如科研开发、市场分析干部等。

岗位价值评估作为人力资源管理中一项基础而又很重要的工作，需要耗费大量的财力、物力以及人力，企业应该结合自身实际需要选择恰当的岗位价值评估方法，确保岗位价值评估的公平性。而且，在确定岗位价值评估方法后，要保持用同一个"尺子"去度量不同岗位的价值。

## 6.2.2 结合企业实际需要，选择合适的"尺子"

"工欲善其事，必先利其器。"要做好岗位价值评估，就需要选用科学、合适的岗位价值评估方法。如何选择适合自己的岗位价值评估方法，并没有一个固定的模式。笔者为一家金融企业做岗位价值评估时采用的是海氏三要素评估法。之所以选择该方法是因为该企业内部的岗位设置相对稳定且类型比较多，同时比较看重内部公平性。

在选择岗位价值评估方法时，企业通常会着重考量以下几个因素：

（1）企业的规模。一般来说，组织结构相对复杂的大型企业应考虑使用因素评分法，而规模较小的企业则应考虑使用相对简单的评估方法。许多企业在选用岗位价值评估方法时，都会将企业规模纳入考虑范围。比如说，一家年营收 1 000 亿元的企业和年营收只有 5 000 万元的企业，它们的营销总监在企业中价值肯定是不一样的。

（2）岗位价值评估的目的。企业为制定合理的薪酬进行岗位价值评估，可能有不同的侧重点。如果侧重于外部竞争力，则企业应该将内部岗位与市场相应岗位的水平进行比较，这样就能制定具有竞争力的岗位薪酬；如果企业出于内部公平性进行岗位价值评估，就应把体现企业规模差别等方面的因素予以剔除，而更侧重于内部可比较的因素。

（3）企业战略。战略不仅会对组织结构产生比较大的影响，而且还会直接影响各部门和岗位在企业中的定位。在同一个行业中，企业在市场中的不同位置决定了它们具有不同的经营战略。比如说，作为行业领先者，企业需要的是更强的创新能力，而处于追随者位置上的企业，更需要超强的市场运作能力。战略不同，企业内部不同部门和岗位对战略的贡献度就不同，因此岗位价值评估的要素设计必须体现企业战略的差异。

例如，华为在薪酬变革时之所以选用海氏三要素评估法来评估岗位价值，主要是因为海氏三要素评估法偏重内部公平性，与华为的岗位价值评估目的一致。另外，华为结合自身实际，选用了与企业匹配度较高的评估因素和评估权重，分别是：知识及应用（权重30%）、影响（权重30%）、解决问题及创新能力（权重15%）、沟通能力（权重15%）以及责任（权重10%）。

量化出岗位的相对价值后，企业就可以客观地判断岗位之间的相对价值，为薪酬分配奠定科学合理的基础。

### 6.2.3 科学处理评估数据，确保评估结果的有效性

由于是多人基于岗位说明书，对同一岗位进行评估的，多少会产生一些偏差，甚至不排除有评估小组成员将个人主观情感带到岗位价值评估中。因此，在评分后需要对岗位价值评估数据进行核查、纠正。

在核查与验证岗位价值评估数据的过程中，需要注意一些偏差数据的影响：

（1）个人价值取向不同导致的偏差。比如，来自职能部门的评估小组成员对职能部门岗位评分普遍高于来自业务部门的评估小组成员的评分，反之亦然。

这种偏差是每个评估小组成员的权力，体现了评估小组成员对各岗位价值的独立判断，不需要消除。

（2）一些个人偏见导致的偏差。比如，尽管评估前一再强调岗位价值评估是对岗不对人，但是有些评估小组成员在打分时难免会想到现在岗位的任职者是谁，他的能力怎么样，进而演变成"对人"打分。

对于这种偏差，数据处理成员在核查数据时，可以在对单项数据排序分析过程中，通过舍弃一定数量（样本总数的3%～5%）的最高分和最低分来解决，同时，对于特别不符合常理的数据应进行必要的筛选。

（3）每个人由于评判标准不同而导致的偏差。比如，甲对总经理给出了1 500分，对司机给出了500分；乙对总经理给出了1 350分，对司机给出了450分。可以发现，甲乙对司机和总经理的价值相对系数都是1/3，但是他们给出的评分都在均值的两侧。

对于这种偏差，我们可以通过以下方法来判定和解决：

先计算该岗位的价值评估结果的平均值，再计算该岗位的价值评估结果的标准偏差，接着计算出变异系数。其中，标准偏差描述各数据偏离平均数的距离（离均差）的平均数，计算公式为标准偏差 = $\sqrt{\frac{1}{N-1}\sum_{i=1}^{N}(X_i-\bar{X})^2}$，其中 $\bar{X}$ 代表所采用的样本 $X_1, X_2, \cdots, X_N$ 的平均值；变异系数的计算公式为变异系数 = 标准偏差 / 算术平均值。

最后，判定对岗位的价值是否需要重新评估。判定的依据是岗位价值评估结果的变异系数是否在允许的范围内。通常来说，如果变异系数小于15%，那么表明岗位价值评估结果不需要处理，可以正常使用；反之，则需要去除一定数量的最高分和最低分，确保变异系数在允许的范围内。

通过采用以上方式反复处理，确认评估结果的有效性后，便可以将它们作为最终的岗位价值评估分数，绘制出岗位价值评估分数分布曲线图（如图6-2所示）。

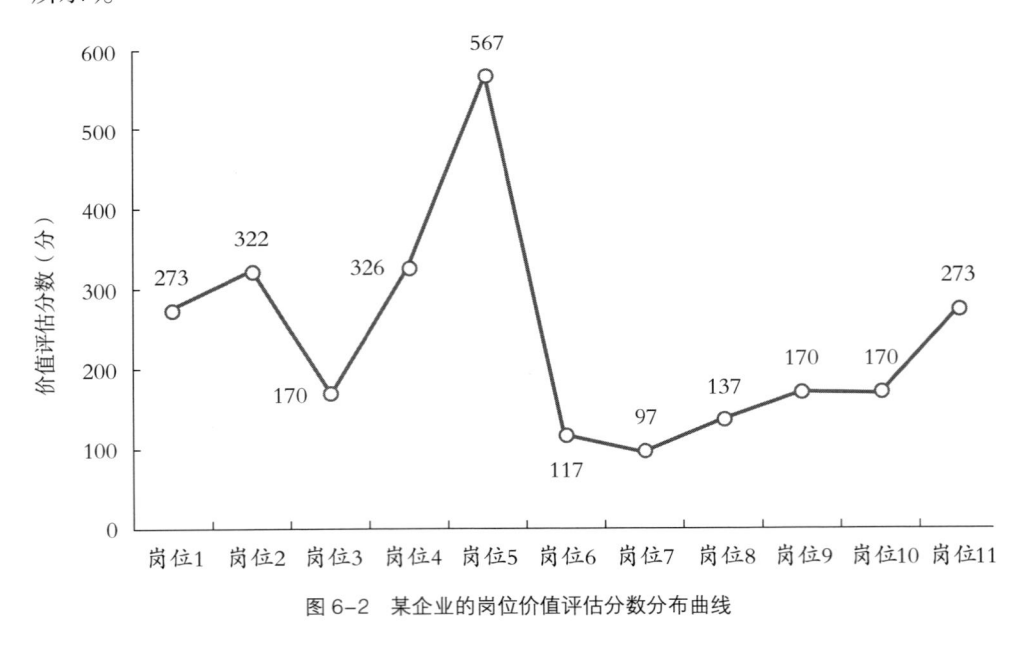

图6-2 某企业的岗位价值评估分数分布曲线

需要指出的是，评估小组要做好岗位价值评估结果的保密工作，避免员工得知后产生不理解和波动情绪，毕竟它直接关系到员工的经济利益。

## 6.3 依据岗位价值评估结果，导出职位等级体系

基于岗位价值评估结果，不仅能对岗位层级进行梳理，还能导出职位等级体系，实现职位等级体系与薪酬体系完美契合，牵引员工聚焦个人能力的进阶与提升。

### 6.3.1 梳理岗位层级，形成清晰的岗位架构

在大多数企业中，不同岗位对企业贡献价值的大小是通过岗位名称和岗位层级来体现的。其中，岗位层级关系是通过层级与层级之间的管理与汇报关系形成的（如图 6-3 所示）。

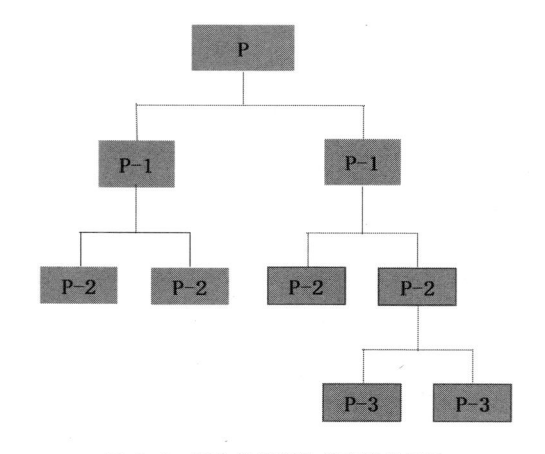

图 6-3 岗位价值评估前的岗位架构

从图 6-3 中可以看到，基于岗位层级形成的岗位架构，虽然能清晰地显示岗位间的等级关系，但是不能体现处于同一层级的岗位价值的高低。即使处于同一层级的岗位，它们对企业的贡献也是不同的。

相比较而言，经过岗位价值评估后，企业打破了原有的按岗位间汇报关系形成的不同层级，将岗位的层级关系建立在岗位价值的基础上，进而让岗位架构更加清晰（如图 6-4 所示）。

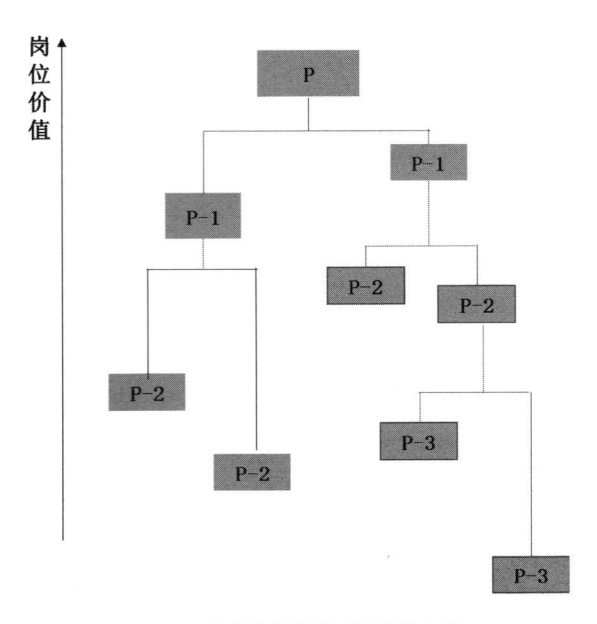

图6-4　岗位价值评估后的岗位架构

例如，岗位价值评估之前，某企业所有经理层级岗位（包括客服经理、项目经理、高级法务专员等）的薪酬都是25 000～30 000元/月，没有显著的区别。在岗位价值评估后，该企业所有经理层级的岗位价值有了区分，也就是它们对企业的贡献是大小有别的。其中项目经理的岗位价值评估分数高于客服经理和高级法务专员，而客服经理和高级法务专员的岗位价值评估分数是接近的。因此，企业支付给项目经理的薪酬应该高于客服经理和高级法务专员。

可见，基于岗位价值评估结果，对岗位层级进行梳理后，能形成更加清晰的岗位架构。这样，不但能使企业内部不同岗位实现横向可比，还可以确保有限的薪酬激励资源得到更合理的运用。

### 6.3.2　形成岗位价值等级表，明确岗位相对价值

除了将岗位价值评估结果用于梳理岗位架构，企业还能根据岗位价值评估结果，划分等级并形成岗位价值等级表。

作为岗位价值评估最直接的输出，岗位价值等级表是一个二维矩阵。岗位价值等级表的构成方式主要有两种，企业可以根据实际需要来选择使用。

（1）纵向表示岗位等级，横向表示企业各部门。表格中主要内容显示各部门各个岗位的相对价值分布，如表6-14所示。

表6-14 某企业的岗位价值矩阵（示例1）

| 等级 | 领导 | 工会 | 战略发展部 | 人力资源部 | 财务部 | 市场拓展部 |
|---|---|---|---|---|---|---|
| 18级 | 总经理 | | | | | |
| 17级 | 副总经理 | | | | | |
| 16级 | 总经理助理 | | | | | |
| 15级 | | | 战略发展部部长 | 人力资源部部长 | 财务部部长 | 市场拓展总监 |
| 14级 | | 工会部长 | 战略发展部副部长 | 人力资源部副部长 | 财务部副部长 | |
| 13级 | | | | 人才发展专干 | 会计主管 | 客户经理 |
| 12级 | | 工会干事 | 综合专干 | 薪酬绩效专干 | 会计 | 客服经理 |
| 11级 | | | | 行政专干 | 出纳 | |

（2）纵向为岗位等级，横向为企业的各个岗位序列。表格中主要内容显示各个岗位序列不同层级岗位的相对价值分布，如表6-15所示。

表6-15 某企业的岗位价值矩阵（示例2）

| 等级 | 岗位序列 ||||
|---|---|---|---|---|
| | 销售S | 技术T | 管理M | 辅助A |
| 18级 | | | 总经理 | |
| 17级 | | | 副总经理 | |
| 16级 | | 产品总监 | 总经理助理 | |
| 15级 | 高级销售总监 | | 人力资源部部长<br>财务部部长 | |
| 14级 | 市场销售部副部长<br>高级客户经理 | 品牌项目经理<br>高级IT工程师 | 人力资源部副部长<br>财务部副部长 | 物业经理 |
| 13级 | 客户经理<br>项目经理 | 品牌策划专员<br>IT工程师<br>网络工程师 | 审计专干 | 物业主管 |

续表

| 等级 | 岗位序列 | | | |
|---|---|---|---|---|
| | 销售 S | 技术 T | 管理 M | 辅助 A |
| 12 级 | 项目助理 | 硬件维护工程师 | 招投标专员<br>综合专干<br>人力专员<br>出纳 | 物业领班 |
| 11 级 | | | | 物业员工 |

用岗位价值矩阵显示岗位价值评估结果的优点主要有：

（1）能够直接反映各岗位之间的等级差异与对应关系，帮助薪酬管理者和企业经营决策者全方位了解所有岗位之间的价值高低关系。

（2）岗位价值评估通常只从企业所有岗位中选取标杆岗位来进行评估。对于未评估的岗位，可以参照基于标杆岗位的价值评估结果形成的岗位价值矩阵，确定该岗位的相对价值。这样就能在一定程度上节约企业人力、财力和物力。为了保证岗位价值评估具有可比性和可参照性，企业应该选取职责清晰、有代表性的岗位，而且选取的岗位数量一般不低于岗位总数的 20%～30%。

岗位价值矩阵中的横向与纵向就好比地图上的纬度和经度，能定位不同岗位在企业中的位置，进而为实现合理定薪、调薪提供依据。

## 6.3.3 建立职位等级体系

岗位价值评估不仅能帮助企业清晰梳理岗位架构、建立比较岗位价值的内部标准，还可以为建立职位等级体系提供明确的依据。所谓职位等级体系是将企业内部所有性质相同、岗位价值相近的岗位归入同一个管理层级的体系。

在职位等级体系中，每一个岗位会对应一个职级。而每一个岗位对应的是员工。这表明，职位等级是用于确定员工级别的，该级别代表着员工在企业中的"地位"。

除此之外，职位等级体系在人力资源管理中发挥着各种作用，分别为：

（1）帮助企业明确员工的职业发展通道。职位等级体系代表着各类岗位的晋升通道，员工通过审查不同的职位等级，就能清晰地看到自己在企业中的职业发展路径。比如，字节跳动研发序列的职级体系如表6-16所示，员工不仅可以在同序列中向上晋升，也可以结合自身的特点及公司需要跨序列发展。

表6-16 字节跳动的职级体系

| 职级 | 名称 | 具体说明 |
| --- | --- | --- |
| 1-1 | 初级工程师 | 应届毕业生都属于这一职级 |
| 1-2 | 中级工程师 | 社招的最低门槛 |
| 2-1 | 资深研发 | 工作三年以上，月薪2万元起步 |
| 2-2 | | 工作三年以上，薪酬跨度大，月薪在2万~5万元 |
| 3-1 | 团队领导层 | 工作五年以上，月薪3万元起步，年薪50万~80万元，有股票 |
| 3-2 | | 工作八年以上，年薪在80万~160万元。一般是主管或者专家 |
| 4-1 | 部门领导层 | 不同阶段的高层，年薪在160万元以上，有股票 |
| 4-2 | | |
| 5-1 | 公司领导层 | 激励高管的一种手段，创始人张一鸣属于T5-1级 |
| 5-2 | | |

（2）基于职位等级体系，能针对不同职位序列、不同等级确定职级晋升所需的工作经验、能力等要求，引导员工规划在组织内的职业生涯发展计划，牵引员工自主实现能力的提升，让员工对企业更有归属感和方向感。表6-17是阿里巴巴不同职级的任职要求，员工可以对照标准来提升自己的能力，实现职级的晋升。

表6-17 阿里巴巴不同职级的任职要求（部分）

| 职级 | 职级标准描述 |
| --- | --- |
| P4 | ·有相关专业教育背景或从业经验<br>·在专业领域中，对公司职位的标准要求、政策、流程等必须了解的知识处于学习成长阶段，尚需要主管或高级别人员对其负责的任务和完成的产出进行清晰的定义和沟通，并随时提供支持以使其达到要求，能配合完成复杂任务<br>·在专业领域，具有学习能力和潜能 |

续表

| 职级 | 职级标准描述 |
|---|---|
| P5 | ・在专业领域中，对公司职位的标准要求、政策、流程等必须了解的知识基本了解，对于本岗位的任务和产出很了解，能独立完成复杂任务，能够发现并解决问题<br>・在项目中可以成为独立的项目组成员<br>・能在跨部门协作中沟通清楚 |
| P6 | ・在专业领域中，对公司职位的标准要求、政策、流程等必须了解的知识理解深刻，能够和经理一起探讨本岗位的产出和任务，并对经理具备一定的影响力<br>・对于复杂问题的解决有自己的见解，对于问题的识别、优先级分配有见解，善于寻求资源解决问题；也常常因为对于工作熟练而有创新的办法，表现出解决复杂问题的能力<br>・可独立领导跨部门的项目，在专业方面能够培训和教导新进员工 |
| P7 | ・在专业领域中，对自己所从事的职业具备一定的前瞻性了解，在某个方面有独到见解，对公司关于此方面的技术或管理产生影响<br>・对于复杂问题的解决有自己的见解，对于问题的识别、优先级分配见解尤其有影响力，善于寻求资源解决问题；也常常因为对于工作熟练而有创新的办法，表现出解决问题的能力<br>・可独立领导跨部门的项目，能够培训和教导新进员工<br>・是专业领域的资深人士<br>・行业外或公司内培养周期较长 |
| P8 | ・在某一专业领域中，对于公司内外及业界的相关资源和水平比较了解<br>・开始参与部门相关策略的制定，对部门管理层在某个领域的判断力产生影响<br>・对事物和复杂问题的分析更有影响力 |
| P9 | … |

（3）为企业制定薪酬体系与福利待遇提供重要依据。对于基于岗位付薪的企业来说，职位等级体系是重要依据，而且职位等级体系是企业实现薪酬内部公平性的基础之一。除此之外，企业可以针对不同职级，设计不同的福利项目，以实现福利的最佳激励效果。

我们可以用岗位价值评估分数除以一个基数，按照所得的倍数来划分岗位等级。笔者在为一家奶制品企业做薪酬体系优化服务时，选择的基数是100，得到的岗位等级结果如表6-18所示。

表6-18 某企业岗位等级划分结果

| 等级 | 岗位价值评估分数范围（分） | 倍数区间 | 倍数区间大小 |
|---|---|---|---|
| 1 | 55～99 | 倍数<1 | 1 |
| 2 | 131～200 | 1≤倍数<2 | 1 |

续表

| 等级 | 岗位价值评估分数范围（分） | 倍数区间 | 倍数区间大小 |
|---|---|---|---|
| 3 | 211～299 | 2≤倍数＜3 | 1 |
| 4 | 300～479 | 3≤倍数＜5 | 2 |
| 5 | 542～641 | 5≤倍数＜7 | 2 |
| 6 | 727～892 | 7≤倍数＜9 | 2 |
| 7 | 907～1 109 | 9≤倍数＜12 | 3 |
| 8 | 1 234～1 908 | 12倍及以上 | … |

此外，企业也可以将1～3个岗位薪酬等级归纳为一个职位等级。归纳后，一般会形成助理、专员、主管、经理、总监等级别，表现出职级与薪酬等级之间的关系（如表6-19所示）。

表6-19　职位等级体系（示例）

| 等级 | 职级 | 销售序列（S） | 技术序列（T） | 管理序列（M） | 辅助序列（A） |
|---|---|---|---|---|---|
| 18级 | 经营层 | | | 董事长<br>总经理 | |
| 17级 | | | | 副总经理 | |
| 16级 | | | 产品总监 | 总经理助理 | |
| 15级 | 总监级 | 高级销售总监 | 技术总监 | 人力资源部部长<br>财务部部长 | |
| 14级 | 经理级 | 市场销售部副部长<br>高级客户经理 | 产品经理<br>主任工程师 | 人力资源部副部长<br>财务部副部长 | 物业经理 |
| 13级 | 主管级 | 客户经理<br>项目经理 | 品牌策划专员<br>IT工程师<br>网络工程师 | 审计专干 | 物业主管 |
| 12级 | 专员级 | 项目助理 | 硬件维护工程师 | 招投标专员<br>综合专干<br>人力专员<br>出纳 | 物业领班 |
| 11级 | 助理级 | | | | 物业员工 |

有了清晰的职位等级体系，不仅能科学合理地为不同员工定薪，确保薪酬的内部公平性，还能牵引不同职级的人员以自己的方式做出卓越贡献，从而最终实现企业和员工双赢。

## 6.4 实行宽带薪酬，提升薪酬的灵活性和激励性

要做好宽带薪酬体系设计，就需要确定具有市场竞争力的中点值，设计合理的薪级数与级差。这样，不仅能保障对关键人才的激励，还能与人才成长通道相匹配，牵引员工自主提升工作能力，从而达到提升薪酬激励性的目的。

### 6.4.1 基于岗位价值评估设定薪级数，适配成长通道

薪酬等级根据岗位价值评估结果和企业薪酬水平策略，将各岗位的薪酬水平以不同的等级加以呈现，体现的是岗位间的相对价值差异（如图6-5所示）。

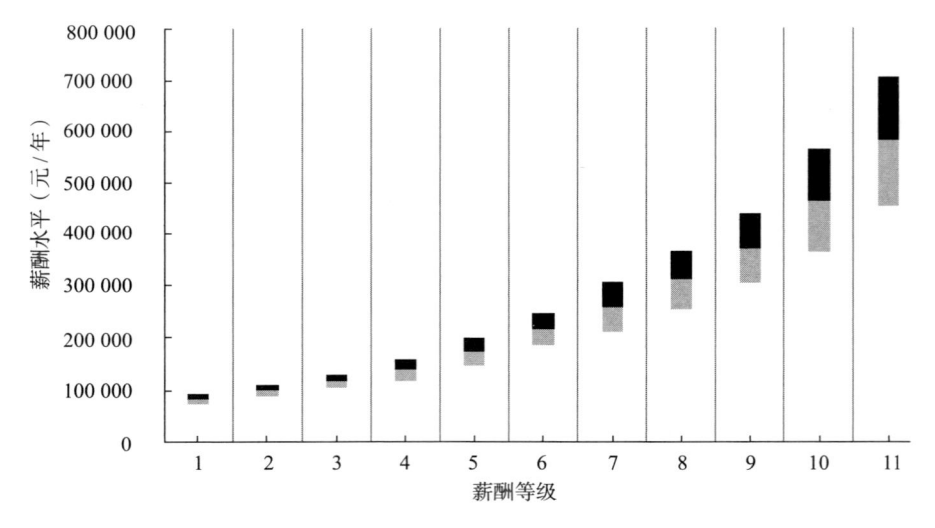

图6-5 宽带薪酬体系的薪酬等级（示例）

薪级数决定着某个职位等级下薪酬调整空间的大小。薪级数过多，会导致企业管理成本过大；薪级数过少，会导致后续激励不足。一般来说，为了更好地体现岗位体系与薪酬体系的联动关系，企业会把薪酬等级设置为与职位等级一一对应，即薪级数等于职级数。

然而，也有企业在设定薪酬等级时，根据岗位价值评估结果来划分薪酬等级，即先将评估分数按照从高到低排列，然后让它们按照相同的评估分数差额（也就是均等得分）来生成薪酬等级。

图 6-6 是某企业的岗位价值评估分数。按照相邻薪酬等级的岗位价值评估分数差距 30 分，来划分薪酬等级，得到如表 6-20 的结果。

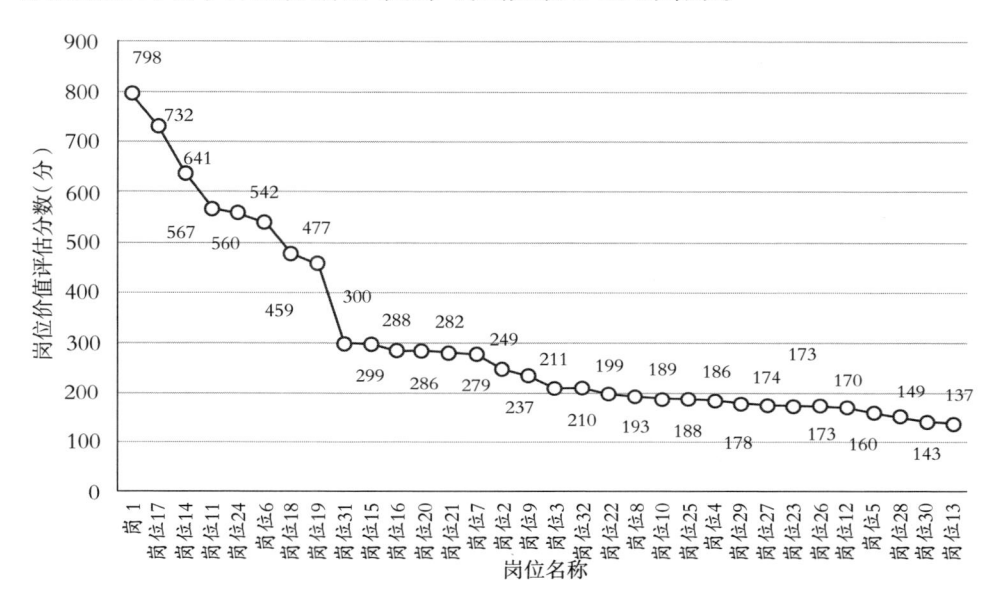

图 6-6 某企业的岗位价值评估分数

表 6-20 岗位价值评估分数及薪酬等级划分

（单位：分）

| 薪酬等级 | 最小值 | 最大值 | 分数差距 | 薪酬等级 | 最小值 | 最大值 | 分数差距 |
| --- | --- | --- | --- | --- | --- | --- | --- |
| 1 | 100 | 130 | 30 | 13 | 461 | 490 | 30 |
| 2 | 131 | 160 | 30 | 14 | 491 | 520 | 30 |
| 3 | 161 | 190 | 30 | 15 | 521 | 550 | 30 |
| 4 | 191 | 220 | 30 | 16 | 551 | 580 | 30 |
| 5 | 221 | 250 | 30 | 17 | 581 | 610 | 30 |
| 6 | 251 | 280 | 30 | 18 | 611 | 640 | 30 |
| 7 | 281 | 310 | 30 | 19 | 641 | 670 | 30 |
| 8 | 311 | 340 | 30 | 20 | 671 | 700 | 30 |
| 9 | 341 | 370 | 30 | 21 | 701 | 730 | 30 |
| 10 | 371 | 400 | 30 | 22 | 731 | 760 | 30 |
| 11 | 401 | 430 | 30 | 23 | 761 | 790 | 30 |
| 12 | 431 | 460 | 30 | 24 | 791 | 820 | 30 |

从表6-20中可以看到，基于均等得分划分，得到的薪酬等级数达到24级。不过，在一些高薪级中没有岗位，比如20、21、23级，出现了"空薪级"。可见，基于均等得分来设定薪酬等级时，可能会导致薪级数过多、薪级过细。因此需要反复计算与验证，才能找到适合的均等得分基准。这是需要耗费大量的时间与精力的，企业可以酌情选择。

上述案例表明，按照均等得分划分薪酬等级的方式，可能导致薪酬等级过细，进而浪费企业资源；另外，按均等得分来划分薪酬等级，不能完全凸显不同层级岗位价值的差异性。

依据岗位价值评估结果来设定薪级数时，还需要考虑企业规模。企业规模越大，薪级数越多；反之，则薪级数越少。

一般来说，处于初创阶段的企业或者企业员工人数不足50人时，岗位薪酬等级不宜超过8级；企业员工人数为50～200人时，岗位薪酬等级一般在9～12级；企业员工人数为200～500人时，岗位薪酬等级在13～15级；企业员工超过1 000人时，岗位薪酬等级在16～18级；当企业是生产型企业时，岗位薪酬等级在15～16级比较合适。

此外，由于每一个薪酬等级上员工的技能、能力是不同的，为牵引员工不断提升自身能力，企业可以适当设置"空薪级"（在该薪级上没有岗位），为组织发展中部分岗位的晋升、发展预留空间。但是，"空薪级"的数量不能太多，否则难免会导致出现资源浪费、无法管控等情况。

### 6.4.2　确定具有市场竞争力的中点值，保证薪酬对优秀人才的激励性

中点值作为搭建宽带薪酬体系的另一个核心点，是指对应薪酬等级中处于中间位置的薪酬，通常代表着该薪酬等级中的岗位在外部劳动力市场上的平均薪酬水平。企业可以参考市场上竞争对手的整体薪酬水平，有针对性地制定不同薪级的中点值。

在参考同行业竞争对手的薪酬数据时，存在着以下几个难点：

（1）当前很多企业采用的是薪酬保密策略，想要了解它们的薪酬水平存在一定难度。

（2）竞争对手的薪酬策略会随着内外部环境的变化进行调整，企业需要及时做出相应的调整，否则会影响薪酬策略的执行。

可见，薪级中点值的确定并不是"拍脑袋"的，而需要参考企业所在行业、区域的薪酬水平。然而，在实际操作中，外部薪酬水平的数据通常是很难获得的，此时如何来确定薪级中点值呢？我们先看下面的案例。

首先，假设薪酬等级数与职位等级数是一一对应的。以职位等级为自变量，各职级现有薪酬水平的均值或者50分位值为因变量，在Excel中插入折线图，得到如图6-7所示的灰色曲线。

$y=74\,428e^{0.1773x}$
$R^2=0.9554$

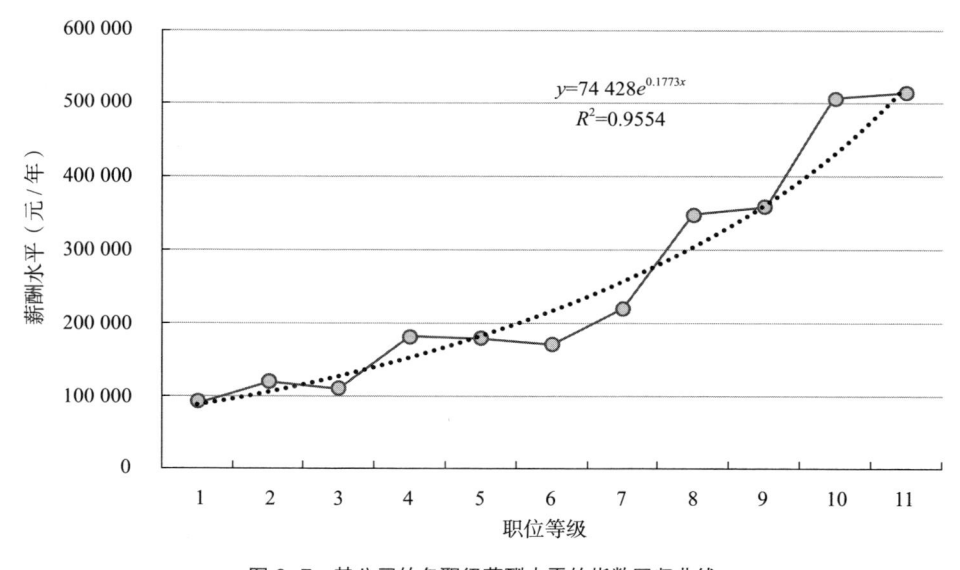

图6-7 某公司的各职级薪酬水平的指数回归曲线

然后，基于薪酬水平曲线，做拟合回归分析。在Excel的折线图中，设置趋势线格式中的指数趋势线，进行回归分析，得到一条拟合的指数曲线。同时，设置显示拟合度$R^2$和拟合回归曲线的方程式。$R^2$越接近1表示拟合度越好，拟合曲线的代表性越强，与实际薪酬水平越契合。

该公司各职级薪酬水平的指数回归曲线的拟合度 $R^2$ 为 0.9554，表明现有岗位的薪酬水平中 95.54% 的数据落在回归曲线上。指数回归曲线的方程式为 $y=74\,428e^{0.1773x}$。

接着，根据拟合指数曲线的方程计算出各薪级的回归中点值（如表 6-21 所示）。此时的回归中点值是根据既定的职位等级计算出来的，没有考虑级差的影响，因此需要对回归中点值进行调整。

最后，根据计算公式：较高薪级新中点值 = 较低薪级新中点值 ×（1+ 级差）；较低薪级新中点值 = 较高薪级新中点值 ×（1- 级差），计算出各薪级的新中点值（如表 6-21 所示）。其中，级差由公司所处的行业和实际情况决定，最好参考公司之前的级差标准。

表 6-21　宽带薪酬体系不同薪级的中点值计算

（单位：元 / 年）

| 职级 | 现有职级薪酬水平的 50 分位值 | 回归中点值 | 级差 | 新中点值 |
| --- | --- | --- | --- | --- |
| 1 | 91 534 | 88 866 | 0.150 | 84 757 |
| 2 | 118 678 | 106 105 | 0.150 | 99 714 |
| 3 | 109 467 | 126 689 | 0.150 | 117 311 |
| 4 | 181 171 | 151 265 | 0.200 | 138 013 |
| 5 | 178 578 | 180 609 | 0.200 | 172 516 |
| 6 | 170 998 | 215 645 | — | 215 645 |
| 7 | 219 896 | 257 477 | 0.200 | 258 774 |
| 8 | 347 400 | 307 425 | 0.200 | 310 529 |
| 9 | 359 931 | 367 063 | 0.200 | 372 635 |
| 10 | 506 091 | 438 269 | 0.250 | 465 793 |
| 11 | 513 834 | 523 288 | 0.250 | 582 242 |

注：1. 级差是参照公司薪酬的历史数据设置的。
　　2. 新中点值的计算示例：职级 5 的新中点值 = 职级 6 的新中点值 ×（1-0.2）；职级 10 的新中点值 = 职级 9 的新中点值 ×（1+0.25）。另外，表中各薪级的新中点值是在数据取整后得到的。

薪级越高，薪级的中点值应该越高，这样才能有力保证薪酬对优秀人才的激励性。企业在确定薪级中点值时，需要紧紧把握这一原则。

## 6.4.3 设计合理薪酬带宽，保障薪资增长合理性

带宽又称为级幅度、级宽，是指在每个薪酬等级里，最大值和最小值之间的"距离"，通常用百分比来表示（如图 6-8 所示）。带宽的计算公式为

$$带宽 =[（最大值/最小值）-1] \times 100\%$$

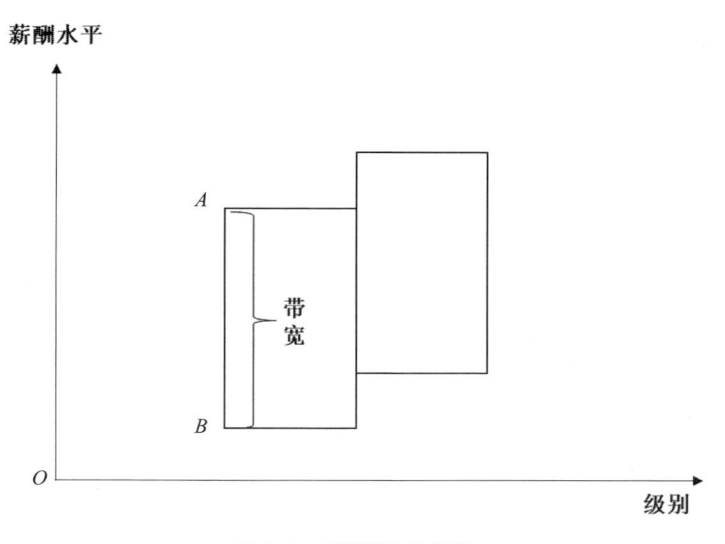

图 6-8　薪酬等级的带宽

从图 6-8 中可以看到，带宽反映了在同一薪酬等级下任职者的薪酬变化范围，体现的是因任职者所在岗位对企业的贡献度不同而在薪酬上的差异。在设计带宽时，如果带宽过大，就很难体现出不同薪级之间的薪酬差距，也会在定薪时使得薪酬水平偏高，导致人力成本不可控；反之，则难以体现薪酬的增长性，并且无法对薪级内能力不同的员工进行差异化定薪。

一般来说，在设计薪酬等级的带宽时，应该按照以下的规律进行：

（1）要能够为现有员工科学定薪。设计薪酬体系的目的是更加合理地为员工定薪，确保薪酬发挥最佳激励效果，而不是束之高阁。为此在设计薪酬等级的带宽时，要确保基于该带宽设计的薪酬体系，能够对现有员工进行科学定薪。

倘若不能为超过一定数量的现有员工（约为总员工数的 25%）定薪，那么就需要分析超出薪酬等级带宽的员工薪酬水平与对应薪酬等级范围的上下限间的关系，来确定如何调整。如果在薪酬等级范围的上下限附近，那么可以适当

增大薪酬等级带宽，确保能对更多员工科学定薪；如果与薪酬等级范围的上下限相差比较大，那么此时不应该做增大带宽处理，而是将其当作薪酬异常的员工，结合市场或竞争对手同等级的薪酬水平，来给这些员工重新定薪。

（2）职位层级越高，薪酬等级的带宽越大（如表6-22所示）。也就是说，对工作复杂度较高、专业差异性较大、对企业贡献大的高职级岗位，可设置较大的带宽；反之，设置较小的带宽。如此设置的主要原因是：一方面，职级越高，代表该岗位的价值越大，对企业的贡献也越大，为此企业需要设计更大的带宽，为员工提供更大的发展空间；另一方面，职级越高，对能力要求越高，掌握该能力需要的时间也越长，再往上晋升的机会也就越少。

表6-22 不同职位类型下的带宽（示例）

| 带宽 | 职位类型 |
| --- | --- |
| 20%～25% | 生产、维修、服务等职位 |
| 30%～40% | 办公室文员、技术工人、专家助理 |
| 40%～50% | 专家、中层管理人员 |
| 50%以上 | 高层管理人员、高级专家 |

（3）带宽设计跨度要循序渐进，逐步增大。比如，有些企业将1～5级的带宽设计为25%，6～12级的设计为60%，这样设计薪酬等级的带宽，跨度就过大了。

（4）要能够保障多数岗位未来2～3年内的薪酬增长空间。如果设计的带宽过小，那么随着员工能力的提升，就很有可能导致在薪酬体系中无法为员工定薪。也就是说，员工的薪酬很快就增长到了带宽的顶部。换句话说，在薪酬体系设计完成时，最好能使现有员工的薪酬水平处于相对应薪酬等级带宽的下半区，即最小值和中点值之间。

总体而言，企业设计的薪酬带宽应该能牵引员工关注能力的提升，实现个人薪酬的合理增长。

## 6.5　导出薪级薪档表，强化薪酬应用灵活度

薪级薪档表通过将薪酬水平划分为不同薪酬等级，每个等级分为不同档位，帮助薪酬管理者科学定位不同员工的薪酬水平。要得到一个合理的薪级薪档表，需要结合企业的薪酬政策与薪酬调整规则等因素，科学设置薪酬级差、重叠度、薪档数量。

### 6.5.1　明确岗位的价值产出弹性，确保薪酬的内部公平性

级差也叫中点提升比率，是指两个薪酬等级中点值之间的浮动程度，计算公式为：

级差 =（高一等级的中点值 − 低一等级的中点值）/ 低一等级的中点值 × 100%

从公式中可以看到，在宽带薪酬体系中最高薪酬等级的中点值和最低薪酬等级的中点值一定的情况下，各薪级间的级差越大，薪级数就越少；反之，则薪级数就越多。

图 6-9 显示的是某公司薪酬 15 级和 16 级的中点值。从图中可以看出，16 级的薪酬中点值为 32 万元 / 年，而 15 级的薪酬中点值为 25 万元 / 年，那么 16 级与 15 级的薪酬中点值级差为：[（32/25）−1] × 100%=28%。

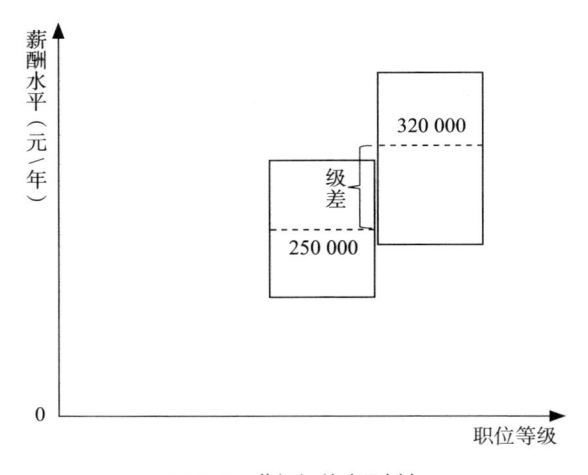

图 6-9　薪级级差（示例）

级差体现的是岗位的价值产出弹性。通常来说，岗位价值产出弹性越大，级差就越大。也就是说，职级越高，级差越大；职级越低，级差越小。根据经验，对于职级较低的岗位，级差可设定在10%～20%；对于职级处于中等的岗位，级差可设定在20%～30%；对于职级较高的岗位，级差可设定在30%～50%。

假定A企业的宽带薪酬体系总共有8个薪级，从薪级1级到薪级2级的级差为$B_{2-1}$，其他薪级间的级差以此类推（如表6-23所示）。我们知道，较高薪级中点值=较低薪级中点值×（1+级差）。

表6-23　A企业薪酬等级中点值

（单位：元/年）

| 薪级 | 1 | 2 | 3 | 4 | 5 | 6 | 7 | 8 |
|---|---|---|---|---|---|---|---|---|
| 中点值 | ? | ? | 109 467 | ? | ? | ? | ? | 347 400 |

当A企业的8个薪级中薪级3级和薪级8级的中点值已经确定，那么根据公式：$347\,400=109\,467\times(1+B_{4-3})\times(1+B_{5-4})\times(1+B_{6-5})\times(1+B_{7-6})\times(1+B_{8-7})$来计算级差。虽然各薪酬等级的级差是不相同的，但是应该差别不大。在这里，将它们看成相等，那么就能算出薪酬等级的级差等于25.98%[（347 400/109 467）^（1/5）-1]。

由于薪酬体系中，各薪级的级差并不是相等的，因此A企业根据设定级差的一般规律以及历史经验，调整各薪级的级差，得到如表6-24所示的结果。

表6-24　A企业各薪级的级差

| 薪级 | 1 | 2 | 3 | 4 | 5 | 6 | 7 | 8 |
|---|---|---|---|---|---|---|---|---|
| 级差 | 19% | 20% | 25% | 26% | 27% | 28% | 30% | 32% |

设定级差时，级差不宜设定得过大，否则会导致员工晋升的成本较高；反之，就会使员工在晋升时得不到与之相匹配的薪酬回报，导致在员工内部产生不公平感，进而使得员工对薪酬体系的满意度不断下降，薪酬逐渐丧失激励作用。企业可以借鉴与参考以上方式来设定自身薪酬体系的级差，不过应该结合

自身的实际情况，以确保薪酬的内部公平性。

## 6.5.2 保持薪酬等级适度重叠，激发员工的活力

重叠度是指相邻薪酬等级的重叠程度，主要是由中点值和幅度（每一个薪级最大值与最小值的差值）共同决定的。重叠度的计算公式有两个，分别是：

重叠度 =（低一级高位薪酬 - 高一级低位薪酬）/
（低一级高位薪酬 - 低一级低位薪酬）

重叠度 =（低一级高位薪酬 - 高一级低位薪酬）/
（高一级高位薪酬 - 高一级低位薪酬）

重叠度与激励作用呈正相关关系。也就是说，重叠度越大，激励作用越大，这样就能牵引员工在本岗位上持续为企业奋斗、创造价值，以获得晋级，得到更高的薪酬水平。

薪酬等级的重叠，主要有以下三种方式（如图 6-10 所示）：

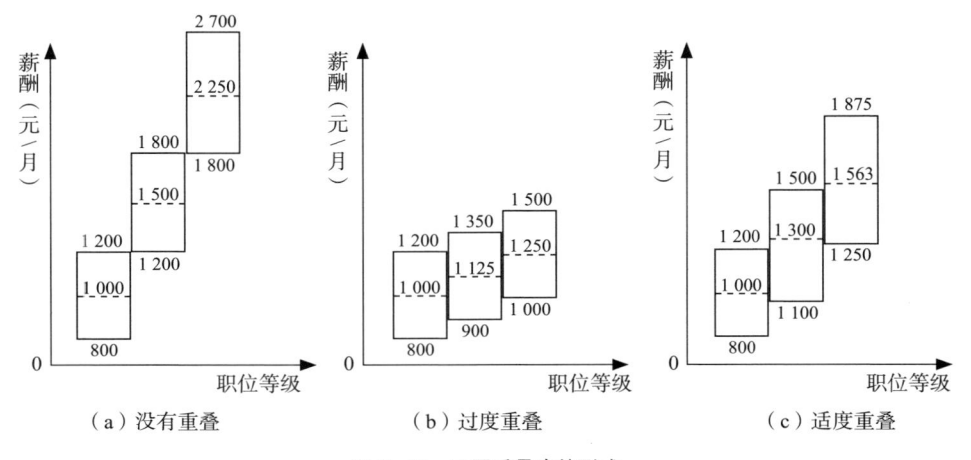

图 6-10　不同重叠度的形式

（1）没有重叠，即各薪酬等级的薪酬范围没有重叠的部分 [ 如图 6-10（a）所示 ]。在这样的薪酬结构下，什么级别的职位就对应什么样的薪酬等级，不同等级的薪酬没有交集。员工要想获得更高的薪酬水平，只能晋升到另一个等级。不过，这样的薪酬结构在一定程度上忽略了老职工、能力强以及业绩优秀

的员工，毕竟企业晋升的机会比较少。

（2）过度重叠，即各薪酬等级之间的薪酬范围过度重叠。图6-10（b）中的薪酬重叠度为（1 200-900）/（1 350-900）=67%或者（1 200-900）/（1 200-800）=75%。这样的薪酬结构能有效激发低职级员工的工作积极性，让技术强、业绩优但是没有晋升机会的员工获得更高的薪酬。但是，如果薪酬结构过度重叠，就不能体现不同职级的薪酬差距。

（3）适度重叠，图6-10（c）中的薪酬重叠度为（1 200-1 100）/（1 500-1 000）=20%或（1 200-1 100）/（1 200-800）=25%。这样的薪酬结构既体现了不同级别员工的薪酬差距，也考虑到了员工的技能、经验与业绩，为低级别员工提供更大的薪酬提升空间。

目前，大多数企业倾向于在相邻的薪酬等级间保持部分重叠，而且适度重叠。主要目的是提高薪酬的激励性。企业的薪酬等级是有限的，晋升机会也是比较少的，保持适度重叠，不仅能为绩效优秀者提供更大的薪酬增长空间，增强员工公平感，还可以避免因晋升机会不足而导致未被晋升者的薪酬增长有限。比如，在华为的宽带薪酬体系中，不同薪级之间是存在重叠的。员工即使不升级，只要持续做出贡献，绩效足够好，薪酬就有提升空间，可以超过商定薪级的薪酬下限，这样就能牵引员工在一个岗位上做实、做深、做久，从而保证了岗位的稳定性。

在具体实践中，薪酬管理者需要根据"低薪酬等级之间重叠度较高，薪酬等级越高重叠度越低"的原则来评估宽带薪酬体系是否需要进行调节。一般来说，薪酬等级的重叠度在20%～40%，不会超过50%。

### 6.5.3　科学设置薪档数量，为新老员工预留晋升空间

薪酬档数是指每一薪酬等级的横向级别，即每一个薪酬等级划分为多档（如图6-11所示）。其中，薪档可以是一个固定的数值，也可以是薪酬区间。比如，将第五级薪酬划分为三个薪档，那么每一个薪档的月薪可以是6 000元、7 000元以及8 000元或者6 000～7 000元、7 000～8 000元以及8 000～9 000元。

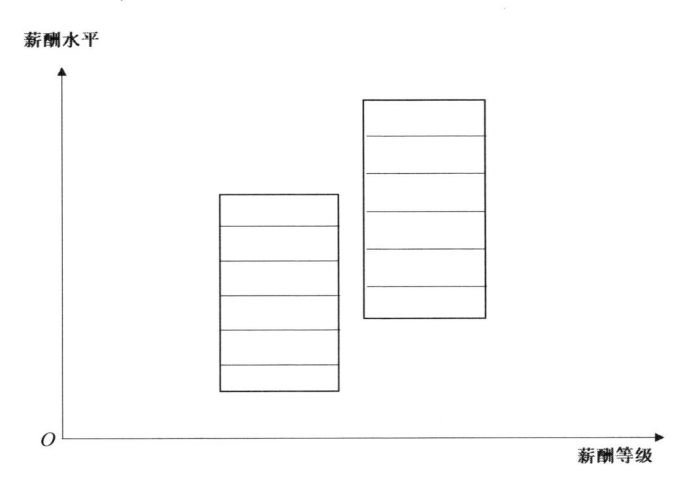

图 6-11　薪酬等级薪档的划分（示例）

薪档体现的是在同一薪酬等级的岗位上不同人员的能力不同，薪酬就不同。换言之，在同一薪酬等级里，根据员工的工作能力、工作经验以及工作业绩等因素，将员工的薪酬匹配到对应的薪档中。

在设置薪档数量时，企业最好将薪档数量设为奇数个，因为薪酬带宽是以中位值为界上下浮动得来的。同时，根据韦伯定律——人们对于 15% 的变化较敏感，在设置薪档数量时，需要确保每提升一个薪档，薪酬的增长幅度在 15% 左右。

除此之外，还需要结合企业的薪酬调整规则来设置薪档数量。试想，如果薪档数量过少，那么员工的薪酬就可能早早调整至最高档，进而致使宽带薪酬丧失激励作用；如果薪档数量较多，那么员工有可能直到退休都没法达到最高档，这就表明薪酬带宽存在部分失效，浪费了资源。简言之，在设置薪档数量时，应该为新进人员和现有人员预留晋升的空间。

薪档数量设置好之后，需要确定薪档之间的差值，即档差。主要有以下两种设定方式：

（1）等差分布。也就是说，档差都等于同一个数值。此时，档差的计算公式为：档差 =（本薪级最大值 - 本薪级最小值）/（$N$-1），其中 $N$ 代表薪档数量。

（2）等比分布，即薪档与薪档之间的比例是相等的。随着薪档的增加，薪酬增长的幅度也会越来越大。此时，档差 =（本薪级最大值 - 本薪级最小值）^

（N-1）。

在设定好薪级数、确定好各薪酬等级的中点值以及薪档数量后，可以计算出各薪档的薪酬水平，导出薪级薪档表（如表6-25所示）。

表6-25 薪级薪档

| 薪级 | 级差 | 档差 | 薪档 ||||  |
|---|---|---|---|---|---|---|---|
|  |  |  | 1档 | 2档 | 3档 | 4档 | … |
| 7级 |  |  |  |  |  |  |  |
| 6级 |  |  |  |  |  |  |  |
| 5级 |  |  |  |  |  |  |  |
| 4级 |  |  |  |  |  |  |  |
| 3级 |  |  |  |  |  |  |  |
| 2级 |  |  |  |  |  |  |  |
| 1级 |  |  |  |  |  |  |  |

在具体实践中，我们需要知道薪酬等级的最大值和最小值的计算方式。解以下方程组：

$$\begin{cases}(A+a)/2=m\\(A-a)/a=d\end{cases}$$

式中，$A$代表本薪酬等级最大值，$a$代表本薪酬等级最小值，$m$代表本薪酬等级中点值，$d$代表本薪酬等级的带宽。$A$和$a$的计算公式分别为

$$\begin{cases}A=[(d+1)\times 2\times m]/(2+d)\\a=(2\times m)/(2+d)\end{cases}$$

带宽可以依靠实践经验来确定。

薪酬等级的最大值$A=a_1+a_2+a_3+\cdots+a_N$，其中$N$为薪档数量。

假设我们按照等比的方式来划分薪档数量，那么案例中的表6-19，通过计算就可以得出薪级薪档表，如表6-26所示。

第 6 章 岗位定薪

表 6-26 薪级薪档（示例）

（单位：元/年）

| 职级 | 级差 | 薪中点值 | 带宽 | 最小值 | 最大值 | 1档 | 2档 | 3档 | 4档 | 5档 | 6档 | 7档 | 8档 |
|---|---|---|---|---|---|---|---|---|---|---|---|---|---|
| 1 | 0.15 | 84 757 | 25% | 75 340 | 94 174 | 75 340 | 77 780 | 80 299 | 82 900 | 85 586 | 88 358 | 91 220 | 94 174 |
| 2 | 0.15 | 99 714 | 25% | 88 635 | 110 793 | 88 635 | 91 506 | 94 470 | 97 530 | 100 689 | 103 950 | 107 317 | 110 793 |
| 3 | 0.15 | 117 311 | 25% | 104 276 | 130 345 | 104 276 | 107 654 | 111 141 | 114 741 | 118 458 | 122 295 | 126 256 | 130 345 |
| 4 | 0.20 | 138 013 | 35% | 117 458 | 158 568 | 117 458 | 122 603 | 127 973 | 133 579 | 139 430 | 145 538 | 151 913 | 158 567 |
| 5 | 0.20 | 172 516 | 35% | 146 822 | 198 210 | 146 822 | 153 253 | 159 967 | 166 974 | 174 288 | 181 922 | 189 891 | 198 210 |
| 6 | — | 215 645 | 35% | 183 527 | 247 762 | 183 527 | 191 567 | 199 958 | 208 717 | 217 860 | 227 404 | 237 365 | 247 763 |
| 7 | 0.20 | 258 774 | 45% | 211 244 | 306 304 | 211 244 | 222 760 | 234 903 | 247 709 | 261 213 | 275 452 | 290 469 | 306 303 |
| 8 | 0.20 | 310 528 | 45% | 253 493 | 367 564 | 253 493 | 267 312 | 281 884 | 297 251 | 313 455 | 330 543 | 348 562 | 367 564 |
| 9 | 0.20 | 372 634 | 45% | 304 191 | 441 077 | 304 191 | 320 774 | 338 261 | 356 701 | 376 146 | 396 652 | 418 275 | 441 077 |
| 10 | 0.25 | 465 793 | 55% | 365 328 | 566 258 | 365 328 | 388 931 | 414 059 | 440 811 | 469 292 | 499 612 | 531 892 | 566 257 |
| 11 | 0.25 | 582 241 | 55% | 456 659 | 707 822 | 456 659 | 486 164 | 517 575 | 551 015 | 586 616 | 624 516 | 664 866 | 707 823 |

注：表中薪级为 1 时的档差为（94 174/75 340）^（1/7）=1.03；第二薪档的薪酬是 77 780 元/年（75 340×1.03）。薪级为 2 时的档差为（110 793/88 635）^（1/7）=1.03。

根据上述方法得到的薪级薪档表，只能说是初级的薪级薪档表，能否满足企业薪酬管理的需要，还要做进一步的验证。验证的方式是看现有员工的薪酬水平能否都被覆盖，同时是否留有足够的薪酬调整空间。在验证合格后，企业便需要进行套改测算分析。根据测算结果，对薪酬体系再次优化调整。可见，薪酬体系设计就是一个不断反复验证、反复优化的过程。

## 6.6 人岗匹配，以岗定薪，套改测算

设计完薪酬体系后，需要对新的薪酬体系进行套改与测算分析，以进一步调整薪级薪档表，实现企业的岗位序列、职位等级以及薪酬体系的统一，支撑新的薪酬体系平稳落地。

### 6.6.1 以岗定薪，基于薪级薪档表确定员工薪级薪档

制定好薪级薪档表，就好比已经盖好了一座高楼大厦。那么在高楼大厦盖好后，如何将现有员工匹配到对应的"薪酬房间"呢？这是很多企业都面临的问题——薪酬套改。所谓薪酬套改是指将员工的薪酬套入新的薪酬体系，确定员工的薪级薪档。

要想将所有员工的薪酬套到新的薪酬体系上，可以分两步走

1. 定级

每个岗位都有对应的薪级，定级的方式主要有：

（1）根据岗位价值评估后的岗位级别确定，即岗位职级与薪酬级别一一对应。当员工身兼多岗时，其薪酬应该按照其所兼岗位的最高等级确定薪级。如果企业采用这种方式定岗位薪级，说明企业的内部环境相对稳定，重视内部公平性，如华为。

（2）根据外部薪酬数据确定。比如，薪酬调查显示，本行业中客服主管的月薪范围是 4 200 ~ 7 500 元，中位值为 6 600 元，薪级是 6 级。此时不进行岗

位价值评估，企业可以直接对标市场中的薪酬数据，将该岗位的薪级定位在6级。这种方法适用于那些面临激烈竞争的企业或创业期的企业。

2. 定档

如前文所述，薪档体现了处于相同岗位的员工在能力、工作经验以及工作业绩等方面的差异。薪酬管理者可以依据员工的任职资格标准来确定员工的薪档，不过，这需要企业拥有科学合理的任职资格体系。而搭建任职资格体系是需要耗费大量的时间和资源的，因此薪酬管理者可以简化思路：基于员工的学历、能力、工作业绩等因素，对员工进行人岗匹配度评价；再根据评估分数合理确定员工的薪档。其中，对于新员工（包括新招聘人员与应届毕业生），因为他刚进入企业，缺乏业绩表现数据，可以用企业的历史绩效数据来代替其工作业绩。

2018年，笔者在为一家文化传媒公司做咨询服务时，为其设计了一套薪级薪档表，由11个薪级和11个薪档构成。对新入职员工，制定了一套简单的任职资格评估表（如表6-27所示）。

表6-27 新入职员工的任职资格评估

| 因素 | 权重 | 等级（分） | | | | |
|---|---|---|---|---|---|---|
| | | 1 | 2 | 3 | 4 | 5 |
| 学历 | 15% | 中专及以下 | 大专 | 本科 | 硕士 | 博士及以上 |
| 专业/管理经验 | 25% | 1年以下 | 1～3年（包括3年） | 3～5年（包括5年） | 5～8年（包括8年） | 8年以上 |
| 技能等级 | 35% | 准备级 | 提高级 | 应用级 | 拓展级 | 专家级 |
| 历史绩效 | 25% | 有待改进 | 合格 | 良好 | 优秀 | 卓越 |

其中，技能等级评定根据岗位说明书的任职要求，由任职者的直接主管来评定。技能等级解读如下：

（1）准备级：具备基本的工作技能，需要努力学习，以提高工作技能。

（2）提高级：经验和工作业绩与职位要求基本匹配，能够在他人指导下较好地完成本职工作。

（3）应用级：经验和工作业绩与职位要求完全匹配，能够胜任本职工作。

（4）拓展级：工作业绩持续超出期望水平，能够在本职工作上有所创新。

（5）专家级：工作业绩表现卓越，远超出期望水平，通常已具备随时晋升的能力。

总得分＝学历×15%＋专业/管理经验×30%＋技能等级×25%＋历史绩效×25%。表6-28是不同评估分数对应的薪档。

表6-28 评估分数与薪档对应

| 评估分数 | 1 | (1, 2] | (2, 3] | (3, 4] | (4, 5] |
|---|---|---|---|---|---|
| 薪档 | 1 | 2~4 | 5~7 | 8~10 | 11 |

对于在职员工的薪酬定档，薪酬管理者还可以根据其现在的薪酬水平，在相应的薪酬等级下找到不小于当前薪酬水平的最低档位，将之定为该员工的薪档。也就是说，根据就近就高原则定薪档。采用该套定档方式，能保证员工的收入不降，提升他们对新的薪酬体系的接受度。

笔者在为C企业做咨询服务时，在制定好薪酬体系后，根据员工当前的收入水平，确定他们的薪档（如表6-29所示）。

表6-29 C企业的薪级薪档

（单位：元/月）

| 薪级 | 薪档 ||||||| 
|---|---|---|---|---|---|---|---|
| | 1 | 2 | 3 | 4 | 5 | 6 | 7 |
| 11 | 40 000 | 50 000 | 60 000 | 70 000 | 80 000 | 90 000 | 100 000 |
| 10 | 25 400 | 28 600 | 31 800 | 35 000 | 38 200 | 41 400 | 44 600 |
| 9 | 17 500 | 20 000 | 22 500 | 25 000 | 27 500 | 30 000 | 32 500 |
| 8 | 9 600 | 11 400 | 13 200 | 15 000 | 16 800 | 18 600 | 20 400 |
| 7 | 8 500 | 10 000 | 11 500 | 13 000 | 14 500 | 16 000 | 17 500 |
| 6 | 8 200 | 9 300 | 10 400 | 11 500 | 12 600 | 13 700 | 14 800 |
| 5 | 6 800 | 7 700 | 8 600 | 9 500 | 10 400 | 11 300 | 12 200 |
| 4 | 6 700 | 7 400 | 8 100 | 8 800 | 9 500 | 10 200 | 10 900 |
| 3 | 6 000 | 6 500 | 7 000 | 7 500 | 8 000 | 8 500 | 9 000 |
| 2 | 4 800 | 5 200 | 5 600 | 6 000 | 6 400 | 6 800 | 7 200 |
| 1 | 3 600 | 3 900 | 4 200 | 4 500 | 4 800 | 5 100 | 5 400 |

假如 C 企业员工甲当前的薪酬水平是 9 600 元 / 月。根据岗位价值评估结果，确定他的薪酬等级是 4 级。根据表 6-29，他当前的薪酬水平是处于第 5 档 9 500 元 / 月与第 6 档 10 200 元 / 月之间。根据就近就高原则，甲的薪档是第 6 档，这样就可以确定甲的薪酬水平是 10 200 元 / 月。

薪酬套改方法有很多种，企业需要结合自身实际情况来选择或者制定自己的薪酬套改方法，以实现新旧薪酬体系的顺利对接，让不同类型的员工都满意地进入新的"赛道"。

### 6.6.2 处理好套改特殊情况，提升员工与薪酬的匹配度

无论薪酬体系制定得多么科学、完美，在薪酬套改过程中都难免会出现员工薪酬游离于新薪酬体系外的情况。其中，员工的薪酬低于对应薪级的最低档，被称为绿点问题；员工的薪酬高于对应薪级的最高档，被称为红点问题（如图 6-12 所示）。

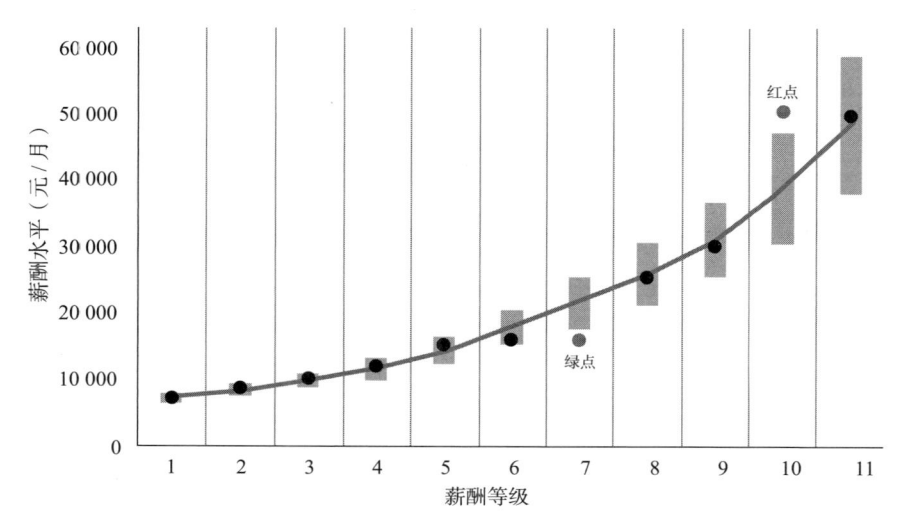

图 6-12　薪酬套改中出现的红绿点问题（示例）

导致绿点问题产生的主要原因是：

（1）新员工刚进入企业尚处于试用期，或者员工实习期刚过但定岗时间不长。

（2）员工业绩优异而被调整到高职级岗位，而薪酬尚未调整到位。

（3）企业并购导致原来的辅助业务、非核心岗位转变为重点业务、核心岗位，但是员工原来的薪酬未及时做调整。

（4）员工业绩持续平庸或较差，薪酬增加速度一直比较慢。

相比较而言，导致红点问题产生的主要原因有：

（1）员工在企业的任职期较长。一方面，很多企业薪酬结构中包含工龄工资，且工龄工资每年会随着员工工龄的增加进行相应的调整；另一方面，一般企业每年或每几年都会对员工薪酬进行普调，对绩优员工进行加薪，日积月累，在员工岗位不变的情况下，员工薪酬可能会高出岗位所在薪级的上限。

（2）为了满足业务发展的需要，企业采用高于市场薪酬水平去"挖角"获得核心人才，但是随着市场的发展，这些人才不再稀缺。

（3）企业并购导致原来的重点业务、核心岗位转变为辅助业务、非核心岗位，但是企业没有及时调整相应员工的薪酬。

（4）员工从原来高职级的岗位变动到了低职级岗位，或员工岗位职责发生了重大变化，但是企业没有及时对员工的薪酬进行调整。

（5）员工在业绩上持续表现优异，企业未定期进行薪级调整，业绩优秀的员工未能被及时晋升或调整薪级。

对于绿点问题，企业可以将该员工的薪酬按照薪级薪档表的最低档套档，随后根据该员工的绩效考核结果，再进行调整。如果绩效表现合格，就保留目前的薪级薪档；如果绩效表现不合格，就将其下调为原来所在的薪级薪档；如果绩效表现优秀，就上调一个薪档。

对于红点问题，解决对策主要有：

（1）按员工所在薪级最高档套档，并将超额薪酬切出来，成为薪酬结构中的"特别补贴"。以后定期根据该员工的绩效考核结果对该补贴进行调整。如果员工绩效考核结果优秀，就调整员工的薪级薪档，增加的薪酬就从该补贴中扣减；如果绩效考核结果为不合格，就可以一次或者多次调低"特别补贴"。

（2）重新评估红点员工能力。如果符合晋升条件，就将员工晋升到下一个级别，让他获得更高的薪酬。

除此之外，企业在解决红绿点问题时，应该秉承一个大的原则：薪酬调整幅度不宜过大，更多依靠绩效考核与晋升等方式，让那些高出或低于岗位价值的岗位薪酬逐步归入新的薪酬体系中。

企业解决好员工套档过程中出现的红绿点问题，能有效地提升员工与薪酬水平的匹配度，并在一定程度上缓解薪酬优化调整过程中遇到的阻力。

### 6.6.3 套改测算分析，确保薪酬体系平稳落地

完成套改定薪后，人力资源部门应该测算分析改革前后的薪酬变动情况，以便实现薪酬总额控制。薪酬总额控制的目的在于加强企业对人工成本的控制力度，使薪酬的实际开支与企业的经营状况相适应，增强企业的应变能力。薪酬套改测算分析主要是对比分析套改前后薪酬数据的变化情况，分别从组织层面和个体层面开展的，如表6-30所示。

表6-30 薪酬套改测算结果

| 一、组织层面 ||||||
|---|---|---|---|---|---|
| （1）薪酬总额测算结果对比 ||||||
| 薪酬构成 | 套改前 | 套改后 | 增长率 | 能否承受 ||
|  |  |  |  |  ||
|  |  |  |  |  ||
| （2）各部门测算结果对比 ||||||
| 部门名称 | 套改前 || 套改后 || 增长率 || 变化人数 ||
| ^ | 薪酬总额 | 人均薪酬 | 薪酬总额 | 人均薪酬 | 薪酬总额 | 人均薪酬 | 薪酬增加人数 | 薪酬降低人数 |
|  |  |  |  |  |  |  |  |  |
|  |  |  |  |  |  |  |  |  |
| 二、个体层面 |||||
| （1）各类人员测算结果 |||||
| 序列 | 套改前人均薪酬 | 套改后人均薪酬 | 增长率 | 备注 |
|  |  |  |  |  |
|  |  |  |  |  |

续表

| | （2）各职级测算结果 | | | |
|---|---|---|---|---|
| 职级 | 套改前<br>人均薪酬 | 套改后<br>人均薪酬 | 增长率 | 备注 |
| | | | | |

### 1. 从组织层面，对薪酬变动情况进行测算分析

该层面的套改测算分析是企业领导层关注的焦点，因为它涉及企业整体人工成本的支出与控制，要考虑实施本次薪酬优化调整后会给企业增加多少薪酬成本，是否在企业能够承担的范围内。

组织层面的套改测算主要是对比分析薪酬总额增长率、各部门薪酬增长率等情况。其中，薪酬总额增长率一般不能超过企业的营收增长率。各部门薪酬增长率分析是看部门薪酬变动能否体现不同部门间的差异性。

表6-31是S企业在套改前后薪酬总额变化情况。

表6-31　薪酬总额套改测算结果

| 维度 | 套改前（元） | 套改后（元） | 变化率（%） |
|---|---|---|---|
| 年度薪酬总额 | 9 674 000 | 10 187 860 | 5.31 |
| 年度人均薪酬 | 116 554 | 122 745 | |

从表6-31中可以看出，按新的薪酬体系测算，与套改前相比，套改后薪酬总额增加约51.4万元/年，增长率约为5.31%，当年S企业的营收增长率为10%。这表明，薪酬套改测算结果良好，符合预期。

表6-32是S企业各部门在薪酬套改后测算的结果。

表6-32　S企业不同部门套改后的测算结果

| 部门 | 套改前 | | 套改后 | | 变化率<br>（%） |
|---|---|---|---|---|---|
| | 总额（元） | 人均薪酬（元） | 总额（元） | 人均薪酬（元） | |
| 人力资源部 | 367 000 | 91 750 | 380 000 | 95 000 | 3.54 |
| 财务部 | 1 040 000 | 104 000 | 1 062 860 | 106 286 | 2.20 |

续表

| 部门 | 套改前 总额（元） | 套改前 人均薪酬（元） | 套改后 总额（元） | 套改后 人均薪酬（元） | 变化率（%） |
|---|---|---|---|---|---|
| 市场拓展部 | 277 000 | 92 333 | 285 000 | 95 000 | 2.89 |
| 事业部1 | 1 080 000 | 108 000 | 1 220 000 | 122 000 | 12.96 |
| 事业部2 | 1 670 000 | 98 235 | 1 820 000 | 107 059 | 8.98 |
| 事业部3 | 4 690 000 | 137 941 | 4 850 000 | 151 563 | 3.41 |
| 品牌运营部 | 550 000 | 110 000 | 570 000 | 114 000 | 3.64 |

从表6-32中可以看到，套改前，S企业的职能部门中市场拓展部和人力资源部的薪酬水平较低。在套入新的薪酬体系后，市场拓展部和人力资源部的薪酬水平分别提升了3.54%、2.89%，但是从人均薪酬来看，这两个部门的薪酬水平还是低于其他职能部门的。

在三个事业部中，事业部3的经济效益最好，人均薪酬也是最高的。受益于政策红利，以及S企业的提前布局，事业部1的效益增长最明显，未来发展潜力也是巨大的，因此，事业部1是薪酬增长率最高的。

可见，该薪酬体系较符合S企业的当前发展状况，显著体现了不同部门对企业的重要程度。

## 2. 从个体层面，对不同岗位序列、不同层级员工的薪酬变动情况进行分析

薪酬体系的变动会直接影响员工最终的收入，而且，测算分析还能够在一定程度上保障薪酬的内部公平性。比如，对于一个在企业中经历了漫长岁月的老员工而言，内心极度需要一种被认可、被重视的感受，倘若这种诉求无法在新的薪酬体系上充分体现出来，就会大大挫伤他的工作热情。因此，个体层面的套改测算分析成为员工关注的重点。

个体层面的套改测算主要对不同层级员工薪酬变化程度与变动人数、员工薪酬与市场分位值的偏离程度等进行分析，目的是看个体薪酬变动能否体现企业的价值导向，以及各类人员薪酬水平是否具有比较强的市场竞争力。

图 6-13 是 S 企业不同岗位在套改后的薪酬水平。从图中可以看出，技术类的平均薪酬水平是最高的，体现了企业的薪酬策略——薪酬水平要导向核心人才，并且与同地区、同行业竞争对手相比，各类人员的薪酬水平是具备一定市场竞争力的。这再次表明，新的薪酬体系是比较符合企业发展的。

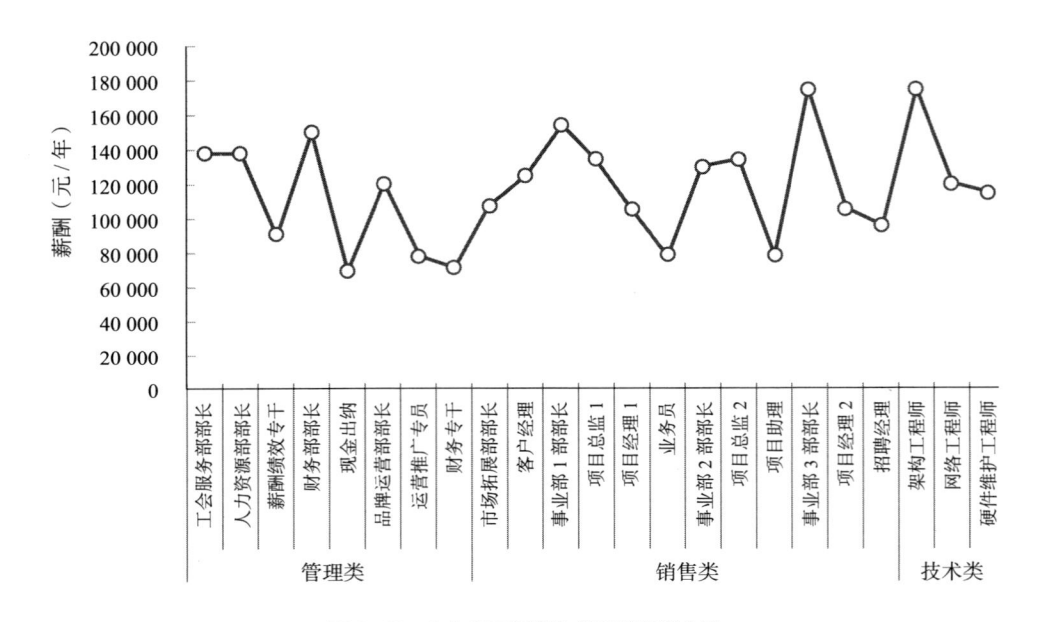

图 6-13 S 企业不同岗位类别的薪酬水平

由此可见，我们可以通过薪酬套改测算分析结果，并对结果进行验证，看在新的薪酬体系下，外部竞争性、内部公平性的问题是否得到妥善解决，进而确定是否需要对薪酬体系做进一步的调整。

综上所述，开展组织层面和个体层面的薪酬套改测算分析，不仅能保障薪酬变动在企业可以承受的范围内，还可以保证员工个人薪酬水平得到合理增长，提高新的薪酬体系落地的成功率，进而最终实现企业与个人双赢。

# 第 7 章
# 动态调整

为了让薪酬一直保持市场竞争力，体现激励性，留住和吸引企业需要的人才，同时又能有效控制人力成本，企业应该随着外部的薪酬水平、员工的职位、能力以及绩效的变化，对员工的薪酬水平实行动态调整，进而推动企业战略目标更好地落地。

## 7.1 正确理解薪酬的动态调整

员工离职率比较高,很可能不是因为他的薪酬水平比别人低,而是因为薪酬增长受限制。为此企业应该制定清晰的薪酬调整规则,以适时对员工进行薪酬调整,确保员工薪酬实现合理增长,强化薪酬对员工的激励作用。

### 7.1.1 薪酬调整要小步走、年年有

HR人员认为,薪酬调整是一把双刃剑,处理得好,能为自己的工作锦上添花;处理得不好,可能不是得罪老总就是得罪员工,最后也可能伤了自己。但是,作为人力资源管理重要的激励手段,薪酬调整实际上并不是简单地确定员工薪酬涨与不涨,而是实现对员工的持续性激励。因此,企业在开展薪酬调整时,应考虑如何利用好有限的资源达到最佳的调薪效果,以提升企业的竞争优势。

C公司在2019年实现利润增长1 000万元,公司老板决定在2019年年底拿出200万元给员工涨薪。C公司的HR部制定了两种薪酬调整方案,分别是:

方案一　到年终时,将200万元分给所有员工。

方案二　从200万元中拿出100万元作为年终奖金,剩下的100万元折算到每个月,用于明年涨薪。

C公司最终选择了第二个方案,为什么呢?因为第二种方案把眼前的激励和未来的激励结合起来了:每年少涨一点,年年给员工涨,使得薪酬的激励效果持续性更强。

任正非说:"基层员工加工资,主要看价值贡献,不要把等级过于绝对化。基于价值贡献,小步快跑,多劳多得。"这表明,薪酬调整小步走、年年有,能给员工带来更为持久的激励。有咨询公司在2018年做的一次薪酬调查中发现,

433 家被调研的企业中,有 61% 的企业每年都会调薪一次,表 7-1 给出了国内知名企业的调薪频率与调薪幅度。

表 7-1 国内知名企业的调薪频率与调薪幅度

| 企业名称 | 调薪时间 | 调薪频率 | 调薪幅度 |
| --- | --- | --- | --- |
| 华为 | 每年 4 月 | 1 次 / 年 | 10% ~ 20% |
| 腾讯 | 每年 4 月 | 1 次 / 年 | 不低于 5%,10% 左右 |
| 阿里巴巴 | 每年 4 月 | 1 次 / 年 | 10% 左右 |
| 百度 | 每年 4 月 | 1 次 / 年 | 15% 左右 |
| 小米 | 每年 10 月 | 1 次 / 年 | 5% |
| 京东 | 每年 1 月 | 1 次 / 年 | 不低于 10% |

企业在进行薪酬调整时,需要遵循以下原则:

(1)战略导向原则。企业在薪酬战略、付薪理念的指导下,开展薪酬调整工作。

(2)价值导向原则。调薪要反映员工对企业贡献的差异,向创造价值大的员工倾斜。

(3)总额控制原则。薪酬调整必须在薪酬总额的范围之内。

(4)内部公平原则。不患寡而患不均。企业在进行调薪的时候需要做到足够的公平公正。在对员工进行薪酬调整后,应该继续保持岗位等级之间薪酬的差异性。

总体而言,薪酬调整就是让薪酬动起来,确保薪酬能够与业界同行相比具有竞争力,吸引和保留住优秀人才。同时,实现薪酬体系的内部公平和个体公平,达成强化调薪激励属性的目的。

## 7.1.2 薪酬调整依据要明确,确保公平公正

不少企业在对员工进行薪酬调整时,涨薪比较随意,多由经营者"拍脑袋"决定,导致出现"会哭的孩子有奶吃"的现象,即只会溜须拍马、琢磨人不琢磨事、能力差的员工,薪酬反而更可能得到提升,从而对那些真正好的员工产生比较严重的影响,进而导致企业人才流失。这表明,企业应该制定清晰明确

的薪酬调整标准。

企业主要从整体调整和个体调整两个层面来开展调薪。笔者在为一家制造业的公司做薪酬体系优化时，制定的整体和个体的调薪标准分别如下。

**1. 整体调薪原则与依据**

公司根据各财年经营效益，结合物价水平（CPI）、市场平均工资水平以及个别岗位的市场竞争力等因素，对公司整体薪酬水平做普调，即调整薪酬起薪框架、档差等，各岗位同步上调。调整周期一般为1年，具体调整周期、幅度由公司领导班子决定。

**2. 个体调薪原则与依据**

该层面的薪酬调整原则主要有：

（1）绩效调薪。每年年底，根据员工年度绩效考核结果，对员工薪酬进行调整。员工年度绩效考核结果为A（优秀），则上调2个薪档；年度绩效考核结果为B（良好），则上调1个薪档；年度绩效考核结果为C（合格），则薪酬不进行调整；年度绩效考核结果为D（不合格），则薪酬下降2档。人力资源部汇总员工调薪情况，报总经理审批。

对于薪酬级别已达到所在薪酬等级最高档的员工，如果岗位没有发生变动时，薪酬等级不再上升。对于达到所在薪级最低档次的员工，薪酬不再下降，公司结合任职资格评估结果予以调换岗位或劝退。

（2）能力调薪。未建立胜任力模型前，胜任度可以根据员工的绩效表现、资历、上级反馈来确定；建立胜任力模型后，按模型标准进行任职资格评估。每年年底，根据岗位技能评价予以调薪1～2档。

当个体调整与整体调整同时发生时，先进行公司整体调整，再进行个体调整。

（3）岗位变动调薪。若员工发生岗位变动，由高职级异动到低职级时，其薪级和薪档均需要进行对应的调整，薪酬垂直下降（如从15级2档直接下降为14级2档）；若员工由低职级异动到高职级时，其薪级和薪档均需要进行对应的调整，薪酬水平依据薪级薪档表进行调整；若员工在同职级内调岗，则根据岗位价值评估结果，薪酬上调最多至新岗位所在薪级最高档，或者垂直降档，如已超过所在薪级最高档，则其薪酬水平保持不变。

公司对拟任用的管理人员设置1～3个月的考核期,处于考核期的管理人员,其薪酬不做调整,按原有岗位标准执行。一人兼多岗的干部,其薪酬按照所承担的不同职位的工作职责进行区别,按照就高原则定薪。

(4)地域调薪。当员工被外派到公司所在区域以外地区工作时,可享受地域调薪,依据"员工外派补助制度"执行。

企业还需要将薪酬调整依据进行公示,让员工对它们有一个清楚且明确的认知。同时,严格按照规则,对不同类型的员工进行差异化调薪,以维护薪酬分配的公平公正性。

综上所述,企业应该根据行业/市场情况、企业发展情况,以及企业人才情况等,建立清晰的薪酬调整规则,在确保薪酬调整成本可控的基础上,实现员工激励的差异化。

## 7.1.3 差异化薪酬调整,打破平均主义

对于调薪,不少企业的管理者表示:"最怕调薪。倒不是因为企业没钱,也不是不愿把钱拿出来给员工,而是一想到调薪而引起的纠纷、不合、争端,就头疼。"由于担心"把好事做成坏事",很多企业采取"齐步走"的策略——所有员工同比例普调。表面上每个人得到的都一样,很公平,但实际上这种调薪方式忽视了员工个人的价值,抹杀了优秀员工的贡献,纵容了滥竽充数者,进而会挫伤优秀员工的积极性,甚至很可能逼走优秀员工。

身为企业管理者,一定要认识到员工价值的差异性。员工的工作态度、工作能力及工作业绩等,决定着他们应该得到的薪酬。调薪亦是如此,毕竟企业的薪酬激励资源是有限的。企业应该根据员工的能力、业绩等,实施差异化薪酬调整。

中智咨询于2021年开展了一项主题为"你会如何选择调薪"的调研,约有3 000家企业参与。结果显示,约有70%的企业在调薪时,会根据员工的绩效结果,实行差异化薪酬调整,比2020年高约20%;同时,有42%的企业在薪酬调整时会向核心骨干倾斜(如图7-1所示)。由此表明,差异化薪酬调整正逐

步成为企业调薪时的首选。

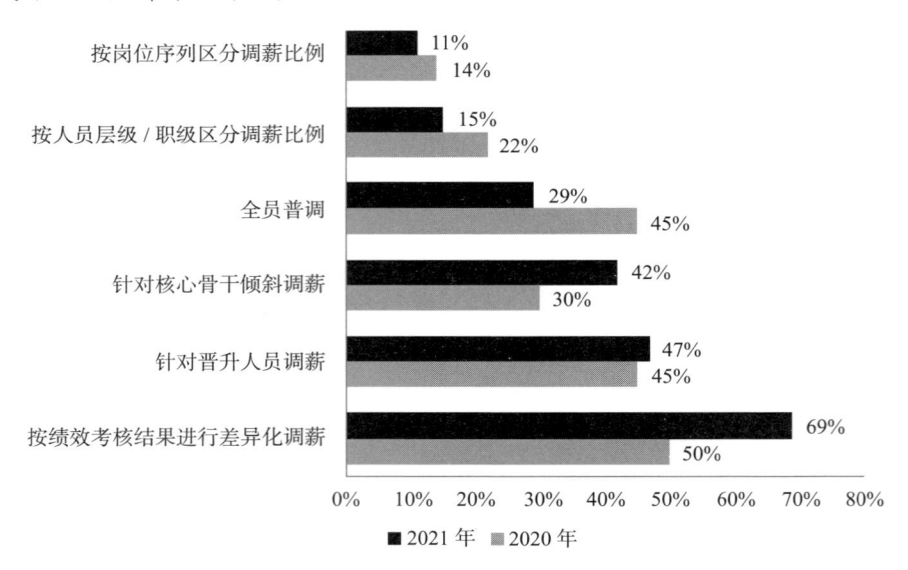

图7-1中数据：
- 按岗位序列区分调薪比例：2021年 11%，2020年 14%
- 按人员层级/职级区分调薪比例：2021年 15%，2020年 22%
- 全员普调：2021年 29%，2020年 45%
- 针对核心骨干倾斜调薪：2021年 42%，2020年 30%
- 针对晋升人员调薪：2021年 47%，2020年 45%
- 按绩效考核结果进行差异化调薪：2021年 69%，2020年 50%

图7-1 2020年和2021年企业的调薪方式对比

2019年，笔者为H企业做咨询服务时，在调研过程中发现该企业在薪酬调整时，采用的是"齐步走"的方式，不同员工间没有差别，导致员工的积极性逐渐被消磨掉。于是，笔者有针对性地制定了差异化薪酬调整规则，打破平均主义，充分激发员工的活力与工作积极性，牵引他们持续为企业创造价值。表7-2是差异化薪酬调整规则中，基于员工绩效考核结果设置的调薪档数。

表7-2 基于绩效考核结果的薪酬调整

| 绩效考核结果 | 薪酬调整 |
| --- | --- |
| 年度考核周期内2次绩效等级为A | 按档差调薪2档 |
| 年度考核周期内1次绩效等级为A，1次为B | 按档差调薪1档 |
| 年度考核周期内1次绩效等级为D | 按档差下降1档 |
| 绩优员工（绩效考核结果为A）在下一个考核周期被评为D | 垂直下降（如14级4档，降到13级4档） |
| 绩差员工（绩效考核结果为D）在下一个考核周期再次被评为D | 垂直下降（如14级4档，降到13级4档） |

注：H企业将员工的绩效考核结果划分为A（优秀）、B（良好）、C（合格）、D（不合格）四个等级，绩效考核频率为1次/半年度。

薪酬体系的公平性是相对的，而薪酬的差异化是绝对的。企业通过差异化薪酬调整，打破平均主义，能在企业内部营造一种压力，激励员工为了做好所在岗位的工作付出更多的努力。

## 7.2 适时调整薪酬，适应市场水平

人才不会因为钱多而永远满意，但是肯定会因为钱少而对企业产生不满意情绪。不满意的主要原因也不是自己少赚了多少钱，而是在和别人对比时产生不公平感。企业应该适时调整薪酬，适应市场水平，确保薪酬具有相对的市场竞争力。

### 7.2.1 保持薪酬总体增长，降低员工离职率

薪酬增长是影响员工之间、员工和管理层以及员工和企业之间关系的一个重要因素。员工通常会对自己的薪酬及其增长幅度是否公平有一个预期及判断，尤其在与其他员工比较后。如果薪酬增长幅度与自己的预期相一致，员工会保持奋斗激情，继续为企业创造价值，否则就很有可能产生离职想法。

不过，当员工薪酬增加时，相对应的业绩考核目标值也应该相应增加。因为如果只增加了员工的薪酬，业绩考核目标值不变或者增加的幅度较小，那么企业的人力成本就会增加，而业绩却没有因此增加。也就是说，薪酬成本的增加，没有带来收益。长久下去，就会给企业的经营带来风险。为此企业应该在保持员工薪酬增长的同时，让薪酬增长和业绩增长成正比，且不能超过业绩增长，以避免企业盲目加薪所带来的风险。

在华为，当企业效益好，盈利增加时，会对全员进行普遍加薪，以确保薪酬体系具有持续的市场竞争力，但是对员工的加薪是浮动式的，非永久性的。即当企业效益下滑时，全员性的薪酬下调也成为当然。但须注意的是薪酬调整往往具有"不可逆性"，也就是涨薪容易，降薪难。

华为每年的加薪包是在总薪酬包的预算约束下，在考虑了人员编制和人均

效益的情况下确定的。计算公式为：

加薪包 = 预算销售额 ×18% 的基线值 - 上一年的薪酬包 - 新增编制的薪酬包

从公式中可以看出，在人员编制不变的情况下，如果企业的销售额增加，员工的加薪空间会比较大。

具体加薪多少，需要在计算出总加薪包后，根据人员平均薪酬占比、人均效益系数等参数分配到每个部门。部门主管则会根据部门加薪包的大小，结合员工的绩效，决定给哪些人加薪以及加薪的额度是多少等。

将员工薪酬增长与企业的经营效益进行关联，实现企业的效益与员工利益挂钩，就能让员工知道：要想保持薪酬增长，就必须持续为企业创造价值。创造的价值越大，薪酬增长的幅度就越大。这样，员工便会感到自己在企业有前途，离职率自然也就会下降。

### 7.2.2 岗位变动晋升调薪，激励员工做出更大贡献

不同岗位的工作职责、工作难度以及对企业的贡献度等各不相同，当员工的岗位发生变动时，其主要工作职责也会发生相应的变化。此时，企业应该调整岗位任职者的薪酬，以维护薪酬的内部公平性，做到责权利对等。

当员工由原来的岗位上升到另一个较高的岗位，担当起更大的责任时，发生的薪酬调整，被称为晋升调薪。晋升调薪的比例通常依据企业制定的相关规定来确定。比如，笔者在G企业做薪酬体系咨询服务时，因为它采用的是宽带薪酬体系，便制定了如下晋升调薪规则：当员工晋升到新岗位，通过考察期（三个月）考核后，其薪酬可上调到新岗位起薪水平；已高于新岗位起薪水平的，则在原薪酬水平上上调1～2档（如表7-3所示）。

表 7-3　岗位变动调薪（示例）

| 姓名 | | 性别 | | 入职时间 | |
|---|---|---|---|---|---|
| 调薪类别 | □岗位调动　　□晋升调薪 ||||||
| 原岗 | 部门 | | 调岗 | 部门 | |
| | 岗位 | | | 岗位 | |
| | 薪级薪档 | | | 薪级薪档 | |
| | 薪酬水平 | | | 薪酬水平 | |
| 调薪理由 ||||||
| 调入部门意见 | □同意调整，工资由　　　元/月调至　　　元/月，从　　月　　日起执行。<br>□不同意调整，薪资不变。<br><br>　　　　　　　　　　　　　　　　　　部门负责人：<br>　　　　　　　　　　　　　　　　　　日期： |||||
| 副总经理意见 | 　　　　　　　　　　　　　　　　　　副总经理：<br>　　　　　　　　　　　　　　　　　　日期： |||||
| 总经理意见 | 　　　　　　　　　　　　　　　　　　总经理：<br>　　　　　　　　　　　　　　　　　　日期： |||||

在华为，当员工岗位发生变动时，薪酬按照"十六字"薪酬管理理念中的"人岗匹配，易岗易薪"来进行调整。

人岗匹配是指对员工与岗位所要求的责任进行匹配，确定员工的个人职级及符合度。人岗匹配最核心的是看员工的绩效是不是达到岗位的要求、行为是不是符合岗位职责的要求，还包括一些基本条件，如知识、技能、素质、经验等。当员工出现岗位调动，华为会按照新的岗位要求来做人岗匹配的认证，根据人岗匹配的结果，进行薪酬调整。

不过，华为的人岗匹配认证并不是立刻进行的，需要员工在新工作岗位上工作三个月或半年以后再进行认证。根据员工在新岗位工作的适应情况，确定员工职级与符合度，进行相应的薪酬调整。

在人岗匹配之后，华为会根据易岗易薪原则进行薪酬调整。所谓易岗易薪是指员工岗位发生变动时，薪酬将同步进行调整。当员工岗位被晋升时，如果员工的薪酬已经达到或超过了新职级薪酬区间的最低值，那么他的薪酬可以不变，也可以提升，主要看他的绩效表现；如果尚未达到新职级薪酬区间的下限，一般至少可以调整到新职级的薪酬区间的下限，也可以进入区间里面，具体数额也取决于员工的绩效表现。

如果员工岗位被降级，那么也要根据员工的绩效情况，在新职级对应的薪酬区间内确定调整后的薪酬。如果降级前薪酬高于降级后的职级薪酬上限，需要马上降到降级后对应的职级薪酬上限或者以下。

当员工的岗位发生变动时，企业可以借鉴华为的做法，按照员工新岗位的工作责任进行对应的薪酬调整。如果员工的岗位等级高于原岗位等级，则员工的薪酬水平应不低于原有薪酬；如果员工的岗位等级低于原岗位等级，则员工的薪酬水平应不高于原有薪酬。这样才能真正激励奋斗者，让他们保持奋斗精神，持续为企业做出贡献。

### 7.2.3 关键岗位调薪，保障岗位薪酬竞争力

企业的调薪总额是有限的，应该在确保公平性的基础上，遵循二八法则（也称为帕累托法则），向关键岗位倾斜，以体现企业的文化导向和薪酬战略。

识别关键岗位，可以基于以下指标：

（1）岗位贡献度。如果该岗位对企业的业绩贡献度比较大，那么它就有可能是关键岗位。

（2）市场稀缺程度，即该岗位人员在市场上是否容易招聘到。比如，某金融企业要在市场上招一个高级估值精算总监，可供选择的合格候选人是不多的。

（3）缺失影响程度，即当企业没有该岗位，会给企业带来什么影响，影响有多大。比如，检验员岗位，有的时候觉得这个岗位无足轻重，而这个岗位一旦被取消或撤销了，客户投诉可能就都来了。

（4）培养难度，即在企业内部培养胜任该岗位的任职者，需要花费多长的时间，耗费多大的经济成本。如果培养时间长且需要花费巨大的经济成本，那

么该岗位很可能就是关键岗位。比如，中国航空公司培养一名合格的机长，需要7年时间，培养成本超过500万元！

企业可以定期对标杆企业或者行业内竞争对手的关键岗位进行薪酬调查。当调查结果显示，与同行业竞争对手的同岗位相比，关键岗位的薪酬水平明显处于中等偏下时，就要及时调整，以保证这些岗位的薪酬具有一定的市场竞争力，进而达成吸引人才和保留现有人才的目的。

在调薪时，企业可以拿出不低于调薪总额的30%～40%，向关键岗位、市场稀缺岗位倾斜，调薪人员范围尽量不要超过20%。或者基于薪酬调查结果，针对关键岗位，设置不同的薪酬档数。企业在借鉴这些方法对关键岗位薪酬进行调整时，可以结合自身实际，酌情调整对应的数据。

## 7.3 绩效考核结果与调薪融合应用

为了让员工的付出与收入成正比，进而牵引员工持续奋斗，为企业创造更大的价值，企业应该将绩效考核结果应用于薪酬调整。对于绩效优秀的员工，根据标准进行合理的调薪；对于绩效差的员工，要降级降薪，以鞭策他们尽快提升自己的绩效水平。

### 7.3.1 基于绩效等级矩阵确定调薪幅度

薪酬调整如果不与绩效考核结果挂钩，就很有可能导致出现"大锅饭"现象，进而造成薪酬内部不公平。因此，企业应该建立薪酬与绩效考核结果紧密挂钩的动态调整机制，以体现干好干坏不一样，多劳多得，更好地保障薪酬分配的内部公平性。

如何根据员工的绩效考核结果来确定合理的调薪幅度，保证绩效考核的激励作用，是企业的核心问题。企业通常会基于绩效考核结果等级设计调薪矩阵，确定员工的调薪幅度。其中，调薪矩阵能在有限的薪酬调整预算下，根据员工绩效考核结果等级，科学合理地确定员工调薪幅度，确保薪酬调整结果符合企业的薪酬理念和薪酬战略。表7-4是某企业基于绩效等级设计的调薪矩阵。

表7-4 某企业不同绩效等级下的调薪比例（示例）

| 绩效等级与比例 | 人数（人） | 薪酬总额占比 | 理想调薪 | 调薪预算 |
| --- | --- | --- | --- | --- |
| S（10%） | 13 | 19% | 1.60$X$ | |
| A（40%） | 53 | 45% | 1.35$X$ | |
| B（35%） | 46 | 32% | 1.10$X$ | 8% |
| C（10%） | 13 | 4% | 0.85$X$ | |
| D（5%） | 0 | 0 | 0 | |
| 合计 | 125 | 100% | | |

注：表中"$X$"表示调薪预算控制比，即调薪预算总额/理想调薪总额，用于确保调薪总额不超过薪酬预算。

基于绩效等级来确定调薪幅度，需要根据不同绩效等级设置调薪权重。在本案例中，设置的调薪权重分别是S级1.60、A级1.35、B级1.10、C级0.85、D级0。

假设调薪前的薪酬总额为$M$，那么根据表7-4，计算出不同绩效等级员工的调薪总额为（19%×1.60$M$+45%×1.35$M$+32%×1.10$M$+4%×0.85$M$+0）= 129.75%$M$；接下来，调薪预算控制比$X$=8%$M$/129.75%$M$，即129.75%$X$=8%，计算出$X$=6.17%；最后，就可以计算出不同绩效等级的员工调薪比例，分别为9.87%（1.60×6.17%）、8.33%（1.35×6.17%）、6.79%（1.10×6.17%）、5.24%（0.85×6.17%）、0。

然而，仅基于绩效考核结果等级来确定员工的调薪比例，会造成薪酬内部的不公平。比如，上面案例中企业有员工甲和员工乙，他们的薪酬等级是3级，薪档分别是3档7 600元/月、4档8 200元/月。假如甲和乙在当年的绩效考核结果等级为优，那么他们的调薪比例是9.87%。调薪一次后他们的薪酬水平分别为8 350元/月、9 010元/月。他们间的薪酬差距600元变为659元，薪酬差距变大了。这样一来，员工甲永远追不上乙，就会使乙的工作积极性逐渐被磨灭掉。

为了让薪酬水平低的员工，通过薪酬调整，能赶上薪酬水平高的员工，或者与外部市场的薪酬水平相媲美，企业可以结合绩效考核结果等级和CR

（Comparative Rate，薪酬比较率）来设计调薪矩阵（如图7-2所示）。其中，CR是员工实际薪酬水平除以该级别薪酬中位值得到的结果。比如，员工丙的月薪为12 000元，在企业薪酬架构中，该员工所在级别的薪酬中位值为10 000元，则员工丙的CR值为1.2（12 000/10 000）。

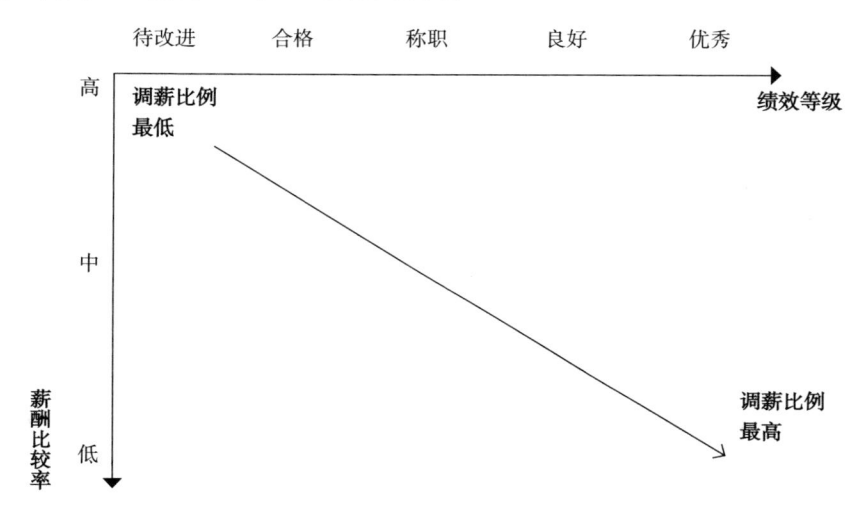

图7-2　基于绩效考核结果等级和CR确定的调薪矩阵

该调薪矩阵能生动体现薪酬调整的两个主要思路：第一个思路是在充分考虑员工的贡献和绩效考核结果的情况下调整员工薪酬。确切地说，在相同薪酬水平下，绩效考核结果越好，薪酬调整幅度越大。第二个思路是充分考虑员工现有的薪酬水平。确切地说，在相同的贡献和绩效考核结果前提下，员工薪酬比较率越低，调幅越大。这意味着，当员工的现有薪酬水平相差其所在级别的平均薪酬水平越多时，员工能够获得越大的薪酬调幅。

一旦有了每个员工的绩效考核结果，再加上他们的CR值，就能根据调薪预算，基于调薪矩阵测算出每个员工的调薪比例。

我们以龙湖地产的薪酬调整矩阵为例加以说明，如表7-5所示。

表 7-5　龙湖地产的调薪矩阵

| 绩效等级 | CR < 72% | 72% ≤ CR < 82% | 82% ≤ CR < 94% | 94% ≤ CR < 106% | 106% ≤ CR < 118% | 118% ≤ CR < 128% | 128% ≤ CR |
|---|---|---|---|---|---|---|---|
| 1 | 240% | 230% | 220% | 210% | 200% | 180% | 160% |
| 2 | 180% | 160% | 150% | 140% | 130% | 120% | 100% |
| 3 | 120% | 100% | 100% | 100% | 90% | 80% | 80% |
| 4 | 120% | 100% | 80% | 60% | 0% | 0% | 0% |
| 5 | 0% | 0% | 0% | 0% | 0% | -10% | -20% |

表 7-5 中百分数是指龙湖地产在开展薪酬调整时下达的指导调薪比例的倍数。比如，员工甲的年度绩效等级为 2，CR 值为 80%，所在组织的指导调薪比例为 10%，那么该员工的个人调薪比例为 160%×10%=16%。

员工绩效等级相同，CR 值越低，调薪比例越高。比如，员工丙和丁的绩效等级都为 1，所属部门的指导调薪比例都为 8%，丙的 CR 值为 80%，丁的 CR 值为 100%。根据 CR 值所处的区间，确定丙的调薪比例为 17.6%，大于丁的调薪比例 16.8%。

另外，在龙湖地产，基于该矩阵计算出来的调薪比例是一个参考值，原则上还会设置一个浮动范围，比如上下 20%，那么针对员工甲的指导调薪比例为 16%×（1±20%），即员工甲的调薪区间为 [12.8%，19.2%]。

设计调薪矩阵是为了让 HR 人员或业务管理者等按照员工的绩效表现和薪酬水平来分配薪酬调整预算，同时让员工知道：要想获得更大的调薪幅度，需要在组织中尽可能成为绩效目标完成得最好的员工，从而在组织之中形成一种良性竞争氛围，驱动员工自主将工作绩效提升到更高水平。

## 7.3.2　导向绩效考核结果优秀的人才

每个员工对组织的贡献是不同的，是"不平衡"的，这也就意味着企业在价值分配上要"打破平衡"。同样，薪酬调整也要打破平衡，导向绩效优秀的员工。任正非说："绩效为 A 的员工，可以得到平均奖金的 3～5 倍，优秀的 13

级员工,可以拿到 21 级的主管的奖金。让员工充满饥饿感,对奖金充满想象力,这样的团队才会冲锋奋斗,前仆后继。"

华为提出"要给火车头加满油"。意思是,薪酬待遇、股权分配、任职资格晋升等要导向绩效优秀的员工。

华为员工的绩效考核结果等级分为 A、B+、B、C、D 5 个等级。当员工的绩效考核结果等级为 A 时,到年终就可以加薪 30%~50%,而且还能获得配股;绩效考核结果等级为 B+ 的员工,到年终可以加薪 20%,配股要视情况而定;绩效考核结果等级为 B 的员工,基本不加薪,配股也要视情况而定。

同时,华为在提拔干部时,绩效考核结果也是重要的参考维度。只有那些在实际工作中已经取得了突出绩效,且绩效考核结果的横向排名处于前 25% 的员工,才能进入干部选拔流程。

国内另一家知名企业字节跳动,将员工的绩效考核结果分为八个等级,从低到高为 F、I、M-、M、M+、E、E+、O,并进行强制分布。绩效考核结果决定了年终奖和涨薪,位于前四级就有加薪的机会,并有至少三个月月薪的年终奖(如表 7-6 所示)。

表 7-6 字节跳动不同绩效考核结果等级下的年终奖

| 绩效考核结果等级 | 年终奖 |
| --- | --- |
| O | $N$ 个月的月薪(人数极少) |
| E | 6~9 个月以上的月薪 |
| M+ | 5 个月的月薪 |
| M | 3 个月的月薪 |

由于华为、字节跳动等知名企业在调薪时,坚决导向绩效考核结果优秀的员工,因此在企业内部形成了一种正向循环:只要把工作做好、做得优秀,就一定能脱颖而出,得到涨薪,获得尊重与认可,进而把工作当快乐。要想持续快乐,绩效表现就要持续优秀。

当企业构建的薪酬体系是宽带薪酬时,管理者只需要按照事先设定的不同绩效考核结果等级下薪酬调整的档数,进行调薪即可。在采用该方法进行绩效调薪时，需要思考以下两个问题：

（1）绩效调薪要体现向优秀人员倾斜的导向。一般来说，在原有薪酬等级不变的情况下，绩效优秀员工的调薪幅度是绩差员工的 2～4 倍。

（2）绩效调薪预算最好不要一次用完。绩效调薪作为年度调薪预算中的一部分，不能仅用于全员普调。从本次绩效调薪到下次调薪之间，企业还可能发生各种各样常规调薪以外的情况，如员工挽留、重点人员绩效调薪等，为此企业应该尽量留出一小部分，用于二次薪酬调整。例如，企业当年整体调薪预算比例为 8%，则可以做如下分配：6.0% 用于年初全员绩效调薪，0.7% 用于全年员工晋升调薪，1.3% 用于半年后对重点人员的绩效调薪。

综上所述，企业在进行薪酬调整时，应该向绩优员工倾斜，让他们分享到企业发展的"糖果"，在保证绩优人才稳定的同时，激励他们跑得更快，为企业创造更大的价值。

### 7.3.3 绩效考核结果差的员工降薪降级

唯有能者上、平者让、庸者下，整个企业才能维持正常运转。在薪酬激励导向绩优员工的同时，企业应该及时对绩差员工进行降薪降级处理。所谓降级是将一名员工调动到低一级职位。职位降低，相应的薪酬待遇也会降低。

对于绩效考核结果差的员工，如果不对他们降级降薪，让他们依旧占据企业的核心岗位，就很有可能导致绩优员工离开，企业剩下的都是能力普通的员工，长久下去，企业就难以在激烈的市场竞争中存活下来。笔者在为一家 S 公司做组织变革咨询服务时，调研发现该公司并没有将绩效考核结果应用于薪酬分配与调整上，对绩效考核结果差的员工没有进行降薪降级，导致一些绩优员工离职，公司发展也陷入困境。

在华为，如果员工去年的绩效考核结果排在倒数 5% 以内，他就会失去今年的调薪机会。一旦绩效考核结果为 C 或 D，那么该员工三年内不能涨工资、配股，奖金也是 0。对此，华为内部称"一 C 毁三年"。比如，徐文伟、万飙、陈军、张平安及余承东五位高管因为没有完成 2012 年年初制定的个人绩效目标，结果他们当年的奖金是零。

除了降薪，华为对于低绩效员工，坚持采用逐渐辞退的方式，好聚好散。为此，华为引入了末位淘汰制，并将末位淘汰制融入日常绩效考核工作体系：绩效考核结果等级为 D 的员工，华为会直接与他们终止合同；连续两个半年考核结果等级为 C 的，基本也会被华为劝退，不被劝退的员工自己一般也会离职。

华为的末位淘汰制度主要针对行政管理者，而且对不合格干部的末位清理不仅停留在基层主管层面，对于中高层干部同样是动真格的。每个层级不合格干部的末位淘汰率为 10%，对于未完成年度任务的部门或团队，干部的末位淘汰比例还可进一步提高。

需要提及的是，在对员工进行降薪降级处理时，管理者应该与员工进行沟通，给出客观明确的理由与事实依据，让员工信服。否则，就会使员工的情绪产生比较大的波动，同时还会降低员工的工作效率。

"井无压力不出油，人无压力轻飘飘。"对绩效考核结果差的员工进行降薪降级，不仅能督促绩差员工秉承奋斗精神，不断改进自己的绩效水平，还可以增强员工的危机感，使得每个员工为了不成为最后一名而努力工作，大大提升了员工的工作积极性，员工队伍能始终保持活力。

## 7.4 围绕人力经营目标，把握薪酬调整时机

薪酬调整做好了就能激励员工的士气，做不好会动摇部分员工的信心。而要做好薪酬调整，企业应该围绕人力经营目标，把握好薪酬调整的时机，并确定薪酬调整幅度，以充分发挥薪酬调整的激励作用。

### 7.4.1 把握薪酬调整时机，发挥良好的激励作用

无论是对于员工，还是对于企业来说，调薪都是一件不容忽视的事。为有效发挥薪酬调整的激励作用，选择恰当的调整时机非常重要。如果薪酬调整

时机把握不恰当，就比较容易导致企业处于被动位置，使薪酬调整的激励性变弱，企业增加了成本却没有创造出更多的价值。

企业进行薪酬调整的时机主要有：

（1）当企业的利润增长高于同行业水平时，企业需要对全体员工的薪酬进行普遍性调整，让员工分享企业快速发展的红利，激发员工的工作动力，持续为企业创造价值；反之，当企业盈利欠佳时，要通过年度调薪将企业盈利欠佳的现状及压力传达至每一位员工，由此激发员工的斗志，同心同德，共同奋斗，企业才可能有转机。

（2）当物价水平增长迅速，导致员工薪酬所能维持的生活水平有明显下降时，需要调整员工薪酬，以弥补员工因为通货膨胀带来的实际收入的减少。这种薪酬调整需要企业主动进行，既能显示企业对员工关怀，也能有助于提升员工对企业的归属感。

（3）随着市场竞争的日益加剧，当部分岗位尤其是核心和骨干岗位的薪酬，与同行业竞争对手相比，已经处于中下水平时，需要进行薪酬调整，以保障薪酬的外部竞争力。如果不调整，就难以吸引市场优秀人才，留住现有的核心人才的难度也会加大。

（4）当员工做出优秀的业绩时，企业应该有针对性地进行薪酬调整，以鼓励员工保持工作效率，再接再厉。而且薪酬调整要及时，不能让员工自己提出来，这样才能充分发挥薪酬调整的激励作用。比如，华为强调，对于业绩好的员工，要先调、多调；对于业绩不好的员工，就后调、少调。以此来激发员工的干劲，发挥调薪的激励与牵引作用。

（5）企业内部的薪酬结构不合理，使得个别岗位缺乏公平性时，应当及时予以调整。比如，C企业刚成立时，一线生产工人有高温补贴，而办公室由于没有装空调，于是便在办公人员的薪酬结构中也增加了"高温补贴"。但是随着企业业务的发展，C企业的办公条件已经改善，办公室都安装上了空调，办公人员的高温补贴没有存在的必要了。如果不进行调整，一线生产工人就会感到不公平，心里不平衡，进而影响生产效率。

调薪本就是用来激励员工的。把握好薪酬调整的时机，能增强薪酬激励的作用，提升企业管理效率。

## 7.4.2 在人力经营范围内,对薪酬调整幅度进行管控

从财务管理的角度看,薪酬调整必定会对企业整体的人力成本产生影响。因为人力成本构成中的基本工资、绩效奖金等会随着薪酬的调整而变动。为了能够确保企业的人力成本是可控的,企业应该在人力经营的范围内,对薪酬调整的幅度进行管控。

A、B 两家企业是处于同行业的竞争对手,内部的岗位设置几乎没什么差别,在绩效管理上,都将员工绩效考核结果划分为优秀、良好、合格、不合格四个等级,使用的薪酬体系都是宽带薪酬。

2019 年,A、B 两家企业制定的薪酬调整预算是 11%。其中,A 企业根据各部门的运营情况,结合外部劳动力市场的薪酬变动情况,给各部门下达薪酬调整的总比例。员工的薪酬调整幅度,由各部门自主分配。而 B 企业除了做好薪酬调整预算从企业到部门的分配,还关注部门如何将薪酬调整预算分配给员工。到年底,两家企业将 2019 年的调薪结果进行了汇总统计,表 7-7 以及表 7-8 只是给出了 A、B 企业部分岗位的调薪结果。

表 7-7　A 企业的薪酬调整情况

| 岗位名称 | 职级 | 绩效考核结果 | 调整前月薪（元） | 调整后月薪（元） | 月薪变化率 |
|---|---|---|---|---|---|
| 市场拓展部部长 | 15 | 优秀 | 8 000 | 10 800 | 35% |
| 产品与信息化部部长 | 16 | 优秀 | 18 000 | 19 500 | 11% |
| 产品经理 | 14 | 良好 | 10 000 | 11 500 | 15% |
| 业务部门 1 部长 | 15 | 良好 | 6 500 | 7 000 | 7% |
| 总经理助理 | 16 | 合格 | 11 000 | 12 000 | 9% |
| 财务部部长 | 15 | 合格 | 8 900 | 9 500 | 7% |
| … | … | … | … | … | … |
| 总计 |  |  | 1 350 000 | 1 485 000 | 10% |

表 7-8　B 企业的薪酬调整情况

| 岗位名称 | 职级 | 绩效考核结果 | 调整前月薪（元） | 调整后月薪（元） | 月薪变化率 |
| --- | --- | --- | --- | --- | --- |
| 市场拓展部部长 | 15 | 优秀 | 7 800 | 8 814 | 13% |
| 产品与信息化部部长 | 16 | 优秀 | 15 500 | 17 360 | 12% |
| 产品经理 | 14 | 良好 | 9 600 | 10 560 | 10% |
| 业务部门1部长 | 15 | 良好 | 6 700 | 7 504 | 12% |
| 总经理助理 | 16 | 合格 | 10 200 | 11 016 | 8% |
| 财务部部长 | 15 | 合格 | 9 000 | 9 540 | 6% |
| … | … | … | … | … | … |
| 总计 |  |  | 1 324 000 | 1 456 400 | 10% |

对比 A 企业和 B 企业的员工薪酬调整结果，发现：

（1）A 企业和 B 企业的最终薪酬总额调整变化率都为 10%，与企业的预期是一样的，是合规的。

（2）A 企业在绩效优秀和绩效良好的不同职级的员工的薪酬调整幅度上差异比较大。其中市场拓展部部长的薪酬增幅达到 35%，同样是绩效考核结果为优秀的产品与信息化部部长，薪酬增幅仅为 11%，差距达到 24%；绩效考核结果为良好的不同职级的员工，薪酬增幅差异也达到了 8%。这表明，虽然 A 企业的薪酬调整没有超出预算，人力成本在可控的范围内，但是在个体薪酬调整上却出现了比较大的差异，有可能引起内部的不公平。

相对而言，B 企业对绩效考核结果为优秀的员工的薪酬调整幅度均值为 12.5%；对绩效考核结果为良好的员工，薪酬调整幅度均值为 11%；对绩效考核结果为合格的员工，薪酬增幅均值为 7%。这表明，B 企业的薪酬调整幅度不仅符合该企业的薪酬战略，很好地贯彻了"为绩效付薪"的理念，而且还体现了内部公平性，有利于在内部营造良好的氛围。

从上述案例中可以看到，如果只是关注和控制薪酬总额的调整幅度，不加以细化控制，就无法确定薪酬调整的结果是否符合企业的薪酬战略，是否能够确保绩优员工的薪酬具有外部竞争力、体现内部的公平性。

因此，企业应该从宏观角度把控薪酬调整的预算水平，同时也要关注对员工个体的薪酬调整幅度。这样，不仅能够很好地控制人力成本，而且还可以确保企业薪酬战略能够更好地被贯彻执行。

# 第8章
# 薪酬优化

世界上唯一不变的就是变化。VUCA时代，薪酬体系不可能是固定不变的。为了确保薪酬体系的价值能够得到持续发挥，企业应该定期开展薪酬诊断分析，识别优化方向，对薪酬体系进行有针对性的迭代更新。

## 8.1　全面开展薪酬诊断，有针对性地优化薪酬体系

薪酬体系如同人的身体，在"动刀"之前要先进行全面的诊查，找出病根所在。为此企业应该对薪酬体系的现状进行诊断分析，摸清楚薪酬体系存在的问题，为薪酬体系优化打好基础。

### 8.1.1　开展薪酬诊断，了解薪酬体系的合理性

随着企业战略调整、人员结构以及外部环境等的不断发展变化，原来的薪酬体系会逐渐出现各种问题。比如，对核心人才的激励不足、与战略关联度不够等。此时，薪酬体系的优化势在必行。何时优化、从哪些方面优化成为HR人员、薪酬管理者，乃至企业经营者必须面对的核心问题。

为解决这些问题，企业通常会开展薪酬诊断，以深入了解企业薪酬体系目前的关键问题与短板。薪酬诊断是指在薪酬调研的基础上，通过一定的逻辑分析，对调研信息进行对比，挖掘薪酬体系中的薄弱环节，分析原因并提出解决思路，为企业的薪酬决策提供科学依据，从而提高企业薪酬管理水平。

薪酬诊断的流程一般包括确定诊断内容、设计诊断框架、选择恰当的诊断方式、实施调研、分析诊断信息并给出优化建议。

企业一般从薪酬策略、薪酬水平、薪酬结构、薪酬调整、薪酬制度等方面开展薪酬诊断，如表8-1所示。

表8-1　薪酬诊断的框架与诊断方式确认

| 维度 | 内容 | 资料分析 | 员工访谈 | 问卷调查 | 备注 |
|---|---|---|---|---|---|
| 薪酬策略 | 薪酬策略是否明确 | √ | √ | | |
| | 企业的付薪理念是什么 | √ | √ | | |
| 薪酬水平 | 与外部市场薪酬水平相比，员工是否感觉满意 | | | √ | |

续表

| 维度 | | 内容 | 诊断方式 | | | 备注 |
|---|---|---|---|---|---|---|
| | | | 资料分析 | 员工访谈 | 问卷调查 | |
| 薪酬结构 | 个体公平 | 员工的薪酬由哪些部分构成 | √ | √ | √ | |
| | 内部公平 | 是否采用了岗位价值评估工具确定岗位的价值 | √ | √ | √ | |
| | | 是否是基于岗位价值确定职位等级体系的 | √ | √ | √ | |
| | | 与周围同事相比，薪酬的合理性如何 | | √ | √ | |
| 薪酬调整 | 整体调整 | 是否了解薪酬调整的规则 | | √ | | |
| | | 薪酬调整的规则与依据是什么 | √ | √ | | |
| | 个体调整 | 员工的能力与绩效是否与薪酬挂钩 | √ | √ | | |
| | | 当岗位发生变动时，薪酬是否进行对应调整 | √ | √ | | |
| 薪酬制度 | 薪酬组织 | 是否建立了薪酬管理机构 | √ | | | |
| | 制度完善性 | 制度运行及评估效果如何 | √ | √ | | |
| | | 是否建立了薪酬配套制度 | √ | | | |
| | 制度合规性 | 制度是否被职代会通过 | √ | | | |

薪酬诊断的第一步是确定收集信息的方式，主要有资料分析、员工访谈以及问卷调查等。

（1）资料分析。采用该方式时，需要提前准备好相关资料，主要包括企业的组织架构（部门与岗位配置及职责说明书、职层职类划分说明等）、薪酬制度（不同层级的薪酬管理、奖惩、晋升、津补贴规定等）、薪酬日常文件（工资表、考勤表、奖金表等）、绩效管理（绩效考核制度、近三年考核明细表）等。收集齐全资料后，便可以拆解信息、划分维度，对信息进行二次整合，深度挖掘薪酬体系中存在的问题以及产生问题的根源。其中，拆解的信息可以依据薪酬体系优化的目标来划分，或者从薪酬内部公平性、外部竞争力以及薪酬调整等角度来划分。

（2）员工访谈。不同的访谈对象，访谈的侧重点不同。对于高层，访谈侧重点是他们对企业的发展战略、薪酬战略的了解程度等；对于中层，访谈侧重点是他们对薪酬整个管理体系的认知与感受；对于基层，访谈侧重点是他们对薪酬体系的满意度，包括薪酬水平的竞争性、薪酬结构的合理性等。为此需要

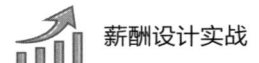

分层设计访谈提纲。

在访谈过程中，应该尽可能记录有效、重要的信息，并且在访谈结束后及时对访谈记录中的问题进行归纳，以便于后期进行分析。

（3）问卷调查。在采用问卷调查方式时，需要注意几点：第一，先确定调研对象，根据调研对象的角色、职责、工作内容，设计有针对性的调查问卷；第二，调查问卷与访谈提纲要有互补性，对于问卷无法收集到的信息，需要利用访谈方式收集。

下一步是实施薪酬调研。企业通常会组建项目组来实施薪酬调研。为保障调研顺利开展与推进，需要对项目组成员进行相关专业技术的培训，如访谈的技巧培训、问卷数据分析培训等。

最后，对收集到的薪酬信息进行分析，并给出优化建议。表8-2给出了开展薪酬调研分析的维度和具体内容，企业可以借鉴与参考。

表8-2 薪酬调研信息分析

| 序号 | 维度 | 具体说明 |
| --- | --- | --- |
| 1 | 员工基本信息分析 | 分析员工数量、员工结构、人岗配置、岗位层级等 |
| 2 | 薪酬水平分析 | ·分析企业整体竞争力<br>·对比企业典型岗位与外部同岗位的薪酬水平，通常采用偏离度来进行分析<br>·对企业近五年的薪酬总额占营业收入比例、薪酬总额增长率和人力资本投资回报率进行分析，并与外部标杆企业进行对比 |
| 3 | 薪酬结构分析 | ·分析企业薪酬构成要素所占的比例，并与外部市场进行对比，看薪酬构成是否合理<br>·分析不同层级或岗位固定薪酬和浮动薪酬的占比的科学性和合理性<br>·分析员工的综合能力和业绩是否与薪酬挂钩，关联度有多高<br>·分析现有的职层职级数是否合理，当前不同岗位的薪酬差异是否体现岗位价值、新老员工之间的差异性 |
| 4 | 薪酬调整分析 | 从整体和个体两个角度，对近3～5年的薪酬调整规则、背景原因、次数、内容、调整比例、周期等进行分析 |

在对员工基本信息、薪酬水平、薪酬结构、薪酬调整等方面的数据进行分析后，就能归纳出企业现阶段薪酬体系存在的问题，从而有针对性地优化薪酬体系，提升员工满意度，进一步强化企业的核心竞争力。

## 8.1.2　切忌头痛医头、脚痛医脚

当薪酬体系开始出现问题时，企业通常采用打补丁的方式来进行修复——哪里破了就补哪里。结果补丁越来越多，问题却并没有得到妥善解决，反而导致问题或矛盾变得更加突出，最终结果是员工"招不来，请不走，留不住"。

2019年年底，笔者应邀为L公司做咨询服务。L公司下属有6个业务部、4家分公司，产品以国内市场为主。2019年，L公司总计员工240余人，其中50%以上为生产技能类员工，其他为技术研发人员、市场销售人员，是集"研、产、销"于一体的企业。

通过与L公司的人力资源部门负责人沟通后笔者了解到：2018年，技术部的部门负责人来找他，说部门核心技术人员目前流失的主要原因是公司给他们的待遇比较低，有经验的技术骨干被竞争对手高薪挖角，希望公司能给核心技术人员涨点工资，否则很可能影响部门的正常运转和公司的经营发展。

于是，HR部立即制定了一个薪酬体系优化方案：每月给技术部部门负责人一个固定的技术津贴包，由其自主分配。在推行该方案的初期，L公司的核心技术人才流失情况有了一定程度的改善，但是一段时间后，问题又出现了：核心技术人才流失率又反弹了，甚至比以前高。经了解，才知道是因为技术部部门负责人在分配技术津贴包时，谁与他关系好他就多分一点给谁。最后，技术部员工对公司更不满意了。

导致L公司出现这个问题的主要原因是该公司对薪酬体系缺乏系统性思考，采取"头痛医头、脚痛医脚"的方式来解决面对的薪酬体系问题，结果HR人员成了"拿着消防器材到处灭火的消防员"。

鉴于此，笔者协助L公司开展了薪酬诊断，调研结果显示如下问题。

**1. 员工感觉收入分配不公平**

分析图8-1中的结果，会发现：

（1）在价值创造与收入匹配度上，有54.29%的员工感觉满意（包括满意与非常满意，下同），40.45%的员工感觉一般。

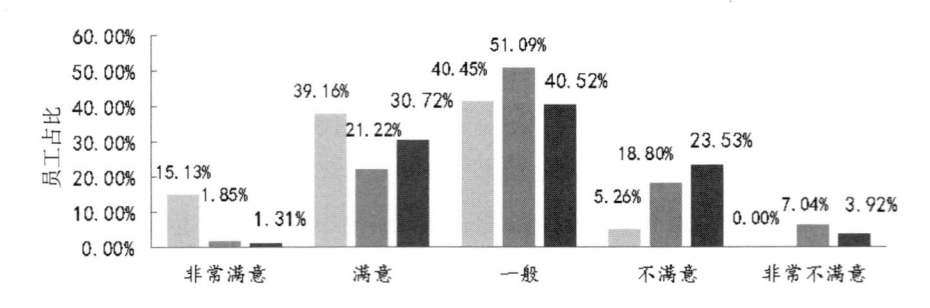

图 8-1　L 公司员工对收入分配的感知

（2）在收入满意度（与外部相比）上，只有 23.07% 的员工感觉满意，51.09% 的员工感觉一般；在收入分配合理性上，有 32.03% 的员工感觉满意，40.52% 的员工感觉一般。

综上所述，L 公司的员工对价值创造与收入匹配的满意程度要远高于对收入分配合理性和收入满意（与外部相比）的程度。这表明，员工在企业缺少创造价值的机会和空间，同时收入的内部公平性也存在改善空间。

**2. 员工的收入缺乏市场竞争力**

观察图 8-2，可以看出：与同等规模、同类企业和岗位相比，50.98% 的员工认为收入一般，24.84% 的员工对收入感到不满意（包括不满意与非常不满意）。这表明，员工的收入缺乏市场竞争力。

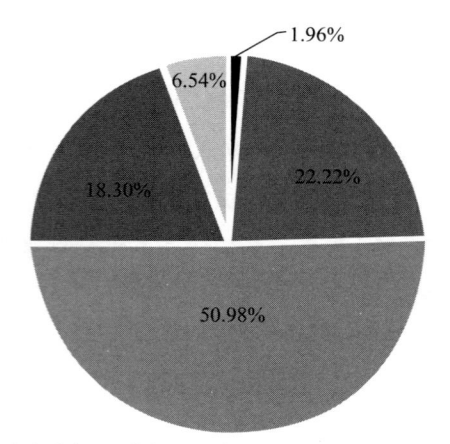

图 8-2　L 公司员工收入的外部竞争力

**3. 员工对福利补贴不敏感**

技术部门员工除基本工资外还有各种补贴，如饭补、住房补贴、岗位补贴、技术津贴等，经过统计计算，L 公司每年支付给技术部门员工的薪酬其实不低于同行业的薪酬水平，但是这些员工自己感觉不到。

基于薪酬调研结果，笔者有针对性地提供了问题解决思路，以优化公司现有薪酬体系，激发员工的工作热情，实现"力出一孔，利出一孔"，确保 L 公司在市场中保持竞争优势。图 8-3 是笔者基于薪酬调研结果，架构的薪酬优化模型。

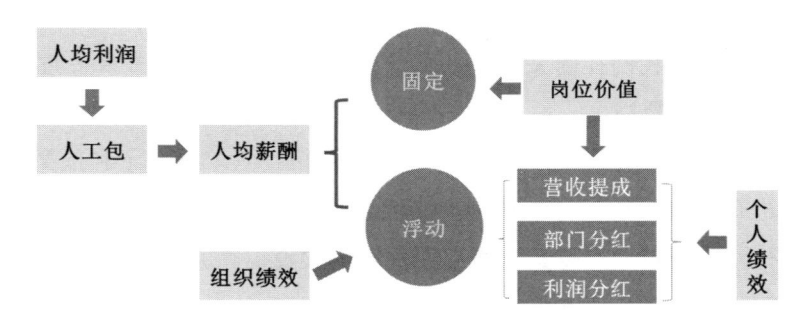

图 8-3 L 公司的薪酬优化模型

员工表现出对自己收入不满意、觉得价值分配不公平，对企业来说是经常会碰到的，关键是企业经营管理者或者 HR 人员要深入分析，找到员工不满意的真实原因。企业可以通过薪酬诊断，对薪酬体系进行一次系统性梳理，全面分析薪酬体系现状，为薪酬体系优化识别方向，夯实薪酬体系优化的基础。

### 8.1.3 量化薪酬诊断分析，科学指引薪酬决策

要做好薪酬诊断分析，就要让数据说话，透过数据看到问题的本质。HR 人员或者薪酬管理者应该掌握一些数学知识（如加权平均数、分位数等）和数据分析工具（如回归分析等），对薪酬体系现状进行量化诊断分析。

加权平均数是平均数中的一种，一般由各数值乘以对应的权重，求和得到总体值，再除以数值个数。比如，有 $N$ 个数，数值 $X_1$ 出现 $a_1$ 次，数值 $X_2$ 出现 $a_2$ 次，数值 $X_3$ 出现 $a_3$ 次，…，数值 $X_N$ 出现 $a_N$ 次，那么加权平均数的计算公

式为

$$\bar{X} = \frac{X_1 a_1 + X_2 a_2 + X_3 a_3 + \cdots + X_N a_N}{N}$$

从公式中可以看到，加权平均值的大小不仅取决于各数值的大小，还取决于各数值出现的次数（权重）。

在薪酬诊断分析中，加权平均数可以用于分析典型岗位薪酬的外部竞争力。具体操作是先将对标企业的典型岗位薪酬赋予权重后，计算加权平均值，再与企业对应的岗位薪酬水平进行对比。采用加权平均数，能更好地反映典型岗位的市场薪酬水平，摸清企业对应岗位的薪酬竞争力。

对于分位数，我们在前文介绍如何分析和定位企业的薪酬水平时有过详细介绍，这里就不再赘述了。

至于回归分析，就是对具有因果关系的影响因素（自变量）和预测对象（因变量）所进行的数据统计分析处理。一般来说，当自变量和因变量存在某种关系时，进行回归分析才有意义。通常，我们用代表相关关系的 $R^2$ 来表示自变量和因变量间的相关程度。通常 $R^2$ 大于 0.8 时，表明它们间的关联程度是可接受的，进而表明建立的回归方程是合理的。

在薪酬管理中，企业各职级与对应的薪酬呈现正相关关系：岗位职级越高，薪酬越高。在薪酬分析中，可以对职级（自变量）和薪酬（因变量）建立线性回归、对数回归或指数回归曲线，来判断各职级与对应的薪酬是否合理。

$$\text{线性回归方程：} Y = aX + b$$

$$\text{指数回归方程：} Y = e^{aX+b}$$

其中，$Y$ 代表薪酬，$X$ 代表岗位职级。

当 $R^2$ 大于 0.8 时，表明各职级与薪酬是正关联的，且关联度是可以接受的，进而表明薪酬体系是合理的。

掌握好这些数学知识和分析工具，HR 人员或薪酬管理者就能量化分析薪酬诊断数据，挖掘数据背后的信息，找到问题产生的根源，为下一步的薪酬体系优化提供科学指引。

## 8.2 分析薪酬构成，推动实现内部平衡

薪酬构成分析是对员工薪酬的组成以及各构成要素之间的占比关系进行分析的过程。它的目的是寻求薪酬的保障和激励功能的平衡点，推动实现薪酬体系的内部平衡，通常围绕各部门、各层级以及薪酬效益等维度展开。

### 8.2.1 寻求薪酬的保障和激励功能的平衡点

薪酬对于员工的重要性主要体现为经济保障和激励功能。其中，基于经济学理论，薪酬本质上是劳动力生产要素的价格，作用是通过劳动力市场将具有一定知识、技能和经验的人力资源配置到各种不同的用途上。换言之，薪酬实际上是企业和员工之间达成的一种供求契约，即企业通过员工的工作来创造市场价值，而企业根据员工的贡献提供相应的回报。

薪酬作为绝大多数劳动者的主要收入来源，对劳动者及其家庭生活所起的保障作用是其他任何收入无法替代的。根据马斯洛需求层次理论（如图8-4所示），员工对于薪酬的需求会在五个层次上有所表现。

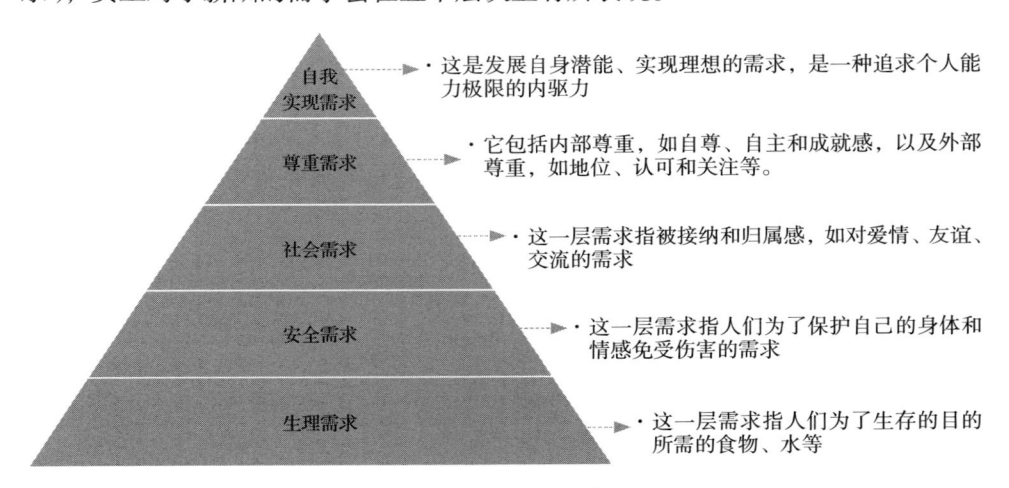

- 自我实现需求：这是发展自身潜能、实现理想的需求，是一种追求个人能力极限的内驱力
- 尊重需求：它包括内部尊重，如自尊、自主和成就感，以及外部尊重，如地位、认可和关注等。
- 社会需求：这一层需求指被接纳和归属感，如对爱情、友谊、交流的需求
- 安全需求：这一层需求指人们为了保护自己的身体和情感免受伤害的需求
- 生理需求：这一层需求指人们为了生存的目的所需的食物、水等

图 8-4 马斯洛需求层次理论

第一，员工为了能够满足自己的基本生活需求，所期望得到的薪酬。
第二，员工为了保护自己的身体和情感免受伤害的需求，包括失业保障、

医疗保障、社会安全等，所期望获得的薪酬收入。

第三，员工期望自己所获得的薪酬与同事之间具有一种可比性，得到公平对待。

第四，员工为了个人自尊、受到别人尊重（包括上级的赏识、表扬、晋升等）的需要而期望自己能够获得比他人更高的薪酬，视其为对个人的能力和所从事工作的价值的肯定。

第五，员工期望自己能够获得过上更为富裕、质量更高的生活所需要的薪酬，从而进入一种更为自由的生存状态，充分实现个人的价值。

通常来说，在员工的低层次薪酬需求得到满足以后，通常会产生更高层次的薪酬需求，并且员工的薪酬需求往往是多层次并存的。

可见，企业的薪酬在满足员工吃、穿、用、住、行等方面的基本生存需求的同时，还要满足员工其他层次的需求。

从激励性角度来看，员工的较高层次薪酬需求得到满足的程度越高，薪酬对员工的激励作用就越大；反之，则很有可能导致员工消极怠工、对组织的忠诚度下降等不良后果。笔者曾经在为一家平均薪酬相当于所在地区平均薪酬1.4倍的企业做咨询服务时，发现接近47%的员工对该企业的薪酬体系是不满意的。这表明，薪酬问题不仅涉及薪酬水平，还涉及员工对薪酬的心理期望与企业实际薪酬状况之间的差距。

根据双因素理论（如图8-5所示），引起人们工作动机的因素主要有两个：一是激励因素，二是保健因素。只有激励因素才能给人带来满意感，而保健因素只能消除人们的不满。

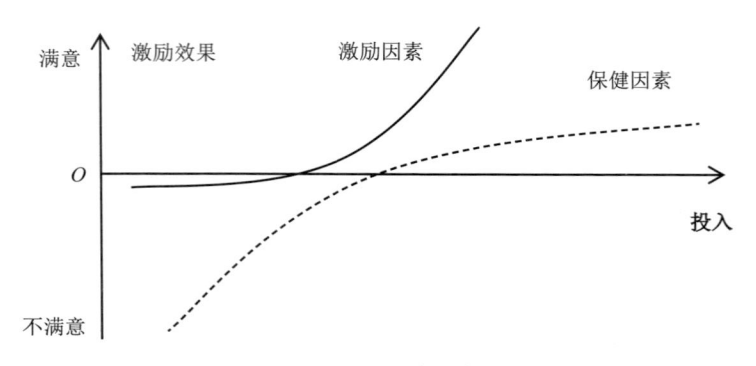

图8-5 双因素理论

如果一家企业只是在保健因素上加大员工激励投入，即便投入无限加大，员工满意度也只会无限接近一个较低的水平。由此表明，企业应当在保障保健因素的基础上，注重员工更高层次的激励因素。

为了平衡薪酬的保健和激励功能，企业需要对各薪酬构成要素的占比进行分析，牵引员工的行为，发挥薪酬对员工的持续激励作用。

### 8.2.2　深入剖析薪酬构成情况

薪酬结构的合理与否会对员工的工作积极性和流动率产生比较大的影响。当薪酬构成情况达不到员工的期望时，就会挫伤员工的工作积极性，进而出现人员流失等问题；而当薪酬、构成要素过于繁多和复杂时，又很可能导致员工懈怠，薪酬的保健作用有余但是激励作用被弱化等问题。为此企业需要开展薪酬构成分析，从企业整体、部门、岗位序列以及岗位等级等维度进行分析。

当从企业整体来分析薪酬构成时，可以从时间维度来对比分析各薪酬构成要素占比。

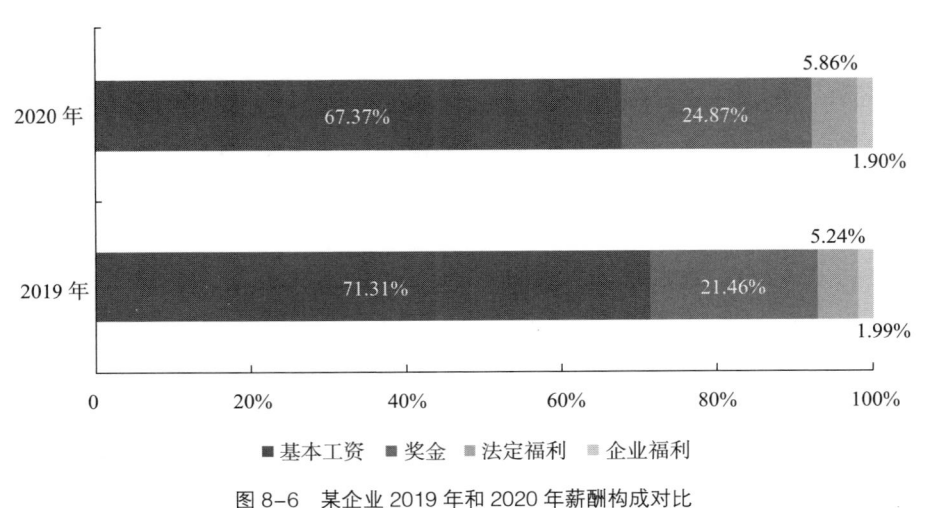

图 8-6 是某企业的薪酬构成对比。

| 年份 | 基本工资 | 奖金 | 法定福利 | 企业福利 |
| --- | --- | --- | --- | --- |
| 2020 年 | 67.37% | 24.87% | 5.86% | 1.90% |
| 2019 年 | 71.31% | 21.46% | 5.24% | 1.99% |

图 8-6　某企业 2019 年和 2020 年薪酬构成对比

观察图 8-6，可以发现：

（1）该企业员工的薪酬由基本工资、奖金、福利（包括法定福利和企业福利）构成。

（2）在薪酬的各构成要素中，基本工资占比始终是最大的，都超过了67%；福利占比最小，2019年和2020年的占比分别为7.23%和7.76%。

（3）相比于2019年，2020年的奖金占比增加了3.41%，这与企业的"为绩效付薪理念"相一致。

综上所述，该企业的薪酬构成是与企业的经营理念相符的。接下来需要对各部门、各岗位的薪酬构成情况进行对比分析。图8-7是2020年各部门的薪酬构成占比。

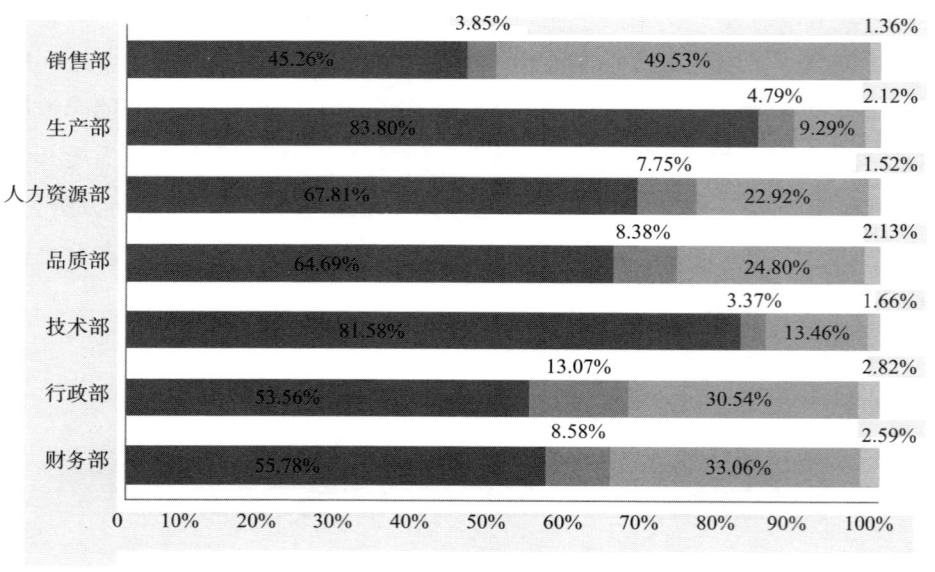

| 部门 | 基本工资 | 法定福利 | 奖金 | 企业福利 |
| --- | --- | --- | --- | --- |
| 销售部 | 45.26% | 3.85% | 49.53% | 1.36% |
| 生产部 | 83.80% | 4.79% | 9.29% | 2.12% |
| 人力资源部 | 67.81% | 7.75% | 22.92% | 1.52% |
| 品质部 | 64.69% | 8.38% | 24.80% | 2.13% |
| 技术部 | 81.58% | 3.37% | 13.46% | 1.66% |
| 行政部 | 53.56% | 13.07% | 30.54% | 2.82% |
| 财务部 | 55.78% | 8.58% | 33.06% | 2.59% |

图8-7　某企业2020年各部门薪酬构成占比

分析图8-7，可以发现：

（1）该企业各部门的薪酬构成中，基本工资占比都是最大的，其中生产部最大，达到了83.80%；销售部的最小，为45.26%。

（2）销售部的奖金占比为49.52%，与基本工资占比相差不多，可能导致对销售员工的激励不足。

（3）各部门的福利占比相差不大。

综上所述，该企业下一步需要再对销售部门的薪酬构成占比进行分析，以探寻当前的奖金占比对员工的激励效果。

除了分析各薪酬构成要素所占比例，企业还应该从整体、各部门、不同职级等维度对薪酬固浮比进行分析。

表8-3是笔者为HN企业做薪酬体系咨询服务时，得到的不同职级固定薪酬与浮动薪酬数据。HN企业是S市一家在行业中排名靠前的服务型企业。

表8-3　HN企业不同职级的固定薪酬与浮动薪酬

| 职级 | 职类 | 人数（人） | 平均年薪（元） | 平均固定年薪（元） | 平均浮动年薪（元） | 固定薪酬占比 |
|---|---|---|---|---|---|---|
| 15级 | S | 4 | 260 266 | 43 932 | 216 337 | 17% |
|  | M | 5 | 214 701 | 42 552 | 172 144 | 20% |
| 小计 |  | 9 | 234 952 | 43 164 | 191 785 | 18% |
| 14级 | S | 8 | 188 301 | 36 576 | 151 731 | 19% |
|  | M | 4 | 177 066 | 35 988 | 141 084 | 20% |
| 小计 |  | 12 | 184 556 | 36 372 | 148 182 | 20% |
| 13级 | S | 26 | 132 942 | 31 788 | 101 156 | 24% |
|  | M | 4 | 136 824 | 32 652 | 104 172 | 24% |
|  | T | 5 | 142 422 | 48 648 | 93 779 | 34% |
| 小计 |  | 35 | 134 740 | 34 296 | 100 447 | 25% |
| 12级 | S | 34 | 84 192 | 30 420 | 56 145 | 36% |
|  | M | 57 | 101 150 | 29 196 | 71 316 | 29% |
|  | T | 10 | 114 086 | 41 772 | 72 318 | 37% |
| 小计 |  | 101 | 96 804 | 30 852 | 66 308 | 32% |
| 总计 |  | 157 | 119 835 | 32 465 | 87 370 | 27% |

注：15级的年薪平均值的计算方法为（260 266×4+214 701×5）/9=234 952（元）。

为了更直观地呈现HN企业的不同职级的薪酬固浮比，我们可以以百分比柱状图来表示，如图8-8所示。

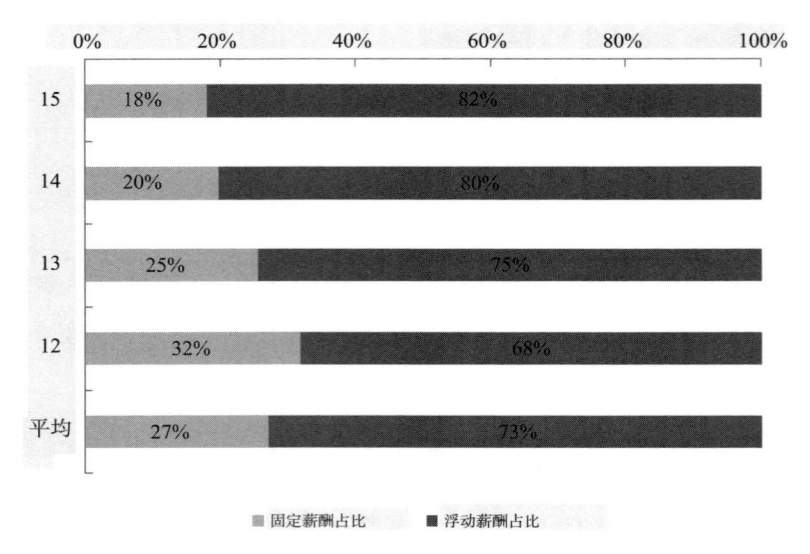

| 职级 | 固定薪酬占比 | 浮动薪酬占比 |
|---|---|---|
| 15 | 18% | 82% |
| 14 | 20% | 80% |
| 13 | 25% | 75% |
| 12 | 32% | 68% |
| 平均 | 27% | 73% |

图 8-8　HN 企业不同职级的薪酬固浮比分布

分析图 8-8，会发现：

（1）从企业整体来看，员工固定薪酬占比为 27%，浮动薪酬占比为 73%。虽然在一定程度上降低了企业的人工成本，有利于发挥薪酬的激励作用，但是薪酬的保健作用被弱化了，有可能致使员工对企业的满意度降低。也就是说，薪酬体系的保障性不足。

（2）HN 企业的岗位职级越高，固定薪酬占比就越低，浮动薪酬占比也越高，符合一般的薪酬管理理念。

（3）12 级、13 级、14 级的固定薪酬占比分别是 32%、25%、20%，浮动薪酬占比都超过了 65%，与企业整体业绩关联度过大，很可能使员工的基本生活得不到保障，进而缺乏安全感，产生离职倾向。因此，企业需要提升固定薪酬占比，以增强员工对企业的归属感，确保员工队伍的稳定性。

通过深入剖析薪酬构成情况，就能知道企业的钱花在哪里了，找到花钱不合理的地方，进而制定有针对性的改进策略，确保人力成本是可控的。

## 8.2.3 多维度开展薪酬效益分析

后新冠肺炎疫情时期，国内近 70% 的企业选择了"控本增效"来应对疫情的影响。而要实现"控本增效"，就要确保企业通过合适的薪酬成本投入，获得最大的价值。这个价值不单体现在财务报表上，更体现在员工的持续奋斗与成长，以及组织竞争力的循环上升上。

为了确保投入的薪酬成本是合适的，企业需要开展薪酬效益分析，也就是"企业花出去的薪酬产生了多大回报"。薪酬效益分析主要通过对比分析薪酬总成本占营收的比例、薪酬总额增长率、人均薪酬投入产出比、人均薪酬利润产出比、部门人均薪酬收入产出比等指标，来确定每一分薪酬成本能为企业带来多少价值。

需要提及的是采用薪酬总成本占营收的比例来分析薪酬收益时，可以通过分析企业人均薪酬和人均营收在行业中的排名，来确定当前的薪酬投入产出比是否匹配。其中，人均薪酬是指企业对员工的付出，计算方法为薪酬总额除以每年年底企业在职员工数。人均营收是指每个人创造的价值，计算方式为企业销售收入除以每年年底企业在职员工数。

如果这两个指标在行业内排名大致相当，说明企业的薪酬投入产出比是匹配的；如果人均薪酬排名明显高于人均营收，说明企业付给员工的薪酬多了。接下来就需要对比分析各层级、各岗位的人均薪酬和人均营收，深挖问题产生的根源。

在与自身比较时，可以通过对比不同历史时期的人均薪酬和人均营收，来分析薪酬的收益。图 8-9、图 8-10 表示的是某企业的人均薪酬、人均营收、薪酬增长率、营收增长率以及人均产出与薪酬投入比在最近五年的变化情况。

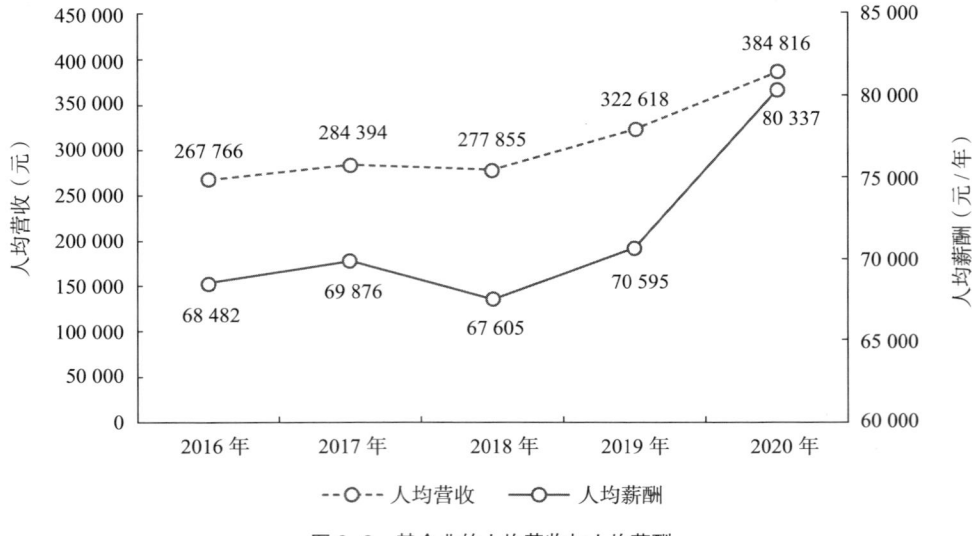

图 8-9 某企业的人均营收与人均薪酬

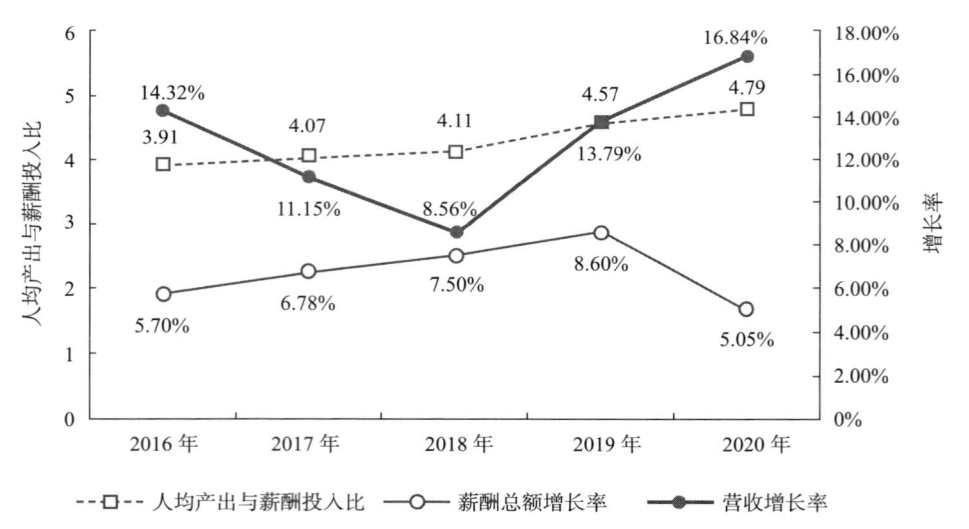

图 8-10 某企业的薪酬总额增长率、营收增长率、人均产出与薪酬投入比

从图 8-9 中可以看出：①该企业人均营收与人均薪酬总体上呈上升发展趋势，虽然在 2018 年有短暂下降。②薪酬增长率始终小于营收增长率，符合实际情况。③人均产出与薪酬投入比也是逐步上升的。由此可见，该企业的每一分薪酬成本投入，都获得了较大的价值回报，员工的薪酬实现了增长，企业的业绩也在同步增长。

综上所述，通过薪酬效益分析，能够全面了解薪酬成本的投入是否为企业带来了业绩的持续增长。如果没有，就表明薪酬体系出了问题，就需要有针对性地进行薪酬优化，以用适当的薪酬成本给组织带来最大的收益。

## 8.3 对比薪酬竞争力，提升薪酬吸引力

精明的企业家知道，提供具有市场竞争力的薪酬是吸引和保留优秀人才的关键手段之一。通过与同行业市场标杆企业的薪酬水平进行对比，不仅能帮助企业了解自身薪酬的竞争力，还可以找到薪酬水平的差距点，为提升薪酬吸引力指明方向。

### 8.3.1 薪酬竞争力是吸引和保留人才的关键

企业要想发展好，吸引优秀人才很重要。保证关键岗位薪酬的市场竞争力，是吸引优秀人才的基本条件，同时也是保留与激励企业现有杰出人才的重要手段之一。某知名咨询公司的统计数据显示，超过 68% 的人在就业求职时会把薪酬作为第一考虑要素。这表明，合适的薪酬水平对人才吸引有着不可或缺的作用。

当员工发现企业付给自己的薪酬水平跟外部同行业同类型岗位相比，明显较低时，可能不愿意继续留在企业工作。而且在日常管理中管理者不敢加大管理力度，担心力度一增加，员工就会离职。相反，当员工感觉到自己的薪酬水平高于或者与同行业同类岗位薪酬水平相当时，员工就会继续保持奋斗精神，持续为企业创造价值。

2019 年，S 省 C 地区的 T 公司邀请笔者与笔者所在团队，针对它的核心人才流失率高问题进行一次薪酬诊断咨询服务，深挖该问题产生的根源。T 公司是一家国有企业，目前正处于数字化转型阶段。

笔者先将 T 公司的薪酬水平与同区域的所有企业特别是国企的薪酬水平进

行了对比。

根据中国薪酬网数据，2019年，S省的员工平均薪酬（在岗职工）为77 556元/年，其中C市的平均薪酬为93 912元/年，是S省的1.21倍。T公司在2019年员工的平均薪酬为109 545元/年，是S省的1.41倍，C市的1.16倍。

另外，T公司的年平均薪酬水平是S省内全部国企的年平均薪酬的1.30倍，C市国企的1.07倍（如表8-4所示）。可见，与S省所有企业、国有企业平均水平相比，T公司的薪酬水平还是具备相对的市场竞争力的，对人才有一定吸引力。

表8-4 2019年S省及C市国企员工年平均薪酬水平

| 项目 | 年平均薪酬（元） |
| --- | --- |
| S省 | 84 408 |
| C市 | 102 134 |
| T公司 | 109 545 |

然而，作为公司的核心岗位，技术相关岗位的平均薪酬水平略微低于C市的148 324元/年（处于市场80分位的薪酬水平）。其中，UI设计师等岗位的薪酬水平更是只有97 500元/年，是C市的65.7%，如图8-11所示。

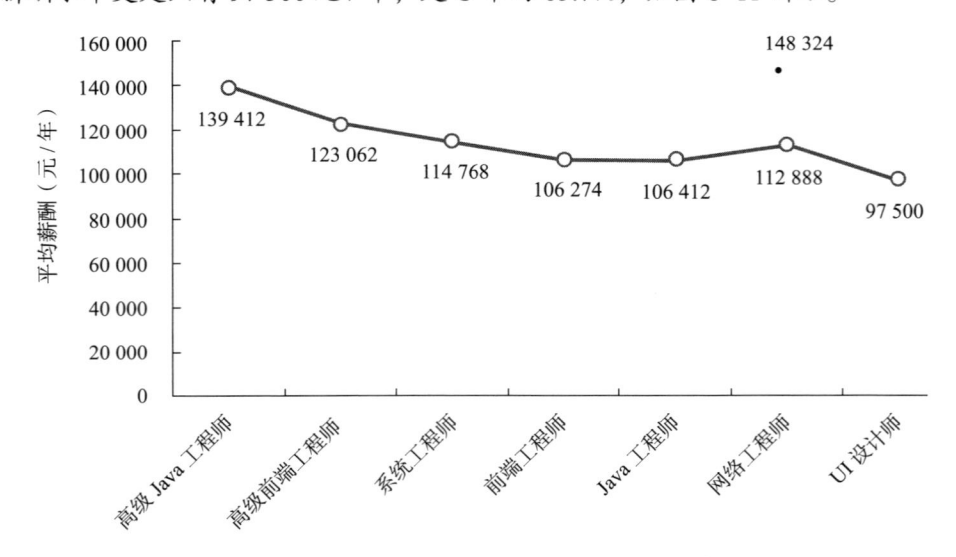

图8-11 T公司技术部门部分岗位2019年的平均薪酬

综上所述，T 公司的薪酬在 S 省和 C 市都是有一定市场竞争力的，但是关键技术类岗位的薪酬缺乏竞争力。随着公司进入数字化转型阶段，要想转型成功，并在市场上站稳脚跟、向前发展，T 公司应该加大对技术员工的激励力度，给他们提供更具市场竞争力的薪酬，以防止核心技术人才流失，吸引更加优秀的人才加入。

可见，关键岗位薪酬具备较强的市场竞争力，对吸引优秀人才的加盟是很重要的。

通过定期开展薪酬竞争力分析，企业能及时了解市场的薪酬水平情况，检视企业关键岗位薪酬水平是否与外部市场匹配。企业应根据匹配结果，结合企业的付薪能力与薪酬水平策略，对薪酬水平进行有针对性的调整，在提升薪酬竞争力的同时，更好地激励现有人才，增强企业的市场竞争力，实现更好地管控企业人力成本的目的。

## 8.3.2 明确企业薪酬定位，选定市场标杆

在开展现有薪酬体系的外部竞争力分析前，企业需要明确自己整体的薪酬定位。也就是确定选用市场中哪个分位的薪酬数据，是 25 分位、50 分位还是 75 分位等。通常来说，企业的薪酬定位是根据企业的薪酬战略确定的，企业的薪酬定位不会轻易调整。

自 2017 年 8 月以来，C 公司的品质部部长一直向 HR 部抱怨本部门产品检验员的月薪太低了，与同行业同类型岗位相比，缺乏市场竞争力，导致一些经验丰富的产品检验员有了跳槽的想法。

如果您是 C 公司的 HR 经理或薪酬管理者，会如何分析与解决这个问题？

先将产品检验员的平均月薪计算出来，得到的结果为 12 520 元。

接下来，通过薪酬调查，收集到同行业十家竞争对手产品检验员岗位的月薪，并进行排序，如表 8-5 所示。

表8-5  C公司竞争对手产品检验员的月薪

（单位：元）

| 企业 | B | G | K | F | J | D | H | C | A | E |
|---|---|---|---|---|---|---|---|---|---|---|
| 月薪 | 18 000 | 17 200 | 13 540 | 13 100 | 12 080 | 11 000 | 10 078 | 9 800 | 9 450 | 9 300 |

对表8-5中的数据进行统计分析，得到如表8-6的结果。用内外薪酬比率（内部薪酬除以外部薪酬）来衡量产品检验员岗位薪酬的竞争力。

表8-6  数据统计分析结果

（单位：元）

| 维度 | 25分位 | 50分位 | 75分位 | 90分位 |
|---|---|---|---|---|
| 结果 | 9 869.5 | 11 540 | 13 430 | 172 840 |
| 内外薪酬比率 | 126.9% | 108.5% | 93.22% | 72.45% |

注：当公司薪酬定位为25分位时，内外薪酬比率为12 520/9 869.5=126.9%。

分析表8-6中的结果，会发现：当C公司的薪酬定位是50分位时，其产品检验员的内外部薪酬比率是108.5%，表明该岗位是具有市场竞争力的；而当C公司的薪酬定位是75分位或90分位时，其产品检验员的薪酬是缺乏竞争力的。

由此可见，公司的薪酬定位会对公司的薪酬决策产生直接影响。

另外，对企业做薪酬竞争力分析，关键在于要拿到劳动力市场以及相应岗位的薪酬数据。为此企业在定位薪酬水平的同时，要明确数据统计口径和处理原则。也就是说，确定选用什么样的外部市场薪酬数据，是年度薪资收入、年度发放的现金，还是年度人工成本（薪酬+福利）。

最后，为了确保薪酬竞争力分析的有效性与合理性，企业需要选择合适的对比组。一般来说，企业在选取对比组时需要综合考虑所处行业、企业规模、企业发展阶段、企业的性质（国企或民企等），以及所在地区劳动力市场情况、是否是直接竞争对手等因素。例如，笔者在为H省一家国有通信企业做绩效薪酬体系建设服务时，基于该通信企业正处于快速发展阶段，员工人数达到700人，且年营收超过30亿元，选取了H省通信行业排名靠前的三家企业以及国内通信行业的标杆企业华为、中国联通等企业作为对比组。

做好以上准备后，企业就能全方位开展薪酬水平对比，以客观了解企业不同岗位的薪酬水平现状，获得准确度、可信度都较高的薪酬竞争力分析结果，为薪酬水平调整提供科学依据。

### 8.3.3　全方位对比薪酬水平，指明薪酬吸引力提升方向

薪酬水平是指企业内部各类岗位和人员平均薪酬的高低状况，反映了企业薪酬相对于当地市场薪酬行情和竞争对手薪酬绝对值的高低。用于薪酬竞争力对比分析的主要工具有薪酬比较率。

当薪酬比较率用于分析员工薪酬水平相对外部薪酬水平的竞争力时，薪酬比较率又被称为薪酬外部偏离度（简称外偏）。计算公式为

薪酬外部偏离度 = 员工薪酬 / 同行业该级别薪酬的中位值

当外偏等于1时，意味着员工的薪酬与该级别的市场薪酬中位值相等，表明员工薪酬竞争力与市场相当；当外偏大于1时，意味着员工的薪酬高于该级别市场薪酬中位值，表明员工薪酬具有竞争力；当外偏小于1时，意味着员工的薪酬低于该级别市场薪酬中位值，表明员工薪酬缺乏市场竞争力。

表8-7　某企业不同岗位的外偏计算结果

| 序号 | 职位 | 年薪（元） | 市场50分位值（元） | 外偏（%） |
| --- | --- | --- | --- | --- |
| 1 | 甲岗位 | 93 593 | 111 932 | 83.62 |
| 2 | 乙岗位 | 110 543 | 136 765 | 80.83 |
| 3 | 丙岗位 | 130 784 | 145 815 | 95.86 |
| 4 | 丁岗位 | 184 576 | 177 545 | 103.96 |

从表8-7中可以看出，甲、乙岗位的外偏分别为83.62%、80.62%，都小于1，说明甲、乙岗位的外部竞争力较差；丙岗位薪酬比市场50分位的薪酬水平低，说明外部竞争力较差，但是相差不大；丁岗位比市场薪酬水平高，且外偏也较高，说明外部竞争力较高。

当把薪酬比较率用于分析员工薪酬水平相对内部同级别薪酬水平的公平性时，薪酬比较率又被称为薪酬内部偏离度。具体计算方法将在后面章节详细介绍。

除此之外，HR还能用薪酬比较率来分析企业整体薪酬相对于外部薪酬的竞争力。计算公式为薪酬比较率＝企业薪酬平均值/市场薪酬中点值。

当薪酬外部偏离度小于1时，意味着企业实际薪酬低于市场薪酬中点值，企业薪酬的竞争力较弱；当薪酬外部偏离度等于1时，意味着企业实际薪酬与市场薪酬中点值相当；当薪酬外部偏离度大于1时，意味着企业实际薪酬高于市场薪酬，企业的薪酬竞争力较强。

在具体实践中，企业可以用二维矩阵以年薪、年固定收入等口径分析各部门、各层级、各岗位序列、各岗位的薪酬所处市场水平。表8-8为F企业五个部门的薪酬竞争力分析结果。

表8-8 F企业不同部门的薪酬竞争力分析结果（部分）

| 部门 | 外偏≤80%员工比例 | 80%＜外偏≤120%员工比例 | 外偏＞120%员工比例 | 平均外偏 |
| --- | --- | --- | --- | --- |
| 工会 | 14.29% | 57.14% | 28.57% | 105.83% |
| 财务部 | 0 | 80.00% | 20.00% | 107.92% |
| 技术研发中心 | 12.50% | 50.00% | 37.50% | 116.12% |
| 业务部 | 0 | 71.43% | 28.57% | 114.36% |
| 人力资源部 | 0 | 25.00% | 75.00% | 127.48% |
| 平均 | 5.36% | 56.71% | 37.93% | 114.34% |

从表8-8中可以看到：

（1）与外部市场薪酬相比，F企业的工会、财务部、技术研发中心、人力资源部以及业务部的平均薪酬都具有较强的市场竞争力。其中，人力资源部的平均薪酬的市场竞争力是五个部门最强的。

（2）从薪酬外部偏离度的分布来看，F企业超过半数员工的薪酬偏离度大于80%，再次表明F企业的平均薪酬是具备市场竞争力的。

由此表明，与同地区同行业的竞争对手相比，F企业的薪酬体系具备一定外部竞争力。接下来需要对其内部公平性进行分析，进一步了解该企业的薪酬体系的现状。

薪酬竞争力分析能够帮助企业找出自身与外部薪酬水平的差距，进而引导企业去合理地调整薪酬水平，以提升薪酬的吸引力与竞争力。

## 8.4 明确影响内部公平性的原因，提升员工的归属感

通过对比分析不同层级的薪酬水平，企业能全面了解内部薪酬现状，准确找出影响内部公平性的原因，为内部薪酬的公平分配奠定基础，进而提升员工对企业的归属感。

### 8.4.1 开展薪酬内部公平性分析，提升员工归属感

员工不仅关心自己工作所获得的薪酬，更关心与他人薪酬的比较。他会将自己的投入和所获的回报与他人进行比较，来判断薪酬是否公平合理。当员工感觉到薪酬对自己不公平时，他对企业的满意度就会下降，进而对企业的归属感也会降低。同时这也表明，薪酬体系的内部公平性出现了问题。

为了找到导致内部公平性出现问题的主要原因，企业可以采用科学合理的分析方法与工具。目前用于内部公平性分析的主要工具有薪酬离散度和薪酬内部偏离度。

薪酬离散度就是通过对不同岗位薪酬差异的离散程度进行分析，确定薪酬的内部公平度，通常采用回归分析法来分析。

在具体实践中，以员工薪酬为纵坐标，员工的职级为横坐标，将不同员工薪酬以散点图来呈现。接着，根据不同职级的薪酬中点值，做出随职级变化的拟合曲线。一般来说，该拟合曲线有三种不同类型，分别是指数曲线、线性曲线、对数曲线。企业通常采用指数曲线来进行拟合。最后，根据拟合曲线的拟合度 $R^2$ 值，判断薪酬内部公平程度。

在一般情况下，当 $R^2$ 值在 0.7～0.9 时，薪酬内部公平性是合理且健康的。当 $R^2$ 值太小时，表明企业同一职级内薪酬变动范围非常大、薪酬带宽过宽，薪酬内部公平性无法得到很好保障；当 $R^2$ 值太大时，表明同一职级内薪酬变动范围过小，未体现出基于能力定薪的原则。

对应地，薪酬内部偏离度（简称内偏）是指员工薪酬与企业内部同级别的薪酬中点值的比值。计算公式为

薪酬内部偏离度 = 员工薪酬 / 企业内同薪级的薪酬中点值

当内偏落在 [98%，102%] 区间时，说明内部公平性是"优"；当内偏落在 [95%，98%) 或 (102%，105%] 区间时，说明内部公平性是"良"；当内偏小于 95% 或者大于 105% 时，说明内部公平性是"差"。

从表 8-9 中可以看出，甲、丙、丁的薪酬与内部薪酬水平相比较高，但是偏离度不大，表明这两个岗位具备一定的内部公平性；乙岗位的薪酬与内部薪酬水平相比较低，且偏离度较大，说明丙岗位缺乏内部公平性。

表 8-9　某企业不同岗位的内偏

| 序号 | 职位 | 年薪（元） | 同级别薪酬中点值（元） | 内偏（%） | 内部公平性 |
|---|---|---|---|---|---|
| 1 | 甲岗位 | 63 593 | 61 932 | 102.68 | 良 |
| 2 | 乙岗位 | 70 543 | 76 765 | 91.89 | 差 |
| 3 | 丙岗位 | 90 784 | 88 815 | 102.22 | 良 |
| 4 | 丁岗位 | 114 576 | 107 546 | 106.54 | 良 |

通过开展薪酬内部公平性分析，企业就能找到薪酬结构优化方向，进而开展有针对性的调整，改善薪酬内部公平性，提升员工对企业的归属感，确保员工队伍的稳定性。

### 8.4.2　分类分级对比，为薪酬结构差异化设计提供依据

开展薪酬内部公平性分析后，如何将分析结果用于实践呢？

表 8-10 是笔者为一家提供人力资源服务的 H 企业做组织变革咨询时，对该企业不同职级对应岗位的薪酬内部偏离度计算的结果。

表 8-10　H 企业不同职级的薪酬水平

| 序号 | 职级 | 年薪（元） | 内偏 | 内部公平性 | 备注 |
|---|---|---|---|---|---|
| 1 | 12 级 | 67 800 | 89.80% | 差 | |
| 2 | 12 级 | 72 000 | 95.36% | 良 | |
| 3 | 12 级 | 72 000 | 95.36% | 良 | |
| 4 | 12 级 | 72 000 | 95.36% | 良 | |
| 5 | 12 级 | 74 000 | 98.01% | 优 | |
| 6 | 12 级 | 77 000 | 101.99% | 优 | |
| 7 | 12 级 | 78 000 | 103.31% | 良 | |
| 8 | 12 级 | 78 800 | 104.37% | 良 | |
| 9 | 12 级 | 80 200 | 106.23% | 差 | |
| 10 | 12 级 | 91 000 | 120.53% | 差 | |
| 11 | 13 级 | 88 000 | 83.33% | 差 | |
| 12 | 13 级 | 90 000 | 119.21% | 差 | |
| 13 | 13 级 | 96 000 | 90.91% | 差 | |
| 14 | 13 级 | 102 000 | 96.59% | 良 | |
| 15 | 13 级 | 105 600 | 100.00% | 优 | |
| 16 | 13 级 | 118 000 | 111.74% | 差 | |
| 17 | 13 级 | 120 000 | 113.64% | 差 | |
| 18 | 13 级 | 124 800 | 118.18% | 差 | |
| 19 | 13 级 | 125 000 | 118.37% | 差 | |
| 20 | 14 级 | 134 400 | 90.32% | 差 | |
| 21 | 14 级 | 134 400 | 90.32% | 差 | |
| 22 | 14 级 | 138 000 | 130.68% | 差 | |
| 23 | 14 级 | 138 000 | 92.74% | 差 | |
| 24 | 14 级 | 138 000 | 92.74% | 差 | |
| 25 | 14 级 | 148 800 | 100.00% | 良 | |
| 26 | 14 级 | 156 000 | 104.84% | 良 | |
| 27 | 14 级 | 174 000 | 116.94% | 差 | |
| 28 | 14 级 | 174 000 | 116.94% | 差 | |
| 29 | 14 级 | 177 600 | 119.35% | 差 | |
| 30 | 14 级 | 183 000 | 122.98% | 差 | |
| 31 | 15 级 | 200 000 | 91.32% | 差 | |
| 32 | 15 级 | 202 857 | 92.63% | 差 | |
| 33 | 15 级 | 210 000 | 95.89% | 良 | |
| 34 | 15 级 | 228 000 | 104.11% | 良 | |
| 35 | 15 级 | 238 571 | 108.94% | 差 | |
| 36 | 15 级 | 242 857 | 110.89% | 差 | |

分析表 8-10 中的结果，可以发现：

（1）在所有岗位中，薪酬内偏最大的达到了 130.68%，最小的为 83.33%，差距达到 47.35%，表明 H 企业的薪酬体系的内部公平性是存在问题的。

（2）超过半数的岗位缺乏内部公平性，总共有 23 个，占比约为 63.89%，再次印证了 H 企业的薪酬体系是缺乏内部公平性的。

为进一步挖掘影响 H 企业薪酬内部公平性的原因，笔者又开展了薪酬离散度分析，以了解不同职级上的薪酬分布，如图 8-12 所示。

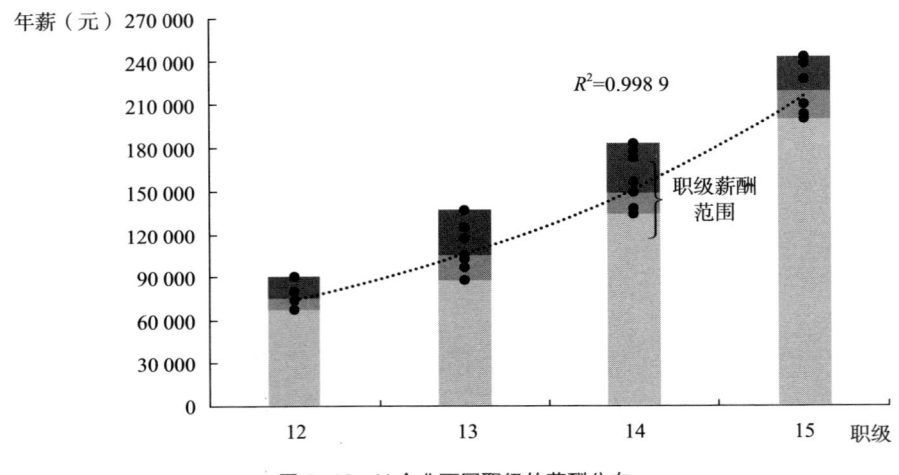

图 8-12　H 企业不同职级的薪酬分布

分析图 8-12 的结果，可以发现：

（1）职级 12 和 13 薪酬的重叠度为 12.93%，职级 13 和 14 薪酬的重叠度为 7.2%，职级 14 和 15 薪酬是没有重叠的。这表明 H 企业的薪酬体系的激励性不够，很有可能导致绩优员工流失。

（2）同一职级间的薪酬差距并没有随着职级的提升而加大，职级间的薪酬差距分别为 1.34 倍、1.57 倍、1.36 倍、1.21 倍，再次表明薪酬体系的激励性不够。

（3）基于不同职级进行指数拟合，拟合度 $R^2$ 值达到 0.998 9，虽然拟合效果好，却表明在 H 企业的同一职级内薪酬变动范围过窄，没有体现出基于能力定薪的原则。

H 企业根据内部公平性分析结果，结合自身实际情况和外部劳动力市场，便可以实施有针对性的薪酬体系优化调整。

当然，HR 人员或薪酬管理者也可以分类对比分析薪酬的内部公平性，即对不同岗位序列的薪酬水平进行对比分析，了解薪酬内部公平的程度。

综上所述，通过对薪酬体系的内部公平性进行诊断，企业就能了解薪酬体系在内部公平性上存在的问题，有了薪酬体系优化的科学依据，进而能逐步提升薪酬内部公平性。

### 8.4.3 提炼影响薪酬内部公平性的原因，奠定公平分配的基础

要想药到病除，就要先诊断病因。在确定薪酬缺乏内部公平性后，就要挖掘问题产生的根源，为薪酬内部公平性的提升找准方向，以实现薪酬的公平分配。

本章 8.3.1 节的案例中，T 公司的人均薪酬在 S 省处于中上水平，具有一定市场竞争力，但是很多员工还是对自己的薪酬表示不满意，普遍认为公司收入分配不够合理。于是笔者又对该公司薪酬体系的内部公平性进行了分析，如图 8-13 所示。

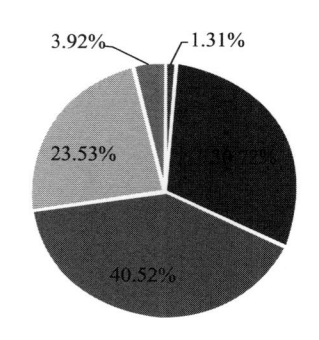

图 8-13　T 公司员工对收入分配合理性的感受

分析图 8-13，会发现：40.52% 的员工认为公司内部收入分配的合理性一般，27.45% 的员工对收入分配感到不合理（包括不合理与非常不合理）。这表明，T 公司的薪酬体系在个体公平上存在问题。

为挖掘问题根源，笔者又与几个部门负责人进行了深度访谈。在访谈后发

现：该问题出现的主要原因在于没有对不同岗位的价值进行科学评估。比如，信息化部门做程序开发工作的和修计算机的员工拿的工资是一样的，而实际上两者为公司创造的价值是不一样的，所以员工由此产生了心理上的不平衡。

导致薪酬内部公平性出现问题的主要原因有：

（1）岗位分析的定位不准确。由于企业在制度管理上不够健全与完善，导致对不同岗位的权责没有清晰的定位，进而使得岗位说明书不够精准，影响岗位价值评估结果。

（2）不同岗位之间的公平性失衡。也就是说，薪酬没有体现不同岗位对企业的不同价值。承担了更大责任和工作任务的岗位，却没有得到更高的薪酬收入；或者对岗位职责相似的岗位，采取了差异化比较大的薪酬策略。这些都会导致薪酬偏低的员工产生不满的情绪。

（3）不同员工之间的公平性失衡。不同员工的学历、素质、工作经验是不同的，但是他们在企业中获得了无差异的薪酬，导致员工产生不公平的感觉。

提炼出影响内部公平性的原因后，企业便可以有针对性地优化薪酬体系，让更多人员有更加合适的人岗匹配结果，进而在适合自己的岗位上为企业创造出最大价值，最终实现价值分配的公平公正性。

# 第 9 章
# 薪酬管理

为了让薪酬激励体系真正地为员工服务，成为员工的依赖，并与企业的管理制度成为一个有机的整体，增强员工的凝聚力、向心力，推动企业实现持续性发展，企业应该做好薪酬管理的相关工作。

## 9.1 薪酬管理需要良好的制度保障

组织想要达成某项战略目标，需要有与之相配套的管理制度来支撑。薪酬管理工作更是如此。薪酬管理作为人力资源管理不可或缺的一部分，直接关系到人力资源管理的成效。如果没有良好的制度保障，薪酬管理的效果就会打折扣，更不用说人力资源管理的成效！

### 9.1.1 建立清晰明确的薪酬政策

组织行为学实证研究表明，大多数人的预期收入要高于实际收入。为此企业需要制定清晰明确的薪酬政策，让每一位员工都能够准确计算出自己可以拿到多少收入，以做好员工的期望管理。

薪酬政策清晰明确，意味着员工能全面清晰地了解企业的薪酬结构、薪酬水平、薪酬调整机制、薪酬分配办法等，并且能根据自身能力的提升和达成的业绩目标，计算出自己的收入。真正好的薪酬体系，不是企业在"黑盒"里计算每年应该给员工发多少薪酬，员工被动地接受，而是员工根据相关标准、制度能计算出自己的薪酬收入。

职业足球俱乐部在与每位球员签约时，合同中都会明确规定具体的工资奖金计算规则，让员工能看得清、算得出、拿得到自己的薪酬收入。下面以2021年巴黎圣日尔曼俱乐部与梅西签订的合同为例加以说明。

2021年8月10日下午，梅西与巴黎圣日尔曼俱乐部签署了为期两年的合同。在合约期满时，巴黎圣日尔曼俱乐部可以优先与梅西续约到2024年。合同中关于薪资计算的具体规则如下：

梅西的薪酬由基本固定薪水、奖金（包括联赛奖金、欧冠奖金、其他赛事奖金）以及其他收入（包括肖像权、广告收入、代言收入、商业活动收入）等构成。

其中，基本固定薪水为税后 2 500 万英镑 / 年；奖金约为税后 1 500 万英镑 / 年。奖金细则虽然没有被披露，但是说明了奖金与他在比赛中的表现直接挂钩；其他收入涉及球员和俱乐部的利益，未公布。

国内标杆企业华为的薪酬政策也是清晰明确的。每个员工都能根据薪酬政策计算出自己的薪酬收入。表 9-1 是华为项目奖金的奖励规则特点。

表 9-1 华为项目奖金的奖励规则特点

| 奖励规则特点 | 详细解释 |
| --- | --- |
| 奖励对象明确 | ·项目任命规范，及时维护<br>·奖励项目中对项目产生实际功效的人员<br>·代表处代表及以上主管、机关二级部门主管、地区部 AT 成员不参与项目奖评定 |
| 分配规则清晰 | ·区域部门或团队根据自身业务特点，结合奖金方案，根据收入和利润计算项目奖<br>·根据确定的奖励对象名单，评定、分配项目奖 |
| 计算发放及时 | 原则上次年 3 月底之前须完成承诺的工作 |
| 分配机制透明 | ·公开奖金与绩效的挂钩系数，确保奖金申报与生产过程公开、透明、激励及时有效<br>·分层授权审批，不同级别项目在不同层级闭环<br>·公示分配结果 |

为了制定清晰明确的薪酬政策，企业可以让员工适当参与到薪酬激励体系设计和薪酬政策制定的过程中，如岗位价值评估、薪酬调查、薪酬激励解决方案讨论等；同时，当薪酬激励方案定稿后，要尽可能进行宣贯与讲解，让更多的员工认知和理解。

"全球第一 CEO" 杰克·韦尔奇说："我的经营理念是要让每个人都能感觉到自己的贡献，这种贡献看得见，摸得着，还能数得清。" 当企业制定了清晰明确的薪酬政策后，员工就能看得见、摸得着、数得清他的薪酬，从而充分发挥出薪酬对员工的引导与激励作用。

## 9.1.2 从薪酬保密到薪酬公开

薪酬是保密好还是公开好，一直困扰着很多企业与 HR 经理。在现实中，大部分企业选择的是薪酬保密。它们认为，员工的公平心理是很难掌控的，一旦薪酬公开，管理者就会趋向于将薪酬差距最小化，更平均地进行价值分配。同时，也更容易让竞争对手获得企业的薪酬信息，从而在"挖墙脚"时可以利用信息的不对称，以更低的成本挖走企业的人才。另外，即使是科学的薪酬体系，也很有可能被员工挑剔，并在工作中表达出自己的不满。而薪酬保密能保护个人薪酬隐私，有效减少员工之间的盲目攀比，企业还能利用薪酬差异来调动员工的积极性，产生鲇鱼效应。

选择薪酬公开的企业则认为，薪酬公开不仅能增加管理的透明度，减少管理者的工作量，还能让员工了解企业的薪酬导向，知道自己的薪酬为什么比别人低，进而确定自己的努力方向，提升工作积极性，同时也能体现公平、公正、透明的企业文化，吸引优秀人才加入。

美国提供团体订餐服务的公司Chewse的创始人特雷西·劳伦斯（Tracy Lawrence）曾将包括自己在内的所有员工的工资都放进了一个电子表格里，然后发送给了公司所有员工。在发送工资表格时，她闭上眼睛，心怦怦直跳。然而后来的一切却很平静，员工甚至没有过多地讨论这件事情。

邮件发出16个月后，Chewse发生了几个变化：①员工自动离职率从50%下降到了10%；②72%的员工认为他们的薪水是公平的，超过全美52%的企业；③Chewse的团队壮大了一倍，销售业绩也增加了2倍；④公司文化更加开放，员工对薪酬的抱怨变得更少。

劳伦斯和她的公司成了透明开放的公司文化的最佳代言。劳伦斯认为："透明和公平的价值观从一开始就应该根植于公司文化中。即使是处于早期的创业公司，特别是那些在乎多样性的公司，也应该考虑开放的工资政策。"Chewse的部分员工说，透明化让他们感觉很好，他们甚至没有打开过那个电子表格，只要知道工资电子表格在那里就足够了。

除了Chewse，奈飞公司采用的也是薪酬完全公开透明的政策。奈飞认为，信息开放可以让公司较轻松地向员工解释为什么别人的薪水会如此支付。为此奈飞鼓励把薪酬数据分享，也鼓励公开讨论薪酬。

可见，薪酬公开能减少对薪酬信息的误解，让员工充分感受到公平，进而提升对企业的归属感，为企业创造更大的价值。

当今是一个提倡合作共赢的市场化及信息化时代，薪酬信息公开化也正在成为一种不可阻挡的趋势，虽然目前推进速度缓慢。国内知名咨询机构对11 000名职场人士进行了"职场人对薪酬保密制与薪酬公开制的支持度"的调研。结果显示，超过50%的职场人士支持企业实行薪酬公开制度。他们认为，薪酬公开能让自己对企业的激励导向有更客观的认识，找到自己努力的方向，而且还能在企业内部营造公开透明的企业文化。

笔者认为，如果企业的薪酬政策和薪酬体系足够合理，能够经得起质疑且与企业战略目标相匹配，那么公开薪酬信息，无疑是较好的选择。

### 9.1.3 健全薪酬核算与支付机制

薪酬管理是一门科学，也是一门艺术。从科学的角度来看，薪酬最直接的体现是数字，无论个人工资还是奖金等都是通过专业化的工具来设定的。而薪酬管理的艺术性主要体现在薪酬核算与支付机制上。为了做好薪酬核算与支付，企业需要遵循以下几个原则：

（1）及时性原则。企业通常是在固定时间发工资的，比如每月的5日、10日或15日等。如果企业薪酬迟发或拖欠，通常表明企业资金链不稳定，这会让员工对企业的信用产生疑问，进而直接影响员工的工作情绪和忠诚度，同时外部投资者也会对企业逐渐失去信心。为此企业应该坚持定期发放员工薪酬，如遇特殊情况，则必须事先向员工解释清楚。

（2）现金原则。企业支付给员工的基本工资、奖金等，尽量采用现金形式发放，避免选用企业股票或者企业产品的形式。

（3）足额原则。企业应该按照与员工签订合同时承诺的薪酬，足额支付，不能有任何截流。如果企业只支付员工一部分薪酬，承诺剩下的在未来某天兑现，则表明企业经营发生了困难或创业初期的企业现金流紧张。比如，华为在创业初期因为现金流比较紧张，只支付给员工部分薪酬，保障员工的基本生活。当企业有能力全额支付时，必须足额支付，要不然会给员工留下企业经营陷入困境的印象，进而使得员工产生跳槽的想法。

（4）扣除约定原则。对于员工的某些行为，企业需要进行惩戒性罚款，比如旷工、缺勤等。不过对于这种罚款，需要事先制定清晰且明确的规定，并让每个员工熟知。同时，在发放员工薪酬时，要公开员工的扣薪项目和计算过程，以让员工心里有数。在员工提出疑问时，要及时进行解答并给出评判的依据。

（5）预支担保原则。在通常情况下，企业不会允许员工随意预支薪酬。但是当员工面临一些特殊情况时，如结婚、生育、疾病、意外伤害等，经本人或家属申请，企业可以预支给员工已出勤时间的基本工资与已经核定的奖励工资。一旦员工觉得已核定的薪酬难以解决面临的特殊情况时，可以酌情进一步预支。此时，为了控制风险，企业可以附加担保条款，让其他员工以他们的薪酬来为他做担保。这样，能增强员工对企业的归属感，提升他们对企业的忠诚度，进而保障员工队伍的稳定性。此时，员工还需要填写预支工资申请单（如表9-2所示）。

表9-2　预支工资申请单

| 姓名 | | 部门 | |
|---|---|---|---|
| 职位 | | 申请日期 | 年　月　日 |
| 预支工资月份 | 年　月 | 预支工资金额 | |
| 预支工资原因 | | | |
| 部门负责人 | | 财务部 | 总经理审批 |
| | | | |

著名经济学家杰克·弗朗西斯说："你可以买到一个人的时间，你可以雇一个人到固定的工作岗位，你可以买到按时或者按日计算的技术操作，但你买不到热情，买不到创造性，买不到全身心的投入，你不得不设法争取这些。"要买到员工的热情和创造性，企业应该健全薪酬核算与支付机制，做好薪酬的核算与支付。

## 9.2 明确薪酬管理权责，实现薪酬统一管理

为了确保薪酬体系能顺利实施，不仅需要明确各方的薪酬管理职责，让各方积极承担相应的薪酬管理责任，还要规范薪酬激励审批流程和权限管理，实现对薪酬体系的统一管理。

### 9.2.1 建立薪酬管理部门，统筹薪酬管理

企业通常会建立薪酬管理部门，确保薪酬管理体系的顺利实施。薪酬管理部门的主要职责有评估高管的绩效、制定和监督高管薪酬计划以及利润分享计划等。比如，小米在董事会下设立了薪酬委员会，委员会成员包括雷军、陈东升和王舜德。它的职责为制定、监督董事及高级管理人员的薪酬待遇、绩效考核等。

除此之外，薪酬管理部门需要对企业员工薪酬计划提出意见，披露和解释高管人员薪酬状况等。

中联重工科技发展股份有限公司为了实现对薪酬的统一管理，设立了薪酬与考核委员会。薪酬与考核委员会成员由三至五名董事组成，独立非执行董事须超过半数。它的主要职责权限是：

（1）根据董事及高级管理人员的薪酬政策及架构、及时设立正规而具有透明度的程序来制定薪酬政策，并向董事会提出建议。

（2）由董事会授权获以下职责：厘定全体执行董事及高级管理人员的特定薪酬待遇，包括非金钱利益、退休金利益及赔偿金额（包括丧失或终止职务或委任的赔偿），并就非执行董事的薪酬向董事会提出建议。薪酬与考核委员会应考虑的因素包括同类公司支付的薪酬、董事须付出的时间及董事职责、集团内其他职位的雇佣条件及是否应该按表现厘定薪酬等。

（3）薪酬计划或方案主要包括但不限于绩效评价标准、程序及主要评价体系，奖励和惩罚的主要方案和制度等。

（4）审查公司董事及高级管理人员履行职责的情况并对其进行年度绩效考评。

（5）参照董事会通过的公司目标，检讨及批准按表现而厘定的薪酬。

（6）负责拟定股权激励计划草案。

（7）负责对公司薪酬制度执行情况进行监督，并且就以下情况检查及批准：

- 向执行董事及高级管理人员支付与其丧失或终止职务或委任有关的赔偿，以确保该赔偿按有关合约条款厘定。若未能按有关合约条款厘定，赔偿亦须公平合理，不会对公司造成过重负担。
- 安排因董事行为失当而解雇或罢免有关董事所涉及的赔偿，以确保该等安排按有关合约条款厘定。若未能按有关合约条款厘定，有关赔偿亦须合理适当。

（8）确保任何董事或其任何联系人（见《香港上市规则》的定义）不得自行厘定薪酬。

（9）董事会在其权限内授权的其他职权。

可见，组织要想做好薪酬管理，需要建立与之相匹配的组织结构。如果缺乏良好的组织保障，薪酬管理的效果就会大打折扣。

## 9.2.2 直接主管和HR负责人的薪酬管理职责

要做好薪酬管理，需要直接主管、HR负责人等各方协同配合。而各方高效协同的前提是了解自己需要承担的薪酬管理职责。

对于HR负责人来说，他们在薪酬管理中的主要职责是：

（1）优化薪酬管理办法和激励方案，并与企业高层研讨，达成共识。

（2）组织薪酬调查，了解同地区、同行业的薪酬状况。

（3）组织实施岗位价值评估，并与高层确定各岗位的职级和薪级，同时协助业务管理者根据任职资格体系和人员评价体系，确定员工的薪档。

（4）对员工薪酬进行预算与核算，并享有薪酬管理制度的解释权。

表9-3是某公司人力资源部负责人的主要工作职责。

表9-3 某公司人力资源部负责人的主要工作职责

| 一、岗位基本信息 ||||
|---|---|---|---|
| 岗位名称 | 人力资源部负责人 | 所在部门 | 人力资源部 |
| 岗位编号 | — | 岗位定员 | 1人 |
| 直接上级 | 分管领导 | 直接下级 | 人才发展专干等 |
| 二、岗位职责 ||||
| 1. 依据公司发展战略目标，确定部门重点工作，进行工作阶段性回顾和偏差分析。<br>2. 对部门下属负有指导和监督义务，做好部门绩效目标分解、过程督导、沟通辅导、考核评价及内部激励。<br>3. 建立健全公司管控体系，包括梳理完善公司业务地图、权责分配体系，组织开展业务流程梳理，制定公司基础文件的管控制度等。<br>4. 优化公司授权体系，包括明确授权体系的目的和原则，梳理授权事项名称及范围，确定授权方式和授权人员，进而设计授权流程，形成公司授权手册。<br>5. 建立公司招聘管理体系，编制年度招聘计划，指导下属完成招聘需求梳理、审核、报批及管理工作，指导招聘方案起草、呈批、实施及招聘结果的汇总与反馈工作。<br>6. 指导下属建立关键岗位任职资格体系，开展人才盘点，建立并管理公司人才库，制定干部选任标准，开展人才竞聘工作，为公司人才选任与输送提供建议与支撑等。<br>7. 根据公司需要，编制公司年度培训计划，指导下属完成培训课程设计、讲师管理及过程管理，搭建内训师团队，不断创新培训管理工作。<br>8. 指导下属完成公司人事管理各项工作，具体包括完善和优化人事管理制度和流程，进行员工劳动合同、人事档案、考勤、人事异动、用工风险防控等管理工作。<br>9. 依据公司年度经营目标，制定并完善公司绩效管理制度，分解各部门年度绩效考核目标，并根据绩效目标完成情况及时进行绩效沟通、辅导与改进，指导下属组织开展绩效考核及考核结果的应用与分析工作。<br>10. 完善和优化公司薪酬职级体系，协助制定工资总额预算，指导下属开展公司人工成本分析、员工工资核算、绩效奖励及员工福利管理等工作。<br>11. 负责部门团队建设工作，包括部门梯队人才培养、员工技能及经验辅导、外部交流与学习、员工关怀等，并督导部门员工规范工作行为、遵从公司及部门管理制度 ||||

直接主管在薪酬管理中的主要职责是：

（1）参与薪酬管理办法制定的讨论，并提供建议与信息。

（2）协助人力资源管理部门负责人开展薪酬调查。

（3）准确提供部属的绩效数据。

（4）享有部门人员薪酬调整、奖金发放的建议权。也就是根据部门及个人业绩状况决定薪酬的合理分配。

当各方主动参与薪酬管理，并积极承担起相应的管理责任时，薪酬管理体系就能在企业平稳落地。

### 9.2.3 规范薪酬激励审批流程和权限管理

明确各方薪酬管理权责后，企业应该规范薪酬激励审批流程和权限管理。而在规范薪酬激励审批流程时，需要遵循如下原则：

（1）权责对等原则。按工作需要授予各个岗位的人力资源管理权限，须与公司指派或委派的相应岗位责任符合。

（2）层级管理原则。该原则主要包括：

- 执行人力资源各项管理事务时须参照授权对象层级，按流程和权限办事，确保责任清晰到人，避免管理混乱。
- 所有层级均遵守"下级服从上级"原则。
- 任何被授予人力资源管理权限的人员，不得审批本人的人力资源管理事项。

（3）先审后办原则。所有薪酬激励管理工作须经规定流程完成各级审批，并由有最终审批权限的人审批通过后方能执行。未经审批不得执行，否则视为严重违纪。

在规范好薪酬激励审批流程后，企业需要做好相应的权限管理。

笔者为 G 公司做薪酬体系咨询服务时，制定的薪酬激励权限管理原则如下：

（1）如果责任人不在岗或当事人参与时，在审核、批准时自动上延一级执行。如果现岗位人员空缺，则权限上移一级或由总经理指定该岗位职务代理人执行。

（2）该权限表的经办、提出人均不能为当事人。

（3）副总经理仅限对所分管的部门有审核权、批准权。

（4）审批流程原则：发起人/部门—相关部门—分管领导—总经理，各相关部门根据自己的实际情况，结合审批权限表（如表9-4所示），按照以上原则进行审批。

（5）涉及公司特殊岗位的权限，由总经理单独授权，人力资源部备案。

（6）所有审批流程均以"谁发起，谁主责，部门负责人推动"为基本原则。

（7）所有审批均以"完成任务"为主要目标，有任何推动不了的环节直接找人力资源部汇报沟通。人力资源部解决不了的由人力资源部直接找总经理沟通。

表9-4　G公司薪酬激励审批权限（部分示例）

| 序号 | 类别 | 流程 | 发起人 | 节点1 | 节点2 | 节点3 | 节点4 | 节点5 | 抄送 |
|---|---|---|---|---|---|---|---|---|---|
| 1 | 薪酬类 | 转正审批 | 个人 | 直接上级 | 部长 | 薪资绩效专员 | 人力资源部部长 | — | |
| 2 | | 工资发放 | 薪酬绩效专员 | 各部长 | 人力资源部部长 | 分管领导 | 总经理 | — | |
| 3 | | 定薪调薪 | 薪酬绩效专员 | 部长 | 部长/分管副总 | 人力资源部部长 | / | — | |
| 4 | | 晋升审批 | 个人 | 直接上级 | 部长 | 部长/分管领导 | 人力资源部部长 | — | |
| 5 | | 年度调薪 | 薪酬绩效专员 | 各部长 | 人力资源部部长 | 分管领导 | 总经理 | — | |
| 6 | | 特殊调薪 | 薪酬绩效专员 | 部长 | 部长/分管副总 | 人力资源部部长 | 总经理 | — | |
| 7 | | 员工奖惩 | 薪酬绩效专员 | 直接上级 | 记功记过<300元：部长 | 300元<记功及记过<1 200元：人力资源部部长 | 记大功大过及1 000元以上奖励：总经理 | — | |
| 8 | 激励类 | 项目组激励 | 项目组长 | 项目经理 | 部长 | 出纳 | 财务部部长 | — | 人力资源部部长 |
| 9 | | 评奖评优 | 薪酬绩效专员 | 人力资源部部长 | 出纳 | 财务部部长 | 分管领导 | 总经理 | |

注：表中"—"表示薪酬激励审批流程到此结束。

企业可以借鉴表9-4，来规范自己的薪酬激励审批流程，以确保薪酬管理各项事务处理有章可循，最终实现人力资源管理的高效运作，达成提高企业管理效率的目的。

## 9.3 建立有效的薪酬沟通机制

沟通是人力资源管理的生命线，没有沟通就没有管理。企业内部的人际矛盾中，有70%来自误解，而误解的产生根源在于沟通不畅。因此企业应该建立有效的薪酬沟通机制，并将其贯穿于从薪酬体系制定到实施、控制、调整的全过程。

### 9.3.1 良好的薪酬沟通是薪酬体系落地的保障

薪酬管理的一个重要原则是薪酬沟通。所谓薪酬沟通是指管理者与员工就各种薪酬信息进行全面沟通，让员工充分参与，并对薪酬体系执行情况予以反馈，进一步完善薪酬体系；同时，让员工的思想与企业对员工的期望形成交流互动，达成共识，共同支撑企业战略目标的落地与实现。

如果员工连为什么能拿到钱都不知道，那么即便发再多的钱给员工，也不能发挥对员工的激励作用。而通过薪酬沟通，不仅能让员工知道为什么获得这样的收入，还能够牵引员工的行为，从而激发员工的工作积极性与热情，为企业创造更大价值。美国的权威研究也指出，良好的薪酬沟通不仅能让薪酬体系变革事半功倍，更具正能量与鼓舞性，还能提升员工对企业的满意度。

为了实现良好的薪酬沟通，需要做好以下工作，给薪酬体系落地提供保障：

（1）明确付薪原则。企业的付薪要素是什么？是按市场、岗位、能力，还是按业绩水平付薪？这一问题的答案会对企业招聘、留人和激励，产生直接影响。可见，良好的薪酬沟通，是从明确、清晰薪酬原则开始的。

（2）薪酬政策要规范化。部分企业觉得薪酬体系不复杂，就没有以书面文件的形式来呈现，只是简单口头解释。可是这种做法通常会让员工觉得企业的未来是不确定和不稳定的，而且，没有正式的制度文件，会让员工觉得薪酬拿得不明不白，薪酬激励效果会大打折扣。因此，企业应该将薪酬方面的政策规范化和成文化。

（3）薪酬不仅是为了"肯定过去"，更是为了"激励未来"。因此，在薪酬沟通中，不能仅局限于薪酬水平、涨降幅度，还要牵引员工从组织和个人发展的角度，来看待薪酬体系。比如，从组织发展角度，要牵引员工认识了解外部市场人才和薪酬管理状况，理性地看待薪酬变化；从个人发展的角度，坦诚地和员工一起探讨个人的发展应如何与组织的发展结合起来，实现共赢。

（4）沟通是双向的。有效的沟通都应该是双向的，管理人员要鼓励员工表达对薪酬和奖金的看法和感受，相互坦诚交流。这样既有利于薪酬体系的逐步完善，又能增强员工的受重视感和对企业的归属感。

有研究机构对不同企业的员工薪酬情况进行了调查，结果发现：80%的在市场平均薪酬水平以上的员工认为自己的薪酬仅处于平均水平或以下。换句话说，就是员工对薪酬水平的感知程度比较低。可见，企业应该在条件允许的情况下，及时且准确地将薪酬各个方面的信息传递给员工，以打消员工心中不必要的疑虑，为薪酬体系落地提供有力保障。

### 9.3.2　及时开展薪酬沟通，确保薪酬管理有序推进

科学的薪酬管理体系要随着企业的内部需求和外部环境的变化而不断更新迭代。在更新迭代时，企业应该积极地与员工进行及时且有效的沟通，解答员工的疑惑。

在和员工开展沟通时，华为强调要遵守以下三个原则：

第一原则是沟通要及时。华为各层级会将必要的信息在第一时间向利益相关者传达，以保证上下、平行沟通渠道的顺畅。

第二原则是沟通信息要准确。不论是书面沟通还是口头沟通，都要准确地传达信息。为了确保沟通信息的准确性，华为人会借助金字塔思维工具。在金字塔顶端的是综述，包括要表达的观点、问题、看法和结论。然后，针对以上内容一层一层地展开，直到信息足够准确为止。

第三原则是严格控制信息传递的量，确保恰到好处。因为信息过多，倾听者容易忘记，过少则降低效率。

为了确保信息沟通工作的顺利进行，华为要求所有的工作人员在沟通前必

须制订沟通计划，明确信息沟通的相关人、信息沟通形式、信息发放时间和发放方式等内容，并制定详细的信息发放日程表。

在优化薪酬体系时，如果不能及时有效地与员工进行沟通，只是在高层或者人力资源部门制定完体系后就发布实施，哪怕能推行下去，员工也会对新的薪酬体系产生不满意，因为他们没有获得足够的知情权。

B企业的高层管理者请咨询顾问进行了岗位价值评估，根据企业的经营发展战略确定研发等部门为一级部，人力资源为二级部，生产、质检等为三级部，采购、财务等为四级部，目的是区分发展重点。在基础工资里每个级别每月差别800元，过程中没有邀请员工参与就推行了，导致部门性的群体不满意，项目最终也失败了。

薪酬沟通时可以采用书面沟通、面谈交流等多种形式相结合的方式。

（1）书面沟通。将薪酬设计的理念与导向（如薪酬体系的价值导向、薪酬设计原则、薪酬框架，薪酬套改方案等）以书面方式公布，或者以内部通知的方式"昭示天下"。

（2）面谈交流。各级管理者在书面沟通的基础上，通过与下属员工个别谈话的方式进行薪酬交流。交流可以包括与员工个人密切相关的薪酬调整以及职业发展等内容。针对薪酬发生变化的不同类型员工进行个性化的沟通，以了解员工的思想动态。对有情绪的员工做到耐心解释，做好思想安抚工作；对涨薪的员工，可以从组织认可和发展期望的角度来进行沟通，以达到激励目的。

随着经营环境的风险不断增大，企业薪酬体系的调整频率会越来越高。企业应该将薪酬沟通放到和薪酬体系同等重要的位置上，消除员工对新生事物的顾虑和畏惧，提高员工对企业薪酬的满意度。

### 9.3.3 薪酬沟通需要各方协同配合

不少企业在薪酬体系实践中缺乏必要的薪酬沟通。比如，每年的调薪比例由企业负责人确定后，就直接下发至各部门负责人，由各部门负责人一手操办。由于缺乏充分的沟通，员工对调薪缺乏必要的知情权，从而对调薪不理解，产生不必要的抵触情绪。字节跳动为了保障年度调薪目标的达成，规定调薪过程中要进行事前沟通、事中沟通和事后沟通，让员工清晰了解调薪相关事项。

HR负责人在正式公布调薪政策前，应该先将年度调薪策略、调薪幅度与比例以及调薪依据向企业高层汇报，以尽可能获取企业高层的认可与支持。同时，向高层说明以往调薪中出现的问题以及导致这些问题出现的原因，并请求企业高层为了避免类似问题的再次发生，坚决遵守企业的薪酬制度。不直接受理员工关于调薪的投诉，只接受HR负责人向他们汇报调薪相关事项。

调薪是一个自下而上的过程。在调薪政策正式公布后，应该由团队完成调薪，再上升到部门层面，由各部门负责人做调薪校准；等部门调薪完成后，再上升到企业层面做调薪校准，由企业高层团队和HR部门召开的校准会议来调薪，各部门负责人也必须参与该会议。

调薪校准目的是确保各团队、部门在调薪过程中都遵守公平、公正的原则，避免出现严重违背调薪原则的现象。

如果员工人数过多，在最后的校准会议上无法挨个审核所有员工的调薪比例，可以秉承"抓住首尾，忽略中间"原则，重点审核那些调薪幅度最高和最低的员工，看他们的调薪理由是什么、是否充分。

等校准会议结束后，每名员工的年度调薪比例确定了，企业的年度调薪就算彻底完成了。

可见，薪酬调整沟通是需要各方协同配合的。

作为员工的直接上级，直接主管应该在员工定薪和调薪后，与员工进行薪酬沟通，将员工个人的定薪信息（如薪级薪档）清晰无误地传达给员工本人。同时，对员工在薪酬方面的疑惑进行解答，减小误解与认知偏差，提升员工对薪酬水平的感知度，确保薪酬"看得见"。

首先，直接主管在和员工进行薪酬沟通时，不要使用复杂的专业术语，如"您的 CR 水平比较高"等，而应该使用能让员工听得懂的术语，如"您的薪酬水平是……"。

其次，鼓励员工关注自己的绩效考核结果与薪酬之间的关系，而不是和别人进行比较，不要向员工透露别人的薪酬水平。

最后，客观介绍员工的薪酬定级依据，同时向员工说明要想获得更高的薪酬水平，他的何种行为和成绩会被评为"达到"或"超出"绩效要求，牵引员工在下一绩效考核周期内依企业的价值导向努力奋斗。

人力资源部门应该通过制度规定直接主管需要定期与员工进行薪酬沟通，向员工解释、说明定薪调薪相关事宜。同时，按照定薪调薪的依据，客观公正地填报定薪调薪建议报告。此外，人力资源部门应该与企业高层以及各部门主管沟通，将定薪调薪相关责任列入直接主管的绩效计划中，督促直接主管落实定薪调薪的协调、解释等责任。

未来学家约翰·奈斯比特（John Naisbitt）说："未来的竞争是管理的竞争，竞争的焦点在于每个社会组织内部成员之间及其外部组织的有效沟通上。"直接主管、人力资源管理者等应该协同配合做好薪酬沟通，为员工创造良好的工作环境，让他们工作在人际关系和谐、心情舒畅的氛围中。

## 9.4　关注薪酬变革风险，减轻变革阻力

得民心者得天下。失去员工支持的变革，终会走向失败。要想缓解薪酬变革中的抵制情绪，确保薪酬变革的顺利开展与推进，企业应该把握变革中的关键要素，谋定而后动，让员工适度参与进来。

### 9.4.1　薪酬变革要循序渐进，谋定而后动

唯物辩证法强调，事物的发展过程就是从量变到质变的过程。在这一过程

中，既要注重量的积累，不失时机地促成质的飞跃，同时还要学会把握量变与质变的节奏，不能一蹴而就。薪酬变革也是一样的，即应从小范围、由易到难、分周期推进。

虽然渐进式变革的周期比较长，甚至有可能长达 3～5 年，却为企业留下了足够的缓冲空间，能将变革带给员工的不适感和挫折感等负面影响降至最小。

华为的变革为什么能持续成功呢？主要原因之一是它意识到变革的艰巨性和复杂性，于是采用先试点的方法。等试点成功后，总结经验，再全面推进，以循序渐进的方式推进变革。比如华为的 IPD（集成产品开发）变革。

变革初期，华为挑选了三个有一定战略地位且研发进度不是很紧急的项目来进行试点，其中一个试点是无线业务部大容量移动交换机 VMSCa6.0 产品。

2000 年 5 月 17 日，无线业务部大容量移动交换机 VMSCa6.0 产品在 IBM 顾问的指导下，研发周期为 10 个月，其间完成了首次试运行 IPD 流程。经过三个产品历时一年的试点，IPD 流程的实施在华为取得了比较好的效果，产品研发总周期缩短了 50% 左右。

IPD 试点成功后，华为培养了一批具备 IPD 实际运作经验的产品经理与引导者，确保后续 IPD 变革的全面开展有充足的人员准备。同时，华为 IPD 项目组还对试点的成功经验进行了总结，然后通过教育与培训等方式在公司内部进行大力宣贯。

最终华为的 IPD 变革成功落地。变革后，华为研发项目中零偏差（偏差率＜5%）的项目数量逐步超过了 90%，客户满意度从 2001 年的 79 分持续上升到 2007 年的 95 分，产品故障率也从 2001 年的 17% 降到 2007 年的 0.01%，研发由以技术为中心转向以客户为中心，可以快速为客户提供高性价比且又满足客户需求的产品。

企业可以借鉴华为的管理变革模式来推行薪酬变革，先局部试点，再全面推行。试点成功后，企业应该用"事实胜于雄辩"的现实，告诉那些反对变革的人，薪酬变革已经取得局部成功，还等什么！同时告诉那些支持变革的人，变革已经取得局部成功，大家更要铆足干劲向前冲。

综上所述，薪酬变革的推行要从一个点、一条线再到一个面，循序渐进，不断获得高层领导的支持，推动变革逐步深入，最终实现全面落地。

### 9.4.2　缓解抵制情绪，减轻变革阻力

员工对变革的态度在很大程度上决定了变革的成败，著名管理学家麦克尔·哈默说过："三分之二的企业变革彻底失败，都是员工不愿意继续提供支持，以及管理层——尤其是高级管理层自身的无能和恐惧造成的。"薪酬变革亦是如此。

员工和管理层之所以抵制薪酬变革，是因为薪酬体系变革会触动每个人的利益，上至高层领导，下至普通员工。如果没有相应的解决措施，员工将会成为薪酬变革的主要阻碍者。企业可以采用以下方式来缓解员工在薪酬变革中的抵制情绪，化解他们的担心和恐惧，赢得他们对薪酬变革的信任。

（1）用数据说话。充分展示薪酬变革前后的数据，用数据来呈现企业近两三年在各方面的发展变化。

（2）以动力为核心，而不是过度强调压力。比如，企业未来发展不明朗或存在下行趋势，企业应主动下调平衡点。如果要下调平衡点，不能强迫员工认可、接受，而要以数据和趋势来赢得员工的认同。

（3）引导和说服员工接受变革，而不是威逼。最好的引导是员工认可在新薪酬体系下未来能获得更多的加薪机会。

（4）把握好薪酬变革时机。在以下情况发生时，要及时启动薪酬变革，这在一定程度上能减轻薪酬变革的阻力：

- 财年末或财年初时。正常运转的企业，通常会在每个财年末或财年初进行薪酬变革。从企业层面来说，薪酬变革无非是薪酬总额的增减或薪酬支出构成比例的调整，不管如何调整，都需要企业经营业绩数据的支持。而财年结束后各种数据清楚，企业做出加薪减薪的决定有据可循。
- 企业组建、合并时。此时开展薪酬变革，是为了设计适应企业现状、促进企业发展的薪酬体系。它在人才招聘、人才使用、人才培养、人才激励等方面都会起到重要作用。比如，在企业并购后，应该尽早将薪酬体

系明确化，以减少员工的猜测与恐慌。
- 企业扩大规模时。随着企业的快速发展，原有的薪酬体系会逐渐不适应企业发展。此时，需要进行薪酬体系变革，以确保薪酬体系能够持续发挥激励作用，支撑业务发展。
- 薪酬矛盾突出时。当员工对企业现有薪酬体系满意度降低，薪酬体系造成的矛盾逐渐突出时，需要开展薪酬变革。

薪酬矛盾一般都是逐渐显露的。当矛盾变得突出时，如果不尽早进行薪酬变革，矛盾就可能激化，出现不可预料的后果。

如果通过以上方式还不能赢得大多数员工对薪酬体系变革的认可，那么企业高层就应该思考薪酬变革为企业和员工带来的长期利益是不是有价值、能否确保留住核心员工、保障员工队伍稳定。如果答案是肯定的，那么就不需要在乎短时间的人员抵制，毕竟薪酬变革都会遇到拥护者与反对者。

### 9.4.3　把握变革中的关键要素，降低变革风险

薪酬体系变革会牵一发而动全身。为了有效地降低薪酬变革的风险，让变革更稳健、更顺畅，企业应该把握好变革中的关键要素。它们分别是：

（1）变革准备度。通过访谈、问卷调查等方法收集有关薪酬信息与数据，包括企业的薪酬政策与管理规范、同地区及同行业竞争对手的薪酬政策等，以全面了解现有薪酬体系存在的问题，确定需要集中解决的问题以及可能会遇到的主要阻力。如果忽视变革阻力或管理滞后，就有可能使薪酬变革得不到既定的收益，甚至走向失败。

（2）关键人物的支持力度。薪酬变革失败的主要原因之一是未获得关键人物的支持。在变革前，应该摸清各方对薪酬变革的基本诉求，尤其要了解高层对薪酬变革的态度，从中识别出薪酬变革的拥护者，以获得关键人物的支持。

（3）思想的统一度。在薪酬变革前，应该在公开正式的场合，向员工坦诚说明薪酬变革的原因，获得员工的理解，以统一企业上下的思想，为变革夯实思想基础。尤其是薪酬变革后会导致员工降薪时，更要提前说明，避免引起员工队伍的动荡。

（4）专门的组织机构的设立。众多企业变革实践表明，一个成功的变革需要设置专门的变革组织，推动变革工作稳步进行。比如，华为在管理变革中会设立变革指导委员会（RSC）、变革项目管理办公室（PMO）以及变革项目组三个层级的变革机构，为变革提供组织保障。

（5）教育及培训。从很多企业薪酬变革的经验来看，变革过程中应该加强对员工的教育和培训。尤其在变革开始前进行的相关培训，能够向员工灌输薪酬变革观念，营造薪酬变革氛围，让员工认识到薪酬变革的紧迫性和价值。

（6）沟通的持续性。许多企业薪酬变革的实践证明，沟通是薪酬变革成败的关键之一。企业应该将沟通贯穿于薪酬变革的整个过程。不论是上下级之间、同事之间，还是团队内部、团队间，都要进行充分沟通。如果沟通不够，员工就不清楚企业薪酬变革的原因，也不了解这些变革对自己会带来什么影响，进而担心薪酬变革会使他们的收入下降，从而在薪酬变革中裹足不前。

在薪酬变革的过程中，企业应该广泛通过诸如薪酬制度问答、员工座谈会、薪酬变革动员会等形式来营造良好的沟通氛围，同时采用自上而下和自下而上相结合的方式来宣贯薪酬变革的预期目标，以打消员工的思想顾虑，赢得员工的支持。

薪酬变革不是一蹴而就的事，也不是轻易能成功的事。统计数据表明，企业开展的各种变革，完全成功的比例大概只有8%，完全失败的也为8%。绝大多数介于成功和失败之间，而且明显偏向失败的一边。可见，薪酬变革在使用科学的变革程序与方法的同时，还应该把握好变革中的关键要素，以提高变革成功的可能性。

# 参考文献

[1] 赵国军. 薪酬设计与绩效考核全案 [M]. 3 版. 北京：化学工业出版社，2020.

[2] 况阳. 绩效使能：超越 OKR[M]. 北京：机械工业出版社，2019.

[3] 穆胜. 激发潜能：平台型组织的人力资源顶层设计 [M]. 北京：机械工业出版社，2019.

[4] 王美江. HR 财务思维：薪酬设计＋成本管控＋全面控制与量化考核＋人效倍增 [M]. 北京：人民邮电出版社，2020.

[5] 孙晓平，季阳. 薪酬激励新实战：突破人效困境 [M]. 北京：机械工业出版社，2019.

[6] 翁涛. 薪酬总监修炼笔记：我在世界 500 强公司管薪酬 [M]. 北京：人民邮电出版社，2019.

[7] 任康磊. 薪酬管理实操从入门到精通 [M]. 2 版. 北京：人民邮电出版社，2020.

[8] 闫静. 经营者的财务金三角 [M]. 北京：机械工业出版社，2021.

[9] 余胜海. 用好人，分好钱：华为知识型员工管理之道 [M]. 北京：电子工业出版社，2019.

[10] 闫轶卿. 薪酬管理：从入门到精通 [M]. 北京：清华大学出版社，2015.

[11] 穆胜. 人力资源效能 [M]. 北京：机械工业出版社，2021.

[12] 于彬彬，蒋建军. 薪酬设计实战 [M]. 北京：机械工业出版社，2015.

[13] 全怀周. 走出薪酬管理误区：中国企业薪酬激励系统化解决之道 [M]. 北京：企业管理出版社，2013.

[14] 胡劲松. 绩效管理从入门到精通 [M]. 北京：清华大学出版社，2017.

[15] 黄卫伟. 以奋斗者为本 [M]. 北京：中信出版社，2014.

[16] 李普曼. 员工持股计划实施指南 [M]. 张新海，等译. 北京：电子工业出版社. 2002.

[17] 忻榕，皮尔斯. 认识组织行为：成为高效管理者 [M]. 北京：机械工业出版社，2020.

[18] 斯旺森. 绩效分析与改进 [M]. 孙仪，等译. 北京：中国人民大学出版社，2010.

[19] 陈雨点. 华为人才管理指导 [M]. 北京：人民邮电出版社，2020.

[20] 李太林. 绩效核能：行动版 [M]. 北京：北京联合出版公司，2016.

[21] 考拉看看. 阿里巴巴工作法 [M]. 北京：机械工业出版社，2020.

[22] 李善友. 第二曲线创新 [M]. 北京：人民邮电出版社，2019.